CHANYE JINGJIXUE

产业经济学

（第二版）

龚三乐 夏飞 编著

产业经济学是研究产业及其发展规律的经济学，

产业经济学的研究对象就是产业。

产业既不是微观经济的概念，也不是宏观经济的概念。

产业是一个介于微观经济、宏观经济两者之间的中观经济概念。

产业经济学的本质

是研究产业经济活动中资源的优化配置，

产业经济学的根本目的**是促进资源在产业层次上的优化配置。**

Southwestern University of Finance & Economics Press
西南财经大学出版社
中国·成都

图书在版编目(CIP)数据

产业经济学/龚三乐,夏飞编著.—2版.—成都:西南财经大学出版社,2022.2
ISBN 978-7-5504-5245-9

Ⅰ.①产… Ⅱ.①龚…②夏… Ⅲ.①产业经济学—高等学校—教材 Ⅳ.①F260

中国版本图书馆 CIP 数据核字(2022)第 018346 号

产业经济学(第二版)

龚三乐　夏飞　编著

责任编辑:李特军
责任校对:冯雪
封面设计:张姗姗
责任印制:朱曼丽

出版发行	西南财经大学出版社(四川省成都市光华村街 55 号)
网　　址	http://cbs.swufe.edu.cn
电子邮件	bookcj@swufe.edu.cn
邮政编码	610074
电　　话	028-87353785
照　　排	四川胜翔数码印务设计有限公司
印　　刷	郫县犀浦印刷厂
成品尺寸	185mm×260mm
印　　张	15.5
字　　数	358 千字
版　　次	2022 年 2 月第 2 版
印　　次	2022 年 2 月第 1 次印刷
印　　数	1— 2000 册
书　　号	ISBN 978-7-5504-5245-9
定　　价	39.00 元

前言

笔者多年从事产业经济学的研究与教学工作，感觉目前甚为缺乏一部易学好懂实用、适合本科层次学生使用的教材。为此，笔者在广泛参考、借鉴国内外同类教材的基础上，秉着兼收并蓄、扬长避短的原则，编写了本教材。

本教材阐述的产业经济学理论体系，包括产业组织、产业结构、产业关联、产业政策、产业规制、产业布局、产业竞争力以及产业发展理论、产业分析理论等内容；既包括一些主要的传统产业经济理论，又纳进了最新的产业经济理论研究成果。

相对于既有的产业经济学教材，本教材具有两个方面的特点：

第一，系统性。本教材力图全面反映产业经济学完整的理论体系，使读者从总体上把握产业经济理论框架，因而内容完整、系统，同时行文字斟句酌，注意穿针引线，以保持前后逻辑的严密性。

第二，实用性。本教材以“必需”和“够用”为原则，不追求理论的深度，力求以通俗、平白的语言，简明扼要、深入浅出地介绍理论；同时，把应用能力的培养融于理论学习之中，注重运用案例分析，达到学以致用的目的。

本教材既可供全日制本科生使用，又可以作为自学考试和成人高等教育的教材，还可供研究生作学习参鉴之用。

本教材在编写过程之中，参考了诸多前辈、专家、同行的成果，谨致以深深的感谢！同时，对西南财经大学出版社在本教材出版过程中提供的专业性服务表示感谢。

囿于才识浅陋，教材定有不足之处，欢迎各位同行和读者批评指正。

编 者

2021 年 12 月

目 录

第一章　导论

产业经济学是一门系统阐述产业理论的学科。本章首先对产业经济学的研究对象、内容、理论发展过程、学科性质进行阐述，然后进一步阐述了学习产业经济学的意义和研究产业经济学的方法。

第一节　什么是产业经济学

一、产业经济学的研究对象

顾名思义，产业经济学是研究产业及其发展规律的经济学，产业经济学的研究对象就是产业。那么，什么是产业？产业（英语中的产业一词是 industry）是指国民经济中原材料相同、工艺技术相同或生产的产品用途相同的企业的集合。国民经济中的各行各业，大至部门，小到行业，从生产到交换、服务以至于文化、教育等行业，都可以称之为产业。产业既不是微观经济的概念，也不是宏观经济的概念。微观企业的集合构成产业，产业是国民经济的组成部分，因此，产业是一个介于微观经济、宏观经济之间的中观经济概念。

产业经济活动是一种社会化大生产活动，牵涉到产业内部之间、产业与产业之间以及产业与政府之间的关系，正确处理好上述关系，关系到产业经济活动的有序、有效开展，因此，产业经济学需要研究上述关系。这使得产业经济学的研究对象又细分为多种不同的具体研究对象，如产业组织、产业结构、产业关联、产业政策等。产业组织主要是研究资源在产业内部企业间的配置状况及其变化，目的是促进企业间资源配置的优化。产业结构、产业关联主要是研究资源在产业之间的配置状况及其变化，目的是促进产业间资源配置的优化。产业政策涉及政府对产业发展过程中资源配置状况的管理和调节，以实现资源的动态优化配置。从上述意义上说，产业经济学的本质是研究产业经济活动中资源的优化配置，产业经济学的根本目的是促进资源在产业层次上的优化配置。

二、产业经济学的内容

西方国家较早研究产业经济学。西方产业经济学也可以称为产业组织学，说明了在一定的市场条件下，产业的市场结构、企业行为和经济成果之间的内在联系。把这种联系与国家实行的产业政策结合起来，就构成了西方产业经济理论研究的基本内容。

改革开放前，中国学术研究中没有明确的“产业经济学”称呼，产业经济学的相关理论研究分布在农业经济学、工业经济学、商业经济学等学科门类中。改革开放后，中国的产业经济学最初受日本理论界的影响较深，强调产业结构以及产业政策。之后随着西方的主流产业组织理论被引入中国，中国的产业经济学开始转向，将以产业组织和公共政策为主要内容的西方产业经济学体系与以产业结构、产业关联和规制政策等为研究重点的日本产业经济学体系整合在一起，形成中国产业经济学主要内容体系。近年来，中国产业经济学又陆续将国内外一些最新的产业经济研究成果如产业布局理论引入体系中，使得产业经济学内容体系进一步发展和丰富，如图 1-1 所示。

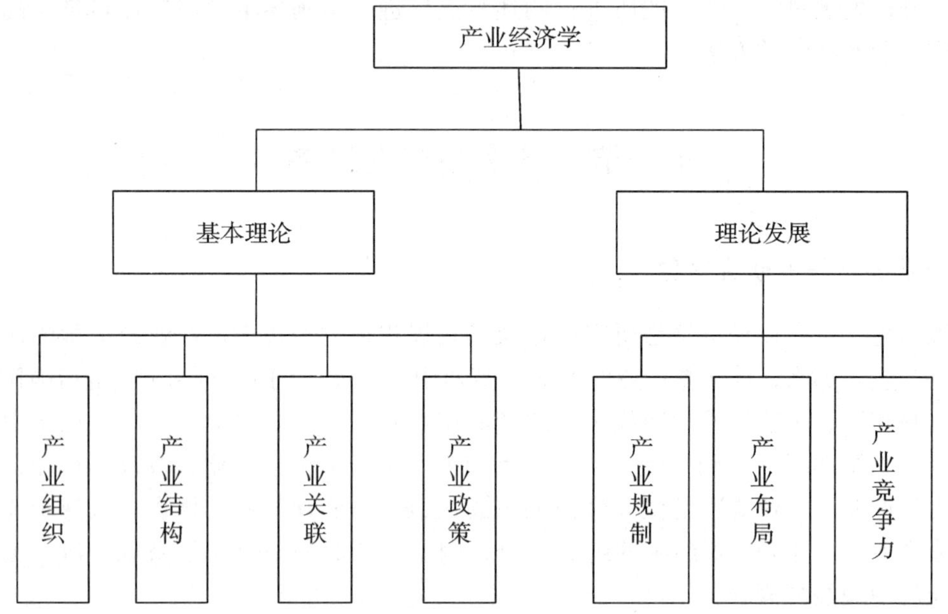

图 1-1　产业经济学理论体系

图 1-1 表明，传统的产业经济学理论体系主要由两个层次和七个方面的内容构成。第一个层次是基本理论，包括产业组织、产业结构、产业关联和产业政策，这是产业经济学的主体部分。第二个层次是理论发展部分，包括产业规制、产业布局和产业竞争力。此外，其还包括产业发展理论和产业分析理论。

（一）产业组织

产业组织是产业经济学的微观领域。产业组织以“市场与企业”为研究对象，主要研究产业内企业与市场的关系，包括市场结构、市场行为、市场绩效，以正确处理有效竞争和规模经济的关系。

（二）产业结构

产业结构是产业经济学的宏观领域。产业结构主要研究产业间的相互联系和联系方式，包括产业结构演变的规律、产业结构的优化和主导产业的选择等内容。产业结构研究不涉及过于细致的产业之间中间产品的复杂供求关系，因此属于产业经济学的“宏观”领域。

（三）产业关联

产业关联是产业经济学的中观领域，介于产业结构和产业组织之间。产业关联主要研究不同产业之间的投入品和产出品相互运动形成的实物或价值形态的技术经济联系，包括产业关联分析的原理和方法，投入产出法的应用，产业的空间关联和时间关联等。产业关联理论通过运用相关的数量分析法，能够精确、量化地研究产业之间的相互依存关系，很好地反映各产业的中间投入和中间需求。

（四）产业政策

产业政策主要研究制定产业政策的依据，产业政策体系及其配套选择，产业结构政策、产业组织政策的主要内容等。

（五）产业规制

产业规制主要研究政府对产业组织的规制活动，包括规制理论、规制政策等内容。产业规制主要来源于对产业组织状态的分析，通过政府的干预纠正或避免产业组织中的不合理方面。

（六）产业布局

产业布局主要研究产业在一国或一地区范围内的空间分布与组合，包括产业布局的理论依据、产业布局原则、产业布局规律、产业布局战略、产业集群等。产业布局理论主要基于对产业结构与产业关联的分析，通过合理的产业地区布局推动产业结构和产业关联的优化。

（七）产业竞争力

产业竞争力主要研究产业的竞争能力，包括产业竞争力的评价指标、评价方法等内容。

本书的章、节及其内容安排具有内在的逻辑性。第一章是导论，阐述产业经济学相关理论基础知识，起导读作用。第二章深入产业内部，研究生产者之间的相互关系，主要是企业与市场的关系。第三章是对第二章内容的延续和发展，基于对产业内部组织的分析，研究政府如何有效实施规制以弥补产业内部组织的不完善。第四章从静态与动态相结合的角度，考察产业外部各产业之间的生产、技术、经济关系，即产业结构。第五章研究产业空间结构的形成动因——产业布局，产业空间结构是产业布局的结果，产业布局理论是产业结构理论的重要组成部分。第六章产业关联，实际上是对产业结构的量化分析。第七章产业发展，是从产业整体角度研究产业的发展运动，并介绍产业发展的一些新特点和新趋势。第八章产业竞争力，是对产业发展的结果从整体竞争力的角度进行综合评价和分析。基于上述八章的阐述，第九章介绍系统化的产业政策体系，包括产业组织、产业结构、产业发展等方面的政策。第十章阐述如何运用前述产业经济基本理论进行产业经济分析，为各类产业经济活动决策提供理论参考与依据。

三、产业经济学的发展

经济学是社会经济发展到一定阶段，为了说明和解决现实经济生活中存在的问题、适应经济发展的需要而形成和发展起来的。人们对社会经济活动的理论认识，经历了一个由浅入深、由微观到宏观再到中观层次的过程，即从微观经济学到宏观经济学，再到产业经济学的过程。第二次世界大战前，产业经济学只是产生了若干领域的理论渊源，没有形成一个比较完整的产业经济学理论。直到第二次世界大战后，随着产业组织理论、产业关联理论的形成和成熟，以及在产业结构、产业政策研究上取得了一定发展的基础上，日本学者才在20世纪70年代提出了比较完整的产业经济学基本理论框架。

产业组织理论的理论渊源，主要来自英国经济学家马歇尔（A. Marshall）、琼·罗宾逊（J. Robinson）和美国经济学家张伯伦（E. H. Chamberlin），他们被视为产业组织理论的鼻祖。马歇尔在其1890年出版的《经济学原理》中提出了“马歇尔冲突”，即规模经济与竞争相互冲突、难以兼得，大规模生产能提高企业的生产效率，但规模经济的发展必然导致垄断的发展。对“马歇尔冲突”的解决，成为整个产业组织理论研究的起点。张伯伦1933年出版的专著《垄断竞争理论》、罗宾逊1933年出版的《不完全竞争理论》均提出垄断竞争理论，奠定了市场结构分析的基础。随后的1940—1960年，是产业组织理论的形成阶段。以哈佛大学的贝恩（J. S. Bain）、梅森（E. A. Mason）教授为代表的哈佛学派，对产业组织理论的形成发挥了关键作用。1959年，贝恩基于其与梅森及其他同事长期研究形成的“结构—行为—绩效”范式，发表了专著《产业组织论》，标志着产业组织理论体系基本形成。“结构—行为—绩效”范式统治了产业经济学研究将近四分之一个世纪，即使到20世纪70年代该范式失去了“霸主”地位，但其他学派或理论包括芝加哥学派、新奥地利学派，都是在借鉴该范式的基础上发展起来的。

产业规制理论最早发端于西方经济学界20世纪30年代对“市场失灵”问题的研究。此后，虽有不少学者发表了对于价格规制、投资规制方面的论著，但总体上比较零散、不成体系。直到1970年，卡恩（A. E. kahn）出版《规制经济学》，这标志着规制经济学学科的诞生。几乎在同个年代，1971年斯蒂格勒（G. J. Stigler）出版《经济规制论》、1973年贝利（E. E . Bailey）出版《法规性制约的经济理论》、1975年鲍莫尔（W. J. Baumol）和奥茨（W. E . Oates）出版《环境政策理论：外部性、公共部门、支出与生活质量》、1976年佩尔兹曼（S. Peltzman）出版《走向更一般的规制理论》、1991年托里森（R. D. Torriso）出版《规制与利益集团》、1992年植草益出版《微观规制经济学》，分别从公共事业、自然垄断行业等经济性规制的产生、依据、法律、决策过程、价格方面，奠定了规制经济学的学科基础和体系。

产业结构的理论渊源可以追溯至英国古典经济学家威廉·配第（W. Petty），其在1672年出版的《政治算术》中，提出不同产业的收入不同，这最终会导致劳动力要素在不同产业间的流动，即引发产业结构的变动。马克思在《资本论》中，把社会化大生产分为生产资料（第Ⅰ部类）和消费资料（第Ⅱ部类）两大部类，并且认为社会大生产的顺利进行，需要实现两大部类关系的协调。1931年，德国经济学家霍夫曼（W. G. Hoffmann）在其著作《工业化的阶段和类型》中，提出了著名的霍夫曼定理，揭示了在工业化过程中产业结构演进的规律。到20世纪30年代，新西兰经济学家费歇尔（A. G. B. Fisher）首次提出三次产业分类法；日本经济学家赤松要提出，后进国家的产业赶超先进国家时产业结构变化呈现出“雁行形态”。英国经济学家科林·克拉克（Collin G. Clark）1940年出版《经济发展的条件》，提出了“配第—克拉克定理”。20世纪50年代，美国著名经济学家库兹涅茨（Simon Kuznets）深入研究了产业结构的演变规律，得出国民收入和劳动力在产业间分布演化的一般规律。第二次世界大战后随着发展经济学的兴起，发展经济学对产业结构理论也做出了重要贡献。著名的美国发展经济学家刘易斯（A. Lewis）提出了二元经济结构理论，赫希曼（A. O. Hirschman）提出了不平衡发展理论，罗斯托（W. W. Rostow）提出了主导产业理论，钱纳里（H. Chenery）提出了经济发展过程中的产业结构变化理论。

产业关联理论主要是指投入产出分析法，由美国经济学家里昂惕夫（W. W. Leontief）在20世纪30年代提出。里昂惕夫的投入产出分析法，主要理论来源是瓦尔拉斯（Walras）的一般均衡理论，也借鉴了法国重农学派的代表性人物魁奈（F. Quesnay）创立的经济表和马克思的社会化大生产两大部类均衡理论的相关思想。20世纪50年代后，随着电子计算机技术、计量经济学和运筹学的不断发展与应用，投入产出分析法取得了新的进展，提出了各种动态投入产出模型，拓展了投入产出法的分析领域。

产业布局理论萌发于德国经济学家杜能（V. Thunen）1826年在《孤立国同农业和国民经济的关系》一书中，提出的农业区位理论。之后，德国经济学家韦伯（A. Weber）于1909年出版《工业区位论》，阐述了工业区位论，第一次形成较为系统的产业布局理论。韦伯认为，运输费用决定着工业区位的基本方向，区位选择主要考虑的三个因素是运输费用、劳动费用和聚集力，三者综合形成的成本最低区位是理想中的工业区位。韦伯被认为是“成本学派”的代表性人物。此后的学者，发现决定最优区位的因素不仅有成本因素，还有市场因素，应尽量将企业布局在能获得最大利润的区位。例如，“市场学派”的代表性人物之一克里斯泰勒（W. Christaller）在1933年出版的《德国南部的中心地》一书中，提出了“中心地理论”：一定区域内的中心地在职能、规模和空间形态分布上具有一定规律性，中心地空间分布形态会受市场、交通和行政三个因素的影响，中心地体系可根据市场、交通和行政最优原则而形成，产业应根据利润最大化原则布局于最适合的中心地体系中。在成本学派和市场学派研究的基础上，学者们又发展出“成本—市场学派”，主张通过综合分析区位因素确定合理的生产区位。20世纪50年代初，法国经济学家佩鲁（F. Perroux）提出发展极理论，并经补充、完善形成增长极理论，成为应用性广阔的一种产业布局理论。

产业竞争力理论是20世纪80年代逐渐发展起来的理论。产业竞争力理论来源于对国际竞争力的研究。世界经济论坛（World Economic Forum，WEF）组织于20世纪80年代初，最早开始对国际竞争力的研究。至1986年，以《国际竞争力报告》的发表为标志，该组织形成了相对完整的国际竞争力研究体系。之后，一些学者将对国家竞争力的研究，逐步衍化、延伸到对产业竞争力的研究上。其中，对产业竞争力研究做出突出贡献的是哈佛大学教授波特（M. E. Porter）。波特在1985年提出了产业竞争力

“五力分析模型”，即应从潜在进入者的威胁、替代品的威胁、买方讨价还价能力、供应方的讨价还价能力以及产业内现有竞争者的对抗五个方面来研究产业。在此基础上，波特于 1990 年出版了《国家竞争力》一书，提出了著名的产业国际竞争力钻石模型。该模型是对“五力分析模型”的进一步拓展，认为决定一国产业国际竞争力的要素包括需求条件、相关与辅助产业、企业策略、结构与竞争者、政府和机遇。此后，诸多学者继续对产业国际竞争力理论进行了完善和发展。1994 年，世界经济论坛在其《国际竞争力报告》中确定，在经济全球化背景下，产业国际竞争力表现为一国生产产品的能力、占领国际市场和获取利润的能力。至此，产业竞争力理论基本形成。国内一些学者也对产业竞争力理论的发展做出了贡献，魏后凯等（2002）、郭克莎（2003）将产业竞争力研究进一步拓展至区域产业竞争力的研究。

上述产业经济相关理论最初均是独立的理论，并未形成系统的产业经济学理论。例如，欧美的产业经济学实际上只是产业组织理论。对理论的融合做出突出贡献的是日本经济学家宫泽建一。宫泽建一在 1975 年出版《产业经济学》，明确提出了由产业组织理论、产业联系理论、产业结构理论组合而成的产业经济学理论体系，这表明产业经济学已经基本形成[①]。20 世纪 80 年代以来，传统产业经济学在诸多领域获得了进一步的发展。

产业组织理论较为重要的发展，一是鲍莫尔（W. Baumol）等人提出了“可竞争性市场理论”，二是以泰勒尔（J. Tirole）为代表的经济学家将博弈论引入传统的产业组织理论分析中。产业布局理论较为重要的发展成果，是以美国经济学家波特、克鲁格曼（P. Krugman）为代表的经济学家提出的系统化的产业集聚理论，这极大地增强了产业布局理论的完整性、现代性、解释力和应用价值[②]。产业规制理论的发展，主要是大量引入信息经济学、博弈论、激励理论等新的方法和工具，使理论更贴近实际，更具解释力。中国自 20 世纪 80 年代引入国外产业经济学以来，产业经济学界也对理论的发展做出了突出的贡献，主要体现在：提出了产业结构调整和优化升级理论，丰富和发展了产业结构理论；健全和充实了产业政策理论，使产业政策的研究更为全面、深入；在日本学者提出的产业经济学的框架结构中，加入产业发展、产业布局、产业规制的内容，充实和完善了产业经济学的理论体系，这是中国产业经济学界做出的最大贡献[③]。

四、产业经济学的学科性质

（一）产业经济学的学科定位

学科是指学术的分类，指一定科学领域或一门科学的分支。根据 2011 年国务院学位委员会、教育部颁布的《学位授予和人才培养学科目录（2011 年）》，我国学科的划分，共包括哲学、经济学、法学、教育学、文学、历史学、理学、工学、农学、医

① 杨治. 产业经济学导论［M］. 北京：中国人民大学出版社，1985.
② 简新华，杨艳琳. 产业经济学［M］. 武汉：武汉大学出版社，2009.
③ 简新华，杨艳琳. 产业经济学［M］. 武汉：武汉大学出版社，2009.

学、军事学、管理学和艺术学 13 个学科门类，88 个一级学科，诸多二级学科。产业经济学属于二级学科行列，具有自己的特殊学科属性。按照我国的学科划分，产业经济学属于经济学门类下应用经济学一级学科中的二级学科，如表 1-1 所示。

表 1-1 经济学学科分类

学科门类	一级学科	二级学科
经济学	理论经济学	政治经济学
		经济思想史
		经济史
		西方经济学
		世界经济
		人口、资源与环境经济学
	应用经济学	国民经济学
		区域经济学
		财政学（含：税收学）
		金融学（含：保险学）
		产业经济学
		国际贸易学
		劳动经济学
		统计学
		数量经济学
		国防经济学

（二）产业经济学的学科性质

1. 产业经济学是中观经济学

社会经济存在三个层次，企业和消费者的经济活动构成微观经济，产业的经济活动构成中观经济，国民经济总体的活动构成宏观经济。相应地，揭示微观经济活动规律的是微观经济学的任务，揭示宏观经济运行规律的是宏观经济学的任务，揭示产业经济活动规律的是产业经济学的任务。作为专门研究产业这个中观经济领域的经济学，产业经济学是中观经济学。

2. 产业经济学是应用经济学

应用经济学主要指应用理论经济学的基本原理研究某一经济领域或问题的经济学科，相对理论经济学，应用经济学研究更注重于解决实际问题。产业经济学从其创立之日起，一直针对经济实践展开研究，目的就是解决实际产业经济问题。例如，产业经济学的奠基者梅森和贝恩，1938 年在哈佛大学成立产业组织研究小组，最早对美国的产业经济实践问题开展开创性研究。贝恩最早的研究成果之一，就是调查了美国制造业 42 个产业的市场集中度和利润率，通过分析得出两者之间的内在关联，由此提出促进产业集中度提升的政策建议。而且从所起的影响和发挥的作用看，产业经济学一直对现实经济实践起着很重要的指导作用。比如，哈佛学派的政策主张，对第二次世界大战后以美国为首的西方国家的经济政策产生过重大影响，日本的产业政策对于日本经济的起飞起到了十分关键的作用。由上可见，产业经济学是一门实至名归的应用经济学。

3. 产业经济学不只是产业组织学

在西方，产业经济学被认为等同于产业组织理论，也等同于应用价格理论。但是，以产业为研究对象的产业经济学，不能仅仅只研究产业内部企业之间的关系，还应研究产业之间的关系、产业与外部市场主体之间的关系。也就是说，产业经济研究的范畴不应只局限于产业组织，而应拓展到产业结构、产业关联、产业发展、产业政策等等领域。产业经济学不应只是产业组织学。

（三）产业经济学与相关学科的关系

产业经济学与微观经济学、宏观经济学既有区别，又有联系。一方面，微观经济学主要研究单个企业与消费者的行为，而不研究产业内部企业与企业之间的关系，宏观经济学主要研究国民经济总体的运行，而不研究国民经济内部产业与产业之间的关系，产业经济学正好弥补了微观经济学、宏观经济学研究的未及之处，研究产业内部企业与企业之间、产业与产业之间的关系。三者的研究范围，覆盖了从微观到中观再到宏观领域的整个经济领域。另一方面，产业经济学的一些理论以微观经济学为基础，尤其产业组织理论是微观经济学的直接延伸和发展，还有一些理论如产业结构理论、产业发展理论等，同时也是宏观经济学理论的深化、细化和具体化，三者之间具有紧密的内在联系。

产业经济学还与其他相关学科存在着紧密的联系。产业经济学大量吸收了企业理论、交易成本经济学、法律经济学、信息经济学等有关学科的研究成果，而且也带动了不少其他学科的发展，如工商管理学、劳动经济学、国际贸易、比较经济体制、发展经济学等。特别是工商管理学，其二级学科包括市场营销学、企业战略、国际企业管理以及公司理财学，很多理论是在产业经济学理论的基础上发展起来的。因此，产业经济学除了是经济学专业的核心课程之外，也是工商管理专业的核心课程之一。

五、产业经济学学习的意义

作为一门着重解决产业经济发展实际问题的应用经济学，学习产业经济学的意义重大。第一，对发展中国家的产业发展具有很强的指导作用。发展中国家的产业发展水平落后，如果完全遵从市场法则，将很难在与具有先发优势的发达国家的产业竞争中生存下来，这需要国家实施强有力的干预。国家对产业发展的有效干预，主要是制定合理的产业政策，去推动产业升级，促进产业结构优化，提升产业竞争力。而这，需要以学习产业经济学并以之为指导作为前提和基础。第二，为政府的产业规制和产业政策提供理论基础。市场失灵的存在，要求政府制定和执行产业政策，实行产业规制，进行产业管理，以促进本国产业的顺利发展。产业经济学的理论体系，提供了诸如如何优化产业结构、科学布局产业、促进产业组织合理、推动产业发展的基础理论，从而为政府确定和实行产业规制，明确产业政策制定原则、确定政策目标、选择实现手段，提供了有益的理论指导。第三，有助于企业实施正确的生产经营决策。企业实施正确的生产经营决策，需要分析各相关产业的发展状况、本产业的现状、政府的相关产业政策，需要掌握科学的决策方法和工具。学习产业经济学，一方面为企业提供了进行产业分析的工具，另一方面为企业提供了进行合理决策的理论方法和工具指引。

第二节 产业经济学的研究方法

产业是一个复杂的系统，产业经济的活动也是复杂多变的。要认识复杂的产业经济活动规律，我们需要采用各种研究方法，使用研究工具。

一、主要研究方法

（一）规范分析与实证分析结合法

规范分析研究产业经济活动“应该是怎样的”，是从法律法规、道德伦理的价值判断角度，来分析产业经济活动应该如何进行才是“好”的，才合法合规和符合社会道德伦理。实证分析研究产业经济活动“实际上是什么”，是从产业经济活动运行效果的价值判断角度，来分析产业经济活动应该如何进行才是“好”的，才能够实现好的经济效果。显然，产业经济活动既要合法合规、符合社会道德伦理准则，又要实现良好的经济活动运行效果，因而，规范分析与实证分析均是认识产业经济活动规律所不可缺少的。

（二）定性分析与定量分析结合法

定性分析是用文字语言对产业经济活动进行相关描述，定量分析是用数学语言对产业经济活动进行相关描述。一般而言，定性分析与定量分析是结合进行、不可分离的。定性分析是定量分析的基础，没有定性的定量是一种盲目的、毫无价值的定量；定量分析使定性更加科学、准确，使定性分析得出广泛而深入的结论。对于复杂的产业经济活动而言，为使对其规律的描述更客观、准确，我们应尽可能使用定量分析；同时也不能缺少定性分析，一方面为定量分析提供前提和基础，另一方面为定量分析存在困难的产业经济问题提供分析手段和工具。

（三）静态分析与动态分析结合法

静态分析是考察产业经济活动某一时点的现象和规律，动态分析是考察产业经济活动随时间推移、变化所显示出的现象和规律。产业经济活动是一刻不停地动态进行着的，对其规律的认识需要从动态的角度来把握，因而动态分析不仅是必要的而且是研究产业经济活动的主要方法。同时，动态的产业经济活动是由一个个时点上的产业静止状态所构成。全面认识产业经济活动，不仅要考察其随时间变迁的规律，也要考察每个时点上的静止状态，因而静态分析也是必要的。

二、主要研究工具

（一）统计计量理论方法

统计计量理论方法是运用统计学和计量经济学的知识，对现实经济活动的实际观测数据进行分析研究得出相关活动规律的方法。统计计量理论是产业经济学研究最常用的工具，在 20 世纪 60 年代以后被大量应用在实证研究中。很多产业经济理论，如市场集中度相关理论就是直接运用统计计量理论方法研究得出的结论。

（二）博弈论方法

博弈论（Game Theory）又被称为对策论，既是现代数学的一个新分支，也是运筹学的一个重要学科。博弈论主要研究公式化了的激励结构间的相互作用，是研究具有斗争或竞争性质现象的数学理论和方法，主要是考虑游戏中的个体的预测行为和实际行为，并研究它们的优化策略。自纽曼（V. Neumann）和摩根斯坦（O. Morgenstern）在 1944 年发表《博弈论与经济行为》著作之后，博弈论就开始被应用到产业经济理论研究中。例如，产业经济活动中的企业的市场行为，就是典型的竞争性行为，用博弈论对之进行分析适得其所。博弈论方法在 20 世纪 70 年代以后，成为产业经济理论研究的主要方法，大大推动了产业经济学的发展。如果说统计计量理论方法主要适用于产业经济学的实证研究的话，那么博弈论方法则主要适用于产业经济学的理论分析。

（三）案例研究方法

案例研究方法是对处于现实环境中的现象进行考察的一种经验性研究方法①。国民经济系统中的产业众多，每个产业内部的企业众多，学者们不可能对每个产业、企业进行逐一研究，只能选取典型案例进行分析，从中总结、归纳和推导出一些具有共性、普遍意义上的规律，因此案例研究方法对于产业经济理论研究必不可少。案例研究方法是 20 世纪 50 年代产业经济理论研究的主要方法，一直到现在仍然被大量运用。

（四）经济学实验方法

经济学实验方法是指人们运用模拟与仿真的手段，按照实验规则创造出与实际经济运行相类似的环境和条件，从中检验已有的经济理论，增强实际操作技能或者为解决实际问题提供理论分析的一种方法与过程。作为一种新兴的经济研究方法，经济学实验方法在产业经济理论研究中也在不断得到应用，取得了很有意义的成果。

第三节　产业与企业

学习产业经济学理论，首先需要了解产业与产业的主体——企业之间的关系。

① ROBERT K YIN. Case Study Research：Design and Methods ［M］. 4th ed. Thousand Oaks，CA：Sage，2009.

一、产业类型

同一个事物，随着观察角度的不同会呈现不同的特征。根据不同角度观察到的不同特性，千差万别的企业可以按照若干个方法进行产业归类，形成不同的产业类型。目前，主要的产业分类方法包括两大部类分类法、农轻重产业分类法、三次产业分类法、标准产业分类法、产业地位分类法和产业发展状况分类法等。

（一）两大部类分类法

总体上，社会总产品的最终用途有两种：一种是用来进行再生产，另一种是用来进行消费。马克思按照产品的的最终用途，把生产产品的社会生产部门划分为两大部类：第Ⅰ部类，生产生产资料的部门，目的是满足社会生产消费的需要；第Ⅱ部类，生产消费资料的部门，目的是满足社会生活消费的需求。其中：第Ⅰ部类又分为两个小的副类，即为生产资料生产提供生产资料的产业部门和为生活资料生产提供生产资料的产业部门；第Ⅱ部类也分为两个小的副类，即生产必要消费品的产业部门和生产奢侈消费品的产业部门。

（二）农轻重产业分类法

按照产品生产方式、生产特点的不同，我们可以将产业分为农业、轻工业和重工业三类。农业具体包括农林牧渔业，即农作物种植业、林业、畜牧业、渔业。农作物种植业主要包括粮棉油种植业和经济作物种植业，林业包括原始林业和人造林业，畜牧业包括草原畜牧业和山区畜牧业，渔业包括淡水渔业和海洋渔业。轻工业指主要生产消费资料的工业部门，包括纺织、食品、缝纫（服装）、制革、毛皮、家具、造纸、印刷、家用电器、钟表、日用金属、日用化工、玻璃、陶瓷、卷烟、医药、文教体育艺术用品等。重工业指主要生产生产资料的工业部门，包括采矿、燃料、冶金、煤炭、石油、化工、电力、机械、建筑材料等。

（三）三次产业分类法

三次产业分类法是产业经济学理论最重要的分类法之一。新西兰经济学家费歇尔（A. G. B. Fisher）首次提出三次产业分类法，英国经济学家克拉克（C. G. Clark）推广、普及了三次产业分类法。按照产业经济活动发展的先后次序，产业可以分为第一次产业、第二次产业和第三次产业。第一次产业是指产品直接取自自然的物质生产部门，即广义的农业，主要包括农业（狭义的农业，主要是种植业）、林业、畜牧业和渔业。第二次产业是指加工取自于自然的物质和第一次产业产品的物质生产部门，即制造业或工业，主要包括采矿业、制造业、建筑业、电力、燃气及水等工业部门。第三次产业是指派生于有形物质财富生产活动之上的无形财富的生产部门，即广义的服务业，包括商业、金融业、保险业、生活服务业、旅游业、科教文卫业、政府行政以及其他公共事业等。

（四）标准产业分类法

标准产业分类法（Standard Industrial Classification，SIC）主要指联合国 1971 年颁

布的产业分类法。联合国“国际标准产业分类”将“全部经济活动”分为10个大项，每个大项下面分成若干中项，每个中项下面又分成若干小项，小项再分解成若干细项，并进行统一编码以便于统计。

标准产业分类法划分的10个大项产业是：

1. 农业、狩猎业、林业和渔业；
2. 矿业和采石业；
3. 制造业；
4. 电力、煤气、供水业；
5. 建筑业；
6. 批发与零售业、餐馆与旅店业；
7. 运输业、仓储业和邮电通信业；
8. 金融业、不动产业、保险业及商业性服务业；
9. 社会团体、社会及个人的服务；
10. 不能分类的其他活动。

编号为3的制造业，所属的中项产业包括：

31. 食品、饮料、烟草；
32. 纺织、服装、制革；
33. 木材与木制品；
34. 造纸与纸制品、印刷与出版；
35. 化工产品和药品、石油加工、煤炭加工、塑料制品、橡胶制品；
36. 非金属矿产品（除石油、煤炭加工产品以外的）；
37. 冶金工业；
38. 金属制品、机械和工业设备；
39. 其他制造业。

编号为38的金属制品、机械和工业设备业，所属的小项产业包括：

381. 除机械和工业设备以外的机械；
382. 电器机械以外的机械；
383. 电机、电器及供电设备；
384. 运输工具；
385. 不包括除以上行业的科学仪器、测试仪器、控制仪器、感光和光学器材。

编号为384的运输工具，所属的细项产业包括：

3841. 造船及修理；
3842. 铁路机车与车辆；
3843. 汽车；
3844. 摩托车与自行车；
3845. 航空工业；
3846. 其他运输工具。

（五）产业地位分类法

产业地位分类法是按产业在国民经济和产业体系中的地位来划分产业类型的方法。一般而言，产业地位分类法把产业划分为五个类型：基础产业、瓶颈产业、支柱产业、主导产业和先行产业。

基础产业是指在产业体系中为其他产业发展提供基本条件的产业。一般而言，基础产业主要指基础设施产业，是其他产业赖以发展的基础和前提条件，要求得到先行的发展。瓶颈产业是指在产业体系中未得到充分发展，而对其他产业和国民经济形成严重制约的产业。瓶颈产业是产业体系发展中的“短板”，会影响整个产业体系的综合产出能力。支柱产业是指在产业体系的总产出中占据较大比例的产业。在此意义上，支柱产业是一国国民经济的支柱，构成财政收入的主要来源，在整个国民经济中发挥着举足轻重的作用。一般而言，支柱产业主要是一些发展成熟的传统产业。主导产业是指在产业体系中处于主导地位，对未来产业体系发展起着支撑和引领作用的产业。主导产业的关联性强，能带动其他产业一起发展，决定着整个产业体系的基本特征和发展方向，因而一般是产业体系中发展水平较高的产业如高新技术产业等。先行产业是指产业体系中需要先行发展以带动和引导其他产业发展，为国民经济拓展未来发展空间和潜力的产业，比如新材料、新能源产业。

（六）产业发展状况分类法

1. 按生产要素密集程度分类

按照生产过程中使用的主要要素种类，产业可以分为劳动密集型产业、资本密集型产业、技术密集型产业和知识密集型产业。劳动密集型产业是指在生产过程中对劳动力的需求依赖程度较大，总资本中用于购买劳动力的支出比例较高的产业，典型的如纺织业、服装业、传统服务业等。资本密集型产业是指在生产过程中对于资本的需求依赖程度较大，总资本中用于购买生产资料的支出比例较高的产业，如钢铁、机械、化工等产业。技术密集型产业是指在生产过程中对技术的需求依赖程度较大，总资本中用于购买技术的支出比例较高的产业，如IT、航空、金融服务等产业。知识密集型产业是指在生产和服务过程中对知识的需求依赖程度较大，总资本中用于购买知识的支出比例较高的产业。知识密集型产业一般指以知识的生产和传播为主体的产业，广义的知识密集型产业包含技术密集型产业。

2. 按技术先进程度分类

根据技术的先进程度，产业主要分传统产业和高新技术产业。传统产业是指生产过程中主要采用传统技术的产业，相应地，高新技术产业是指生产过程主要采用先进水平技术的产业。按照联合国有关机构的分类，高新技术产业包括信息产业、生命工程产业、新能源与可再生能源产业、新材料产业、航空航天产业、海洋开发产业、环境保护产业和咨询服务产业。传统产业和高新技术产业都是相对的，随着技术的发展，传统产业可以升级为高新技术产业，高新技术产业也可以退化为传统产业。

3. 按发展趋势分类

根据产业发展的趋势，产业可以分为夕阳产业、成熟产业和朝阳产业。夕阳产业也称衰退产业，是指产品需求逐步下降，产业增长率低于国民经济各产业的平均增长率且呈下降趋势，在国民经济和产业体系中的地位和作用不断下降的产业。成熟产业是指具有技术成熟性和市场成熟性，产业的生产和需求具有相当大的稳定性，构成一定时期国民经济和产业体系的主体和支柱的产业。朝阳产业也称新兴产业，是指产品需求量逐步上升，产业增长率高于国民经济各产业的平均增长率且呈上升趋势，在国民经济和产业体系中的地位和作用不断上升的产业。夕阳产业、成熟产业和朝阳产业是产业生命周期演变和产业结构有序变动的结果。产业衍生成为朝阳产业（幼稚产业），然后变为成熟产业，最终转化为夕阳产业，此时如果不进行升级则成为淘汰产业退出市场；随着产业结构的不断演化，会不断涌现出朝阳产业、成熟产业，同时不断涌现出夕阳产业。夕阳产业、成熟产业和朝阳产业是相对的，夕阳产业通过技术改造，会重新蜕变为朝阳产业，再至成熟产业；朝阳产业成熟后，最终会发展成为夕阳产业。

4. 按产品供求状况分类

根据产品供求情况，产业主要分长线产业和短线产业。长线产业是指生产规模较大、产品完全满足市场需求甚至出现过剩的产业。长线产业一般是由重复投资产生的。短线产业是指生产规模较小、产品不能满足市场需求的产业。瓶颈产业一般都是短线产业。产业体系中出现长线产业、短线产业，是产业结构不合理的体现，一般应采取“限长补短”的政策予以调整，即压缩长线产业、弥补短线产业，使产业体系长短均衡。

（七）中国的产业分类法

中国的产业分类经历了一个相机调整、不断完善的过程。中华人民共和国成立至改革开放前这个阶段，我国一直采用 MPS 分类法即物质产品平衡表体系分类法。MPS 分类法将国民经济活动，划分为农业、工业、建筑业、运输业和商业五个部门。随着国民经济的不断发展特别是第三产业的不断衍生，五部门分类法已远远不能反映现实国民经济活动的实际。于是，20 世纪 80 年代初我国引入国际通行的三次产业分类法，由国家统计局在 1984 年 5 月参照国际标准产业分类（SIC）对三次产业进行了划分，发布了相应的经济行业分类标准。1985 年国家统计局正式提出《关于建立第三产业统计的报告》，随后国家发布《国务院办公厅转发国家统计局关于建立第三产业统计报告的通知》，确定了中国的三次产业划分标准。1987 年 10 月，国家统计局发布了《投入产出部门分类和代码》，对各个产业进行了编码。1988 年，《中国统计年鉴（1988）》首次使用三次产业统计，从而使中国的产业分类与世界大多数国家一致。1994 年，中国根据国际标准产业分类制定了中国的产业分类国家标准《国民经济行业分类与代码》（GB/T4754-94）。

按照该分类标准，国民经济行业分类与代码表是按照 16 个门类（从英文大写字母 A~P）、99 个大类（用 2 位编码表示；含 7 个大类的空码，以备未来增加或调整类目的需要）、360 个种类（用 3 位编码表示，不包括空码）、812 个小类（用 4 位编码表示，不包括空码）、类别名称、说明等 6 项内容来制表。归纳如表 1-2 所示。

表 1-2 中国国民经济行业分类、类别名称与代码索引表（GB/T4754-94）

门类	大类/数	种类/数	小类/数	类别名称	说明	代码索引
A	5	14	16	农、林、牧、渔业	略	0110-0590
B	7	11	21	采掘业		0610-1220
C	30+1	172	543	制造业		1311-4392
D	3	7	10	电力、煤气及水的生产和供应业		4411-4620
E	3	7	7	建筑业		4710-4900
F	2	8	15	地质勘查业、水利管理业		5010-5100
G	9	21	22	交通运输、仓储及邮电通信业		5200-6030
H	6+1	32	67	批发和零售贸易、餐饮业		6111-6799
I	2+2	8	11	金融、保险业		6810-7000
J	3	3	3	房地产业		7200-7400
K	9+1	29	36	社会服务业		7511-8490
L	3+1	11	17	卫生、体育和社会福利业		8511-8790
M	3	18	25	教育、文化艺术及广播电影电视业		8911-9130
N	2	12	12	科学研究和综合技术服务		9210-9390
O	4+1	5	5	国家机关、政党机关和社会团体		9400-9720
P	1	2	2	其他行业		9910-9990
16	92+7	360	812	—		—

2002 年，中国对 1994 版产业分类国家标准进行了修订，颁布了 2002 年版的《国民经济行业分类与代码》（GB/T4754-2002）。2003 年 5 月，中国颁布了根据《国民经济行业分类与代码》（GB/T4754-2002）制定的《中华人民共和国三次产业划分规定》，同时废止了 1985 年制定的关于三次产业划分的规定。按照 2002 版产业分类国家标准制定的国民经济行业分类与代码表，是按照 20 个门类（从英文大写字母 A～P）、98 个大类（用 2 位编码表示，包括 3 个大类的空码）、中类（用 3 位编码表示）、小类（用 4 位编码表示）、类别名称、说明等 6 项内容来制表的。除了 3 个大类的空码外，第一产业包括 5 个大类产业，第二产业包括 43 个大类产业，第三产业包括 47 个大类产业。将其归纳如表 1-3 所示。

表 1-3 中国国民经济行业分类、类别名称与代码索引表（GB/T4754-2002）

产业	门类	大类/数	中类/数	小类/数	类别名称	说明	代码索引
第一产业	A	5	略	略	农、林、牧、渔业	略	略
第二产业	B	6+1	略	略	采矿业	略	略
	C	30+1			制造业		
	D	3			电力、燃气及水的生产和供应业		
	E	4			建筑业		

表1-3(续)

产业	门类	大类/数	中类/数	小类/数	类别名称	说明	代码索引
第三产业	F	9	略	略	交通运输、仓储和邮政业	略	略
	G	3			信息传输、计算机服务和软件业		
	H	2+1			批发和零售业		
	I	2			住宿和餐饮业		
	J	4			金融业		
	K	1			房地产业		
	L	2			租赁和商务服务业		
	M	4			科学研究、技术服务和地质勘查业		
	N	3			水利、环境和公共设施管理业		
	O	2			居民服务和其他服务业		
	P	1			教育		
	Q	3			卫生、社会保障和社会福利业		
	R	5			文化、体育和娱乐业		
	S	5			公共管理和社会组织		
	T	1			国际组织		
合计	—	95+3	—	—	—	—	—

二、企业理论概要

不管何种类型的产业，都是由一个个具体的企业所构成的。每一种产业，都包括成千上万个企业。企业理论的研究按照发展的历史轨迹可分为：古典企业理论、新古典经济学厂商理论、新制度经济学企业理论。其中，新制度经济学企业理论又可以分为以交易费用为核心的企业契约理论和以能力体系为核心的企业能力理论。企业契约理论是当前研究企业理论的主流理论，是在坚持新古典经济学的分析方法和分析框架基础之上，通过不断修正新古典经济学基本假设而建立和发展起来的①。

（一）新古典经济学厂商理论

新古典经济学在完全理性假设（指理性的企业，其唯一目标是追求利润最大化）、完全信息假设（指企业不花费任何成本，就能够得到所有与生产经营相关的信息如供求状况、价格等）和市场完全竞争假设（指市场的竞争是充分和自由的，能在市场机制的自发运行下自动出清）下，认为企业就是一个根据市场竞争的结果（体现为价格），基于其所掌握的生产相关信息，为实现利润最大化目标而进行生产的一个生产单位。企业经过细致的生产数量决策，投入一定数量的各类要素，最终获得预期数量的产品产出，从而得以实现利润最大化。因此，企业也就是一个投入产出组织。新古典企业理论的主要贡献，是运用边际分析的方法，研究了在完全竞争的市场条件下企业

① 惠宁. 产业经济学［M］. 北京：高等教育出版社，2012.

的最优产量和市场均衡价格的决定问题。

由于企业利润目标的实现，完全是由外部因素如要素数量与价格、产品价格等因素决定，因此新古典经济学理论不需要深入企业内部，对企业生产的制度结构以及企业内部的权利关系进行探讨。因而从技术的角度，新古典经济学把企业看作投入转化为产出的技术性“黑箱”。正如杨小凯所言（1994），此种以“企业生产”为核心的理论框架自然就忽略了对企业组织特性的研究。这是新古典经济学厂商理论的主要不足所在。所以，新古典经济学厂商理论不能解释为什么企业有大有小、有优有劣、有的能存在有的会死亡，也不能解释企业的合理边界问题。对上述问题的回答，推动了相关现代企业理论的产生与发展。

（二）新制度经济学企业理论

1. 交易费用理论

交易费用理论由科斯所创立。科斯把交易成本理论纳入经济学理论分析框架来修正新古典企业理论的不足。科斯认为，新古典经济学关于市场机制运行和信息传递无成本的假设不符合现实情况，市场机制是有成本的而且信息也是不完全的。科斯把交易成本定义为利用价格机制的成本，包括：一是发现价格的成本，二是谈判和签约成本，三是利用价格机制的机会成本。在市场机制运行存在交易成本的基础之上，企业是如何产生的呢？企业的边界如何决定？

科斯认为，这取决于企业组织生产的成本与市场交易组织生产的成本。两者的高低，决定了在企业—市场两分法下产品“在企业内部生产，还是从市场购买”[①]。只要企业内部利用权威和科层制进行生产的协调成本低于其所替代的市场交易的成本，就会推动企业的产生。由此可见，企业是作为以市场交易来组织生产的替代物而产生的。企业通过内部的威权关系能大量减少需分散定价的交易数量，这就能使企业作为节约成本的市场替代物而得以存在。最终，企业通过权威来实现要素资源的有效配置，市场主要通过价格机制的作用来实现要素资源的有效配置，以此获得人们预期的产品。但是，企业的边界是不能无止境地扩张下去的。随着企业规模的扩大，企业内利用权威进行生产所产生的协调成本会不断上升，最终甚至会超过市场交易的成本。显然，企业的边界决定于边际企业协调成本与边际市场交易成本相等之处。

2. 团队生产理论

阿尔钦和德姆赛茨认可科斯关于市场运行需要成本，市场交易费用越大，由企业代替市场进行资源配置的可能性越大的观点。例如，“在其他条件不变的情况下，企业组织的监督成本越低，企业内部组织资源配置的比较优势也就越大”[②]。不过阿尔钦和德姆赛茨认为，科斯把企业的生产组织认作是通过威权来实现的论述是不恰当的。企业并没有比普通市场具有更为优越的命令、强制和纪律约束等权利，企业本质上是由一系列契约关系构成的组织，组织内部各生产参与主体通过契约关系来进行生产的分

① COASE R. The Nature of The Firm ［J］. Economica，1937，4：388-390.

② 阿尔钦 A，德姆赛茨 H. 生产、信息费用与经济组织 ［M］ //科斯 R，阿尔钦 A，诺斯 D. 财产权利与制度变迁. 刘守英，译. 上海：上海三联书店，1994.

工合作。因此，企业的实质是一种“团队生产”的方式。企业的产生主要是单个私产所有者为了更好地利用他们的比较优势，采用专业化原理进行合作生产，从而使合作生产的总产品大于他们分别进行生产所得的产出之和。由此，每个参与合作生产的人所得的报酬也比各自生产时要高。

3. 委托—代理理论

委托—代理理论是新制度经济学契约理论的主要内容之一。委托—代理关系，是指一个或多个行为主体根据一种明示或隐含的契约，指定、雇用另一些行为主体为其服务，同时授予后者一定的决策权利，并根据后者提供的服务数量和质量对其支付相应的报酬。授权者就是委托人，被授权者就是代理人。委托—代理理论是20世纪60年代末70年代初，一些经济学家如威尔森（Wilson）、斯宾塞（Spence）、罗斯（Ross）、莫里斯（Morris）等，深入研究企业内部信息不对称和激励问题发展起来的。委托—代理理论认为，现代企业就是一个由委托—代理关系体系所构成并由之维持其正常运行的生产组织。企业所有者与职业经理人构成第一层委托—代理关系，职业经理人与企业中层管理者构成次一级的委托—代理关系……由此形成一个委托—代理关系体系，其中第一层委托—代理关系尤其重要。通过这个委托—代理关系体系，企业按照所有者的意愿来开展正常的生产经营活动。但是，在委托—代理关系当中，委托人与代理人的效用函数是不一样的，特别是企业所有者与职业经理人这一顶级委托人、代理人的效用目标是不一样的。企业所有者追求的是自己的财富更大，而职业经理人追求的是自己的工资津贴收入、奢侈消费和闲暇时间最大化，这必然导致两者出现利益冲突。在没有有效的制度比如监督制度的情况下，会出现“道德风险”问题，代理人的行为很可能最终损害委托人的利益，甚至出现所谓的“内部人控制”① 现象。委托—代理理论的中心任务，就是研究在利益相冲突和信息不对称（信息不对称导致无法进行有效的监督）的环境下，委托人如何设计最优契约激励代理人。为此，经济学家们建立了相关的委托—代理理论模型②，来探讨如何设计最优契约。

4. 企业能力理论

交易费用理论、团队生产理论和委托—代理理论，较好地解释了企业的产生，但均没有揭示出企业多样性的差异。以资源、能力为基础的企业能力理论，较好地解释了企业的存在和企业的异质性。企业能力理论把企业假定为在任何给定时间内具有一定能力和决策规则的生产者，即生产性知识和能力的集合。但是，企业所拥有的知识是由个人掌握的，并专业化于某一领域，知识的专业性决定了生产活动需要拥有各种不同类型知识的个人的共同协作和努力。有效的生产，要求某一制度安排能起到协调个人知识的功能。但是，市场并不具备这种功能，因为知识的表达具有隐含性、知识的分布具有分散性，难以通过市场实现高效的集聚来实现协作生产。于是，企业作为

① 内部人控制（insider control）是指现在企业中的所有权和经济权（控制权）相分离的前提下，由于所有者和经营者的利益不一致，由此导致了经营者控制公司，即“内部人控制”现象。

② 如锦标制度、声誉效应模型、棘轮效应模型等，参见《信息经济学：基本原理》（约瑟夫·斯蒂格利茨著，纪沫等译，2009年出版）。

一种生产产品和提供服务的事物就出现了，企业创造了能使个体集中使用各自拥有的专业知识的环境和条件。也就是说，企业是生产活动所需要的知识的获得、运用和积聚的有效制度，尤其是它通过提供大规模的增量学习过程，使得部分生产所需要的知识得以在组织中积聚。由于企业中知识的积聚，是多个拥有不同知识的个人在共同协作生产中产生的，是各个个人所拥有知识的聚合、融汇和升华，因此企业所积聚的知识已超越单个个人所拥有的知识，成为由企业作为一个整体所拥有的知识和能力，即企业核心知识和能力。由于知识创造具有专业性、知识表达的隐含性等特点，因此企业的核心知识和能力具有异质性、不能完全模仿性和不可交易性等特点，这也决定了企业之间的异同。不同企业所拥有的不同的核心知识和能力，使得企业大小、专长和优劣各不相同。

除了上述企业理论之外，还存在一些其他流派的企业理论，如中间组织理论、代理成本理论、证券设计理论等①。

三、企业的产业作用②

作为产业的主体，企业对产业的形成、存在、演化具有决定性作用。概括而言，企业是促进产业关系形成的主体，是决定产业垄断程度的基本力量，是实现产业的社会协作体系的主体。

（一）企业促进产业关系形成

1. 进入退出关系

任何一个已经形成的产业，总存在着企业的进入退出现象。在产业发展周期的某些阶段，产业外的企业会集中设法进入该产业；而在另一些阶段，会出现产业内的企业会集中设法退出该产业。但在大部分情况下，企业将根据各自战略目标的要求，同时出现产业内的企业设法退出产业、产业外的企业设法进入产业的交互活动。企业的进入退出产业活动，会形成特定的进入退出关系。较为典型的，是通过设置进入障碍而形成的企业进入退出关系。

在资源型产业中，企业为了阻止其他企业进入，会设置一些进入障碍如资源垄断障碍、产能垄断障碍、产业链长度障碍等。这些障碍，提高了进入退出的难度，既阻止了产业外企业的进入，反过来也形成对产业内企业退出时的障碍。这使得资源型产业的组织结构，形成了一种相对稳定的状况。在知识型产业中，主要的进入障碍为对产业形成和变化的知识（主要指关键和核心知识）的掌握和转换。不过，由于知识的传播性和扩散性很强，不可能长久被某个企业所垄断，能很快运用于其他产业活动中，因此知识型产业的进入障碍表现相对不明显。并且，知识型产业中企业的竞争力不表现在对物质资源和产能规模的追求上，从而退出障碍也相对较小。这使得知识型产业的内部结构不像资源型产业那样稳定，产业寿命周期也相对较短。

---

① 邬义钧，胡立君. 产业经济学［M］. 北京：中国财政经济出版社，2002.

② 杨公仆，夏大慰，龚仰军. 产业经济学教程［M］. 3 版. 上海：上海财经大学出版社，2008.

2. 替代关系

替代品的存在，使得产业内企业之间存在替代关系。替代品一般指两类：一类是处于同一产业、在功能上具有替代关系的不同产品和服务，如轿车和摩托车；另一类是不同产业产出之间形成替代关系的那些产品和服务，如煤和电在取暖功能上形成的替代。企业之间存在的替代关系，主要体现在对企业的竞争压力上，迫使企业采取两类行为：一是将替代品生产者视为产业竞争对手，采取针对性的竞争行为，使自己产品的价格—效用比更有利于消费者；二是通过一体化行为，如合资、兼并、联盟等，将替代品变为自己可以支配的产出。前一类行动使企业在同一产业中的活动类型增加，形成产出在同一产业中的多元化，后一类活动使企业进入不同的产业，形成企业业务种类的多元化。

3. 一体化关系

随着分工的深化，产业中的产品形成活动被有效分割，形成由各个专业化生产环节所构成的产业链。产业链上的各个企业，由于所从事的产品形成活动特征及所创造的附加价值量不同，在链条上的地位也不同。每个企业根据自己所处的不同产业链环节及其发展战略，决定其与前后向企业之间的特定关系。企业战略的独占性要求越高，社会协作体系越不完备，同一产业链上附加价值分布越不均匀，产业竞争越激烈，企业就越需要采取一体化行动，形成对前后向企业的支配力量。

（二）企业决定产业垄断程度

企业从事生产经营活动，需要拥有一定量的资源。在经济活动以物质资源为主要投入要素的情况下，在其他因素不变时，企业拥有的物质资源量越多、将这些资源转化为产品或服务的能力越大，企业生产经营活动的绝对结果量就越多。同时，在规模经济的作用下，企业生产经营活动的成本会更低。因此，企业为了实现利润最大化目标，总是具有追求规模的冲动，从而总是具有攫取更多物质资源的欲望。但是，由于物质资源是稀缺的，这一稀缺性不仅限制了经济活动整体的资源使用量，使企业攫取更大物质资源的欲望受到限制，而且由于经济活动的相互制约作用，还限制了市场对企业产出量的接受程度。为此，企业将对规模的追求建立在对资源和市场的独占程度的追求上，由此造成了垄断。不同的产业中，企业的垄断能力是不同的，因此不同的产业中的垄断程度不一样。

资源型产业中，由于产能形成和转移需要较长时间，同时垄断本身就是一种非常有力的产业进入障碍，且垄断本身具有累计推动的能力，因而企业垄断的能力较强，且一旦形成垄断格局就能维持较长时间，因而资源型产业的垄断程度一般较高。在知识型产业如信息产业中，知识要素是主要的投入要素之一，企业实施垄断主要依靠增强对知识的积累和转换能力。知识的可共享、易传播、变化快等特征，使得企业实施垄断的时效、绩效均有局限，企业垄断的能力相对较弱。因而相较资源型产业，知识产业的垄断格局具有不明显和稳定程度较低的特征。

（三）企业实现产业社会协作体系

随着社会分工的深化和细化，几乎没有企业能将整个产业链作为自己的活动领域。

企业往往选择产业链中的某些环节作为活动领域，同时以处于其他产业环节或其他产业中的企业作为自己的供应商或用户，由此形成了社会协作体系。企业选择社会协作体系，是出于成本或战略两个方面的考虑。从成本来看，利用社会协作体系一方面使企业在产业链中的活动长度缩短，能将资源集中使用于某一项或几项活动上，提升在该项活动上的规模实力，逐步达到成本最低的规模。另一方面，利用社会协作体系，能使企业较快地积累起从事该项业务活动的经验，从而提高活动效率。社会协作体系的作用犹如杠杆功能，能使企业在拥有较少的资源所有权的情况下，产生出数倍的影响。企业利用社会协作体系，可以根据自己的核心竞争力，在产业链上选择最适合自己、能使自己获得最大价值的业务环节，同时利用不同业务环节上企业之间的相互依赖关系，形成对其他企业的一定程度的支配力量。

社会协作体系是企业理智选择的结果。企业根据自己的战略目标、产业成熟程度以及企业所处的发展阶段等因素，对社会协作体系进行选择，由此形成不同产业及不同产业成长阶段（形成期、成长期、成熟期和衰退期）中社会协作体系之间的差别。在产业形成初期，一般不存在产业内的协作体系，这时的社会协作体系往往表现为社会基础产业对新产业的支持。随着产业发展进入成长期，产业一方面进行内部分解，形成产业内的协作体系；另一方面形成对其他产业的带动效应，促使相关产业的产生和发展，形成产业间协作体系；再一方面社会基础产业不断适应新产业的活动规律，围绕着该产业形成完整的社会协作体系。在接下来的较长一段时期内，社会协作体系将随着产业的发展和变化而不断变化、成熟，协作效率将逐渐提高，直至产业进入衰退阶段。衰退期内，产业或是进行结构改变，重新焕发生命力，或是逐渐死亡，两种情况下社会协作体系均会发生根本变化。前者情况下，社会协作体系将随之进行结构调整，并重新形成协作规则；后者情况下，社会协作体系将逐渐削弱直至瓦解。

思考题

1. 试举例分析学习产业经济学的意义。
2. 试列出某地区的产业类型、相关统计数据及各产业的代表性企业。

【推荐阅读书目】

1. 约瑟夫·斯蒂格利茨. 信息经济学：基本原理［M］. 纪沫，等译. 北京：中国金融出版社，2009.

2. 邬义钧，胡立君. 产业经济学［M］. 北京：中国财政经济出版社，2002.

3. 高程德. 现代公司理论［M］. 北京：北京大学出版社，2000.

【参考文献】

1. 惠宁. 产业经济学［M］. 北京：高等教育出版社，2012.

2. 简新华，杨艳琳. 产业经济学［M］. 武汉：武汉大学出版社，2009.

3. 邬义钧，胡立君. 产业经济学［M］. 北京：中国财政经济出版社，2002.

4. 许光建，苏汝劼. 应用经济学［M］. 北京：中国人民大学出版社，2007.

5. 杨治. 产业经济学导论［M］. 北京：中国人民大学出版社，1985.

6. 杨公仆，夏大慰，龚仰军. 产业经济学教程［M］. 3 版. 上海：上海财经大学出版社，2008.

7. COASE R. The Nature of The Firm［J］. Economica，1937，4：388-390.

8. ROBERT K YIN. Case Study Research：Design and Methods［M］. 4th ed. Thousand Oaks，CA：Sage，2009.

9. 阿尔钦 A，德姆赛茨 H. 生产、信息费用与经济组织［M］//科斯 R，阿尔钦 A，诺斯 D. 财产权利与制度变迁. 刘守英，译. 上海：上海三联书店，1994.

10. 约瑟夫·斯蒂格利茨. 信息经济学：基本原理［M］. 纪沫，等译. 北京：中国金融出版社，2009.

第二章 产业组织

产业组织理论（the theory of industrial organization，IO 理论）主要考察产业内部企业之间的相互关系，核心是竞争和垄断关系。其实质，就是研究产业内部企业间的资源配置问题。产业组织的理论十分丰富，可以单独作为一门理论体系存在。本章主要介绍产业组织的基本理论框架——SCP 理论框架，涵括市场结构、市场行为、市场绩效等基本内容。

第一节 产业组织概述

产业组织是指同一产业内部企业之间的关系，包括交换关系、竞争与垄断关系、市场占有关系、资源占用关系等。产业组织理论萌芽于马歇尔的生产要素理论，奠基于张伯伦等人的垄断竞争理论，形成于贝恩等人的系统性理论研究。

一、产业组织理论的萌芽

18 世纪中叶爆发的工业革命，极大地促进了西欧资本主义的发展。至 19 世纪 60 年代，西欧自由竞争的资本主义已发展到顶峰，开始进入向垄断资本主义过渡的阶段。垄断资本主义的发展，无疑是以“规模经济”（economies of scale）为基础和核心支撑的。规模经济与技术创新，一直被认为是促进现代经济增长同等重要的因素，是大多数企业追求发展的不可替代的必然途径。作为较早涉及“规模经济”问题研究的学者，马歇尔观察到，“规模经济”与“组织”是密切相关的，规模经济的获得和维持，均需要以特定的“组织”为基础。只有一定的“组织”才能获得规模经济。因此，马歇尔在对“规模经济”进行深入研究的基础上，对萨伊的劳动、资本和土地“三要素”学说进行了扩展，首次提出了第四生产要素——组织。并且，马歇尔提出了“工业组织”的概念，并分析了工业组织的相关问题。

更为重要的是，马歇尔发现了被后人称之为“马歇尔冲突”的规模经济与垄断的弊病之间的矛盾。马歇尔认为，完全竞争市场在现实生活中是不存在的，完全竞争市场中的企业必然要追求规模经济，而厂商对规模经济的追求必然导致垄断，垄断反过来会扼杀自由竞争，使市场价格受到人为因素的操纵，从而使经济丧失活力，不利于资源的合理配置。所谓的“马歇尔冲突”，是指规模经济与竞争相互冲突、难以兼得，大规模生产能提高企业的生产效率，但规模经济的发展必然导致垄断的发展。这也意味着，垄断与竞争相互冲突、不可兼得，要竞争一定会有垄断，要垄断一定会抑制竞争。“马歇尔冲突”的存在，使得如何维护竞争机制的作用，确保经济活力，同时又能充分发挥大规模生产的优势，亦即如何兼容竞争活力和规模经济性——实现有效竞争[①]，成为经济理论界研究的一个中心课题。对其的研究，逐渐延展、扩充为整个现代产业组织理论。

尽管马歇尔研究涉及的上述产业组织基本问题，只是散见于其庞大的经济学体系中，而且均未进行专题研究或明确分析，但这些工作对后来者从事产业组织的研究极富价值，因而他被西方学者称为产业组织理论的先驱[②]。

二、产业组织理论的奠基

20 世纪初，垄断资本主义在西方国家已发展到一个相当高的水平。随着生产的不断集中，企业规模普遍变大，形成卡特尔、托拉斯等众多的垄断组织，垄断、寡头垄断逐渐成为影响市场竞争的重要因素和力量。这使得以完全竞争市场为基本前提的新古典经济学理论与现实的矛盾日益凸显，理论无法对垄断条件下的生产与价格决定问题进行解释，因此许多经济学家展开了对竞争与垄断问题的研究，引发了一场有关“马歇尔冲突”的理论争论。1933 年，英国剑桥大学经济学家罗宾逊总结了有关“马歇尔冲突”的争论形成的理论成果，撰写出《不完全竞争的经济学》。同年，美国哈佛大学教授张伯伦也出版了著作《垄断竞争理论》，为产业组织理论框架的形成奠定了基础。

张伯伦的产业组织理论，以具体、现实的企业活动的市场取代了理论上抽象的市场概念，以垄断因素的强弱程序为根据，对市场形态做了具体分析，突破了要么竞争要么垄断的框框，将完全竞争与独家垄断之间的各种市场形态作了区分，并分别研究了价格机制在其中发挥的具体作用。这为后来的产业组织理论及实证研究指明了方向。他的研究获得的若干成果也直接为产业组织研究提供了理论起点与来源，主要包括：从分析纯粹竞争出发，否定了纯粹竞争存在的条件，引出了垄断和竞争混合的垄断性竞争的观点；提出通过对企业集团的分析来观察垄断性竞争的观点；提出了企业在市场上的进入退出问题；以产品差别化为基础，分析了垄断与竞争的关系。由于其对产业组织理论发展的贡献，张伯伦被誉为美国产业组织理论的鼻祖[③]。

三、产业组织理论体系——SCP 分析框架的形成[④]

20 世纪 30 年代末到 50 年代末期，是产业组织理论体系的形成时期。在此期间，哈佛大学成为产业组织理论研究的中心。梅森教授及其弟子贝恩、威廉姆森（Williamson）、谢勒（Scherer）等，在前人研究成果的基础上继续深入探讨垄断与竞争问题，并逐渐延展到对不同的垄断与竞争条件下的产业内部结构、市场行为的分析。他们大

① 所谓有效竞争，简单说就是既有利于维护竞争又有利于发挥规模经济作用的竞争格局。

② 简新华，杨艳琳. 产业经济学［M］. 2 版. 武汉：武汉大学出版社，2009.

③ 邬义钧，邱钧. 产业经济学［M］. 北京：中国统计出版社，1997.

④ 刘树林. 产业经济学［M］. 北京：清华大学出版社，2012.

量运用案例研究法，对不同产业的市场结构、市场行为进行实证分析。1939 年，他们分析了美国主流产业的市场结构，发表了第一批主要产业的集中度资料；20 世纪 40 年代至 50 年代，进行了一系列关于具体产业市场结构的研究；20 世纪 50 年代，重点转向统计比较各个行业的市场结构。至 1959 年，贝恩发表了第一部系统阐述产业组织理论的经典著作——《产业组织》(*Industrial Organization*)，这标志着产业组织理论的正式形成。哈佛学派的产业组织理论，以垄断竞争理论为基础，以实证研究为主要手段，将对特定产业的分析分解为结构、行为和绩效三个方面，构造了一个既能深入具体环节，又有系统逻辑体系的市场结构（structure）—市场行为（conduct）—市场绩效（performance）的分析框架（简称 SCP 分析框架），形成了完整的产业组织理论体系。SCP 框架是在贝恩提出的“结构—绩效”范式的基础上，经谢勒进一步的补充、完善，提出完整的“结构—行为—绩效”范式（载于谢勒 1970 年出版的《产业市场结构和经济绩效》）而逐渐形成的。

简而言之，市场结构是指产业内企业间市场关系的表现形式及其特征，市场行为是指企业在市场竞争中采取的行为，市场绩效是指市场运行的效果。哈佛学派认为，结构、行为和绩效之间存在着因果关系，即市场结构决定市场行为，市场行为又决定市场绩效。而市场结构又取决于一些外生的基本条件（如消费者需求、生产、技术、原材料等），同时政府的行为（通过制定和实施公共政策）又分别对市场结构、市场行为和市场绩效产生影响。遵循上述内在逻辑关系的 SCP 分析框架，如图 2-1 所示。哈佛学派建立的 SCP 分析范式，为早期产业组织理论的研究提供了一套基本的分析框架，一直到 20 世纪 70 年代初都是产业组织的主流理论。

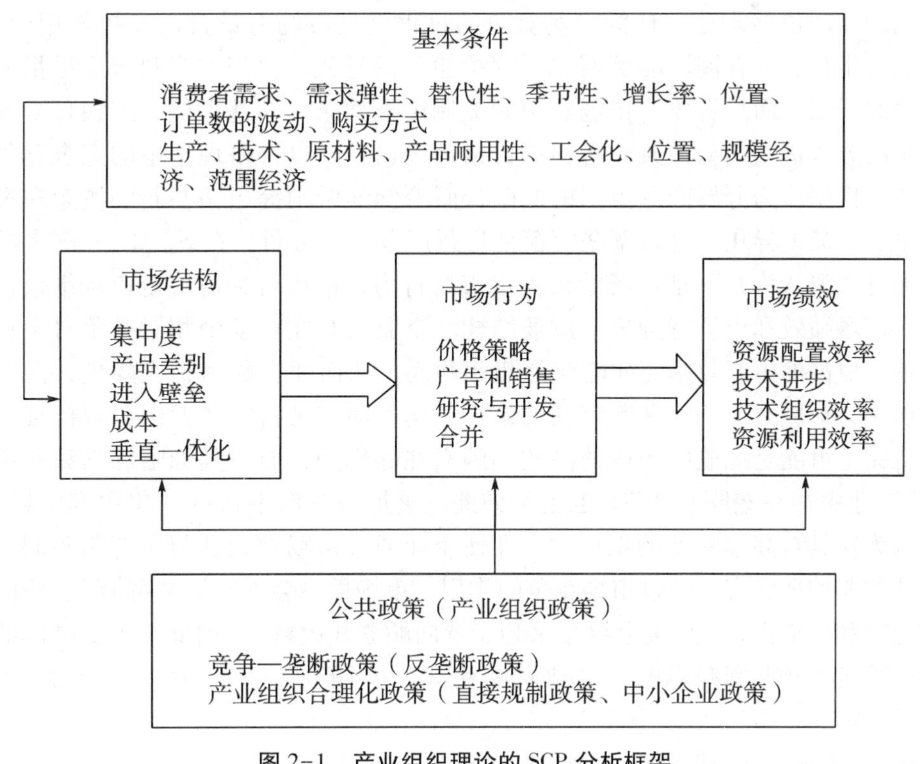

图 2-1 产业组织理论的 SCP 分析框架

在SCP分析框架中，对结构、行为与绩效之间关系的分析是研究的重点。其中，衡量市场结构的核心指标——集中度和作为衡量市场绩效的核心基准——利润率两者之间的关系，则是研究的核心。哈佛学派认为，在具有寡占或垄断竞争市场结构的产业中，由于存在着少数企业间的合谋、协调行为以及通过高进入壁垒限制竞争的行为，削弱了市场的竞争性，其结果往往是产生超额利润，破坏资源配置效率，这就是“集中度—利润率”假说[①]。基于此得出的哈佛学派的公共政策的主要取向是：应采取企业分割、禁止兼并等直接作用于市场结构的产业组织政策来调整和改善不合理的市场结构，限制垄断力量的发展，保持市场的有效竞争。哈佛学派的政策主张，对第二次世界大战后西方工业国家特别是美国实施和强化反垄断政策产生了重大影响。

四、产业组织理论的发展

20世纪50年代以来哈佛学派的产业组织理论在发展和完善的同时，也始终受到批评和挑战，在此过程中，形成了一些新的产业组织理论。

（一）芝加哥学派

芝加哥大学的一些经济学家们，如斯蒂格勒（G. J. Stigler）、德姆塞兹（H. Demsetz）、布罗曾（Y. Brozen）、波斯纳（R. Posner）等，在批评哈佛学派理论的基础上，逐渐发展和形成芝加哥学派，在20世纪70年代初之后的10余年时间里，获得了产业组织理论的主流地位。

芝加哥学派继承了芝加哥大学传统的经济自由主义思想和社会达尔文主义，信奉自由市场制度和价格理论，认为市场竞争的过程就是市场力量自由发挥作用的过程，是一个适者生存、劣者淘汰的所谓“适存检验”的过程。他们主张政府应尽量减少对市场竞争的干预，而只需要为市场竞争确立制度框架条件。基于此，芝加哥学派研究产业组织的方法仍然是从古典经济学的价格理论出发，以价格理论中的完全竞争和垄断两个基本模型作为分析产业组织的基础，而哈佛学派则提出一些新的概念和理论如垄断竞争、产品差异化、进入壁垒等模型进行产业组织分析。在S、C、P三者的关系上，芝加哥学派认为并不是市场结构决定市场行为、市场行为再决定市场绩效，而是反过来，市场绩效和市场行为决定市场结构。企业只有在竞争中相对竞争对手具有更低的成本、更高的生产效率，才能获得超额利润，从而才有能力扩大规模，占有更大的市场份额，形成具有一定垄断特征的市场结构。即使某特定产业中出现持续的高利润率，也完全可能是产业中企业的高效率因素在起作用，而不是像哈佛学派所认为的“是因为产业中存在垄断势力”。也正是如此，芝加哥学派不认可“集中度—利润率”假设。因为在具有高集中度的市场中，即使企业通过市场权力获得了超额利润，这也是临时性的非均衡状态。通过市场竞争的作用，市场最终会不断被“稀释”，趋向于均衡而使超额利润消失，“真实世界总是趋于走向帕累托改善”。因此，现实经济活动中并不存在特别严重的垄断问题，大企业的高利润完全可能是一些高效率因素作用的结果。

① 夏大慰. 产业组织与公共政策［J］. 外国经济与管理，1998（8）.

与其理论一致，芝加哥学派反对哈佛学派所主张的对过度集中的大企业采取分割和严格控制兼并的做法，认为这样会破坏效率增长的源泉，而只有自由竞争才是提高产业活动效率、保证消费者福利最大化的基本条件。因此，他们主张放松对反垄断和规制政策的实施，尽可能减少政府对产业的干预，以扩大企业和私人的自由经济活动范围。

（二）新奥地利学派

新奥地利学派是20世纪70年代，在继承和发展奥地利经济学派的传统思想和方法的基础上，由米塞斯（L. Mises）和哈耶克（F. A. Hayek）等人提出的经济思想所形成的产业经济学流派。这一流派的思想理念，在西方学术界、政治界产生了巨大的影响。

新奥地利学派具有自己独特的方法论。他们认为经济学属于社会科学，是不同于自然科学的所谓"人类行为科学"，反对把自然科学的研究方法如数学方法、经济计量技术等运用到经济学的研究之中。因此，他们主张对经济问题的研究与道德伦理、政治学、法学和哲学联系起来，从"人类行为是实现其目的的合理行动"这一前提出发，通过逻辑推理发现个人行为和经济现象之间的因果联系。新奥地利学派完全否定新古典经济学的完全竞争理论，认为完全竞争的概念仅仅描述了作为竞争结果的均衡状态，而不是过程。他们从信息的不完全性、人的有限理性和环境的不确定性来理解市场，认为市场运行的根本问题在于如何发现和利用分散的知识和信息，使资源配置到对社会具有最高价值的方面。市场竞争就是企业对分散的知识、信息的发现和利用的竞争，企业家通过学习和发现新的知识和信息，并在此基础上采取正确的行动来指导资源的合理流动，以更好地满足消费者的需要，同时实现自己理想的经济绩效。因此在这一过程中，企业家及其创新精神发挥着特别重要的作用，创新精神本质上就是发现人们新的需要以及满足这些需要的新资源、新技术的能力。

政策上，新奥地利学派主张自由放任的经济政策，强烈反对行政干预，抨击行政垄断。在他们看来，市场不均衡是因为市场参与者的无知即存在未被发现的信息或信息不完全，造成的获利机会的损失，市场运行过程就是企业家通过不断试错，来学习和发现知识和信息以实现和维护市场均衡的过程。这一过程是市场实现均衡的必须过程，如果政府试图加以干预，由于政府本身的知识和信息也是不完全的，则必然会带来市场调整过程的扭曲，最终损害经济效益，因此新奥地利学派强烈反对政府干预。同时，新奥地利学派认为，高利润是对企业家成功创新的报酬，而与该市场的集中度无关。只要确保自由的进入机会，高利润和充满旺盛创业精神的市场就能形成充分的竞争压力，限制市场垄断势力的滋生。唯一能成为市场进入壁垒的是政府的进入规制政策和行政垄断，因此，政府应及时废除那些不合时宜的规制政策和行政垄断，以此保护和促进市场竞争。

（三）新产业组织理论

从20世纪70年代开始，产业组织理论发展出现了一次新的高潮，进入了用理论模型取代统计分析的"理论期"，形成了以突出理论研究为特征的所谓"新产业组织理论”。新产业组织理论在研究方法和理论范式上的创新，主要是[①]：第一，在市场结构和行为的关系上，重视对行为的研究，考察结构和行为间的“逆向因果关系”，即由“结构主义”转向“行为主义”；第二，在不完全竞争市场特别是寡占和垄断市场上，大量引入博弈论的分析方法；第三，随着博弈论（主要是动态博弈和不完全信息博弈）的发展，突破了新古典经济学理论的完全信息假定和静态分析范式，开始研究不完全信息下的企业行为以及企业间的动态竞争关系。

新产业组织理论运用博弈论的方法，针对 SCP 范式的不足之处——对企业行为很少或几乎没有关注，着重研究了企业的策略性行为。所谓策略性行为，是指一家企业为提高其利润所采取的旨在影响市场环境的行为[②]。通过对博弈论和信息经济学的应用，新产业组织理论分析了企业在既定的初始均衡条件和状态下，如何运用策略性行为来实现新的均衡。这种新的研究方法，在寡占和垄断市场下现有企业间的竞争、在位企业与潜在进入企业间的策略性行为、企业的进入退出行为、价格竞争与合谋、广告、产品差异化、研究与开发等方面的动态分析上，取得了显著成效，使人们对复杂交易背后的动机和福利效果的理解达到了新的高度[③]。

20 世纪七八十年代，随着产业组织理论性研究的兴盛，人们发现对于理论印证的经验研究开始滞后，“只有经验性研究才能揭示什么样的理论模型是‘空盒子’，什么样的理论模型具有广泛的适用性”[④]，因此出现了“经验性研究的复兴”。新的经验性研究除了传统的案例研究法外，主要是运用了计量经济学、实验经济学等方法。

20 世纪 80 年代以来，新产业组织理论研究关注的焦点之一是企业内部活动。新产业组织理论运用交易费用理论、委托—代理理论、激励理论等，深入分析了企业内部治理结构和组织结构，产生了一系列的相关理论成果，形成了较为完整的现代企业理论。此外，经济全球化和信息时代的市场结构和竞争问题，也成为新产业组织理论研究的焦点，在网络经济、具有网络效应的市场上企业的策略性行为、标准竞争和产品兼容以及国际寡占、跨国并购、策略性贸易政策等研究方面取得了较多的理论进展[⑤]。

20 世纪 90 年代以来，随着全球化程度的加深，产业国际化愈加显著，产业全球性的市场集中现象越来越突出。跨国公司寡占下的产业内企业竞争，行为愈来愈精巧、复杂，这为新产业组织理论的应用提供了用武之地。新产业组织理论对于美国等西方发达国家的反垄断政策也产生了一定的影响，使得反垄断的重心从反垄断结构转向反垄断行为，大企业的策略性行为受到特别的关注，带动反垄断政策从过于宽松转向温和的干预[⑥]。

---

① 干春晖. 产业经济学教程与案例［M］. 北京：机械工业出版社，2007.

② DENNIS W CARLTON，JEFFREY M PERLOFF. Modern Industrial Organization［M］. 4th edition. New York：Addison Wesley，2005：350.

③ 干春晖，姚瑜琳. 策略性行为研究［J］. 中国工业经济，2005（11）.

④ RICHARD SCHMALENSEE. Industrial Economics：An Overview［J］. The Economic Journal，1998（98）：676.

⑤ 干春晖. 产业经济学教程与案例［M］. 北京：机械工业出版社，2007.

⑥ 周茂荣，辜海笑. 新产业组织理论的兴起对美国反托拉斯政策的影响［J］. 国外社会科学，2003（4）.

第二节　市场结构

本节从介绍不同市场的结构特征入手，着重分析决定市场结构的主要影响因素，以及市场结构的相关测量指标。

一、市场结构及其类型

市场结构一般是指产业内企业间市场关系的特征和形式，主要包括买方之间、卖方之间、买卖双方之间、已有的买卖方与正在进入或可能进入市场的买卖方之间的关系与特征。实质上，市场结构反映了某一产业市场中的垄断与竞争关系。产业的市场结构类型具有以下几种分类方法。

（一）琼·罗宾逊的市场结构分类

琼·罗宾逊根据竞争与垄断程度的不同，将产业的市场结构划分为完全竞争、垄断竞争、寡头垄断、完全垄断四种类型。

1. 完全竞争

完全竞争市场结构是指没有任何障碍，不受任何干扰，竞争完全和充分的市场结构。一个完全竞争的市场，需要具备四个特征：第一，存在着大量的买者和卖者，任何一个买者所购买份额或者任何一个卖者所提供的份额相对于整个市场规模而言都非常小，谁也不能影响产品的价格；第二，产品是同质的，任何一个生产者都无法通过产品差别来控制价格；第三，资源的流动不受任何限制，不存在企业进入退出该市场的任何障碍；第四，信息是完全的，买卖双方都掌握所有对于进行正确决策所必不可少的信息。完全竞争市场是不存在垄断、竞争程度最高的产业市场结构。

2. 垄断竞争

垄断竞争市场结构是指既包含有垄断因素、又包含有竞争因素的市场结构。垄断竞争市场的主要特征是：第一，市场上含有大量相互独立的卖者，每个卖者的市场占有率较低；第二，进入和退出该市场不受限制；第三，产品存在差别。在垄断竞争的市场结构中，每个企业因其产品的差别都具有一定的垄断力量，但又因为其产品都有近似的替代品而使其垄断力量很小。

3. 寡头垄断

寡头垄断市场结构是指少数几个大企业控制着产业市场全部或大部分产品供给的市场结构。其主要特征是：第一，少数大企业控制着整个产业，市场集中度高；第二，产品基本同质或差别较大；第三，进入退出壁垒较高，潜在的竞争者很难进入市场。

4. 完全垄断

完全垄断市场结构是指只有一个买者或卖者的市场结构。其主要特征是：第一，市场上只有一个企业，市场绝对集中；第二，没有可替代的产品；第三，进入壁垒非常高，限制了其他竞争者的进入。

上述四种类型产业市场结构的特征总结如表 2-1 所示。显然，完全竞争和完全垄断是两类极端的市场结构，现实生活中大多是介于这两者之间的垄断竞争和完全垄断市场结构类型。产业组织理论研究的重点，就是垄断竞争和寡头垄断这两种市场结构中的 SCP 分析以及政府干预的政策建议。

表 2-1　四种类型市场结构的主要特征

市场结构	完全竞争	垄断竞争	寡头垄断	完全垄断
企业数量	很多	较多	很少	一个
产品性质	同质	有一定差别	有一定差别或同质	没有合适替代品的特殊产品
市场集中度	很低	较低	较高	绝对集中
价格控制程度	完全不能控制	能在一定程度上控制	能在较大程度上控制	能在很大程度上控制
进入退出难易程度	非常容易	比较容易	比较困难	不可能
现实中近似的例子	某些农产品如小麦、大米市场	香烟、服装等市场	汽车、家电等市场	电力、公用事业等市场

（二）贝恩的市场结构分类

贝恩根据产业内前四位和前八位企业产品所占市场份额的百分比（销售的市场集中度，分别用 CR_4 和 CR_8 表示）大小，将市场结构分为六类，如表 2-2 所示。

表 2-2　贝恩的市场结构分类

市场结构	CR_4 值/%	CR_8 值/%
寡占Ⅰ型	$85 \leq CR_4$	—
寡占Ⅱ型	$75 \leq CR_4 < 85$	$85 \leq CR_8$
寡占Ⅲ型	$50 \leq CR_4 < 75$	$75 \leq CR_8 < 85$
寡占Ⅳ型	$35 \leq CR_4 < 50$	$45 \leq CR_8 < 75$
寡占Ⅴ型	$30 \leq CR_4 < 35$	$40 \leq CR_8 < 45$
竞争型	$CR_4 < 30$	$CR_8 < 40$

（三）植草益的市场结构分类

日本学者植草益采用日本 1963 年的统计数据，根据 CR_8 值对不同产业的市场结构进行了分类，如表 2-3 所示。

表 2-3　植草益的市场结构分类

市场结构		CR_8 值/%	产业产值规模/亿日元	
粗分	细分		大规模	小规模
寡占型	极高寡占型	$70 \leq CR_8$	年生产额>200	年生产额<200
	高、中寡占型	$40 \leq CR_8 < 70$	年生产额>200	年生产额<200

表2-3(续)

市场结构		CR_8值/%	产业产值规模/亿日元	
粗分	细分		大规模	小规模
竞争型	低集中竞争型	$20 \leq CR_8 < 40$	年生产额>200	年生产额<200
	分散竞争型	$CR_8 < 20$	年生产额>200	年生产额<200

二、市场结构的影响因素

影响和决定市场结构的因素很多，其中最主要的因素包括市场集中度、产品差异化和进入与退出壁垒，除此之外，还包括需求增长率、需求价格弹性、短期固定成本与可变成本的比例等因素。某一市场的产品需求增长快，则意味着市场快速增大，这一般会提升垄断的难度，使竞争变得活跃。产品的需求价格弹性大，则意味着市场易受价格波动的影响，从而导致市场结构变动大。当价格上升时，市场快速增大，会降低垄断的程度，从而使得竞争趋向激烈；反之则反。企业固定成本与可变成本的比例越高，意味着固定资产的投资比重越大，新企业进入市场越不容易，从而有利于垄断的实施；反之则反。总体而言，上述各因素相互影响，综合决定着市场结构的特征。下面将分别介绍三种主要因素对市场结构的影响。

（一）市场集中度

1. 市场集中度的含义及对市场结构的影响

市场集中度是指某一产业市场中卖方或买方的数量及其相对规模（市场占有率），是反映市场垄断与集中程度的基本概念和指标。由于市场存在买方市场和卖方市场，相应市场集中度可以分为买方集中度和卖方集中度。前者反映产业市场购买的集中状况，后者反映产业市场的生产或供给的集中状况。一般而言，由于买方集中仅限于某些特殊产业，因而产业组织理论对于市场集中度的研究主要是指卖方集中度。卖方集中度是指某一产业市场中，少数企业在生产量、销售量、资产总额等方面对该产业市场的支配程度①。

市场集中度是决定市场结构的首要因素。一般来说，特定产业的市场集中度越高，表明该产业市场中垄断的可能性越高，竞争越可能受到抑制。因为市场集中度高，意味着该产业中少数大企业拥有较强的经济支配能力，即具备了一定程度的垄断能力。即使这些大企业在主观上并没有使用垄断力量的动机，但较高的产业集中度客观上已经表明它们具备了垄断能力。

2. 影响市场集中度的因素

谢勒对6个国家的比较研究揭示，酿酒、烟草、纺织、涂料、石油精炼、制鞋、玻璃瓶、水泥、普通钢、润滑轴承、冰箱、蓄电池等12个产业的集中具有相似性，烟草、玻璃瓶的集中度普遍较高，制鞋、涂料、纺织等产业的集中度一般较低。这表明，市场上存在一些共同的客观因素影响和决定着产业的集中程度，使得各国之间的产业

① 刘树林. 产业经济学［M］. 北京：清华大学出版社，2012.

集中程度呈现出相同的规律。

（1）市场容量

市场容量越大，单个企业想要提高市场份额的难度越大，新企业的进入越容易，就越不容易形成垄断；市场容量越小，越容易形成垄断。市场容量的变化，也会对市场集中度产生影响。市场容量变大，会降低既有企业的市场份额，也会为新企业的进入、小企业的成长提供机会，从而降低市场集中度；市场容量变小，会使企业的竞争加剧，大企业会加紧排挤小企业，新企业的进入难度也增大，从而提高市场集中度。一般而言，市场容量缩小对提高市场集中度的作用大于市场容量扩大对降低市场集中度的作用。

（2）规模经济

规模经济指在投入增加的同时，产出增加的比例超过投入增加的比例，单位产品的平均成本随着企业规模的扩大而降低，从而实现规模收益递增的现象。企业为了应对竞争和追求利润，一定会通过兼并、重组等手段，追求规模经济产量，实现规模经济效益。在市场容量一定的情况下，规模经济产量越大，优势企业所占的市场份额也就越大，因而市场集中度就越高。

（3）进入壁垒

特定产业的进入壁垒越高，意味着其他企业进入越困难，产业的保护程度高，市场竞争程度低，从而使产业内的原有企业垄断能力更强，高市场集中度的可能性也就更大。

（4）垄断动机

企业总是存在追求垄断地位，获取垄断利润的动机。因此，企业总是力图限制或减少竞争对手、巩固和扩大本企业在市场上的份额，如掠夺性降价、设置资源或技术壁垒、共谋等行为，从而带来市场集中度的提高。只要企业规模的扩大不会带来规模不经济性，企业的上述行为就不会中止。有时即使企业规模的扩大导致规模的不经济性，但只要通过强化垄断能获得超额利润，企业也有强烈的动机继续实施上述行为。

（5）政策和法律环境

政府实施的相关经济社会政策和法律法规，均会对市场集中度造成影响。这些政策和法律法规，有的会促进市场的集中，如生产许可证、特许经营制度、各种产业合理化政策；有的会抑制市场的集中，如反垄断法、中小企业法、公平交易法；有的兼而有之，如专利法既有利于拥有专利的中小企业发展、抑制市场集中，又有利于拥有专利的大企业发挥研发优势，从而推动市场集中。

（二）产品差别化

1. 产品差别化的含义及途径

产品差别化是指同一产业内企业所生产的产品，具有在产品质量、款式、性能、销售服务、信息提供以及消费者偏好等方面的差异，由此带来产品的可区别性和不完全替代性。产品差别化是企业竞争的一种主要手段。比如，企业可以采取某种差异化，使消费者对自己的产品或服务形成偏好，从而在竞争中占据主动地位。具体而言，企业产品差别化的途径包括如下几种：

第一，产品主体的差别化。产品概念可以外延为三个层次，即核心产品、中间产品和延伸产品（如图 2-2 所示）。产业内的同类产品，可以通过研发与技术进步在核心产品上形成差别，如功能、结构上的差别；可以采取措施在中间产品形成差别，如商标、包装、式样、品质上的差别；可以采取措施在延伸产品上形成差别，如服务、送货、安装上的差别。

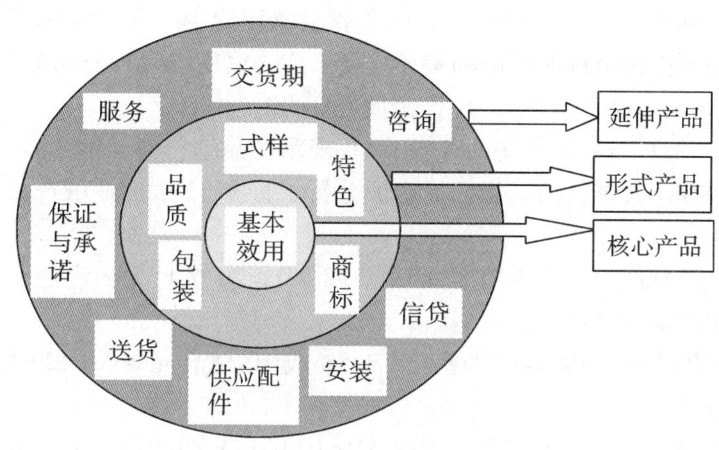

图 2-2　产品的层次

第二，品牌的差别化。品牌差别化是指通过采取差别化的品牌战略，树立产品在消费者心中的特殊印象、特殊地位，从而培养出消费者对品牌的忠诚度。比如，海尔集团长期致力于品牌经营，“海尔，真诚到永远！”的广告用语家喻户晓，把它与其他同行显著区分开来，“海尔”品牌已发展成为全球著名品牌。

第三，价格的差别化。价格差别化是指企业为自己的产品制定一个高于或低于竞争性价格的价格，从而将自己的产品与其他产品区别开来。企业制定差别化价格主要是基于自己产品的目标市场定位。如果企业将目标市场定位为高端消费者，想向消费者传递一种优质优价的信息，则倾向于制定较高的价格；反之，则制定一个较低的价格，瞄准低端消费群体，塑造企业质优价廉、产品高性价比的形象。

第四，渠道的差别化。渠道指企业销售产品的途径。企业可以建立不同的销售渠道，将自己与其他企业区别开来。例如，企业可以采取自己设立零售店的方式把产品直接销售给消费者，可以通过第三方中间商销售产品，可以采取特许经营、网络营销等方式进行销售。同时，企业还可以利用销售渠道的不同，在供货时间、运输成本、售后服务等方面制造差别，使消费者在选择产品时形成偏好。

2. 产品差别化对市场结构的影响

产品差别化对市场结构的影响，主要是通过对市场集中度和进入壁垒的影响传递的。产品差别化的实施，一方面可以提高产业内规模较大的前几位企业的市场占有率，促进市场集中；另一方面也可以提高规模较小的企业的市场份额，降低市场集中程度。由于大企业相对于小企业实施产品差别化的能力更强、效果更突出，因而产品差别化一般最终会促进市场集中。产品差别化的存在会提高市场进入壁垒，增加新企业进入的难度，从而有利于维持和巩固在位企业的市场地位。总而言之，企业实施产品差别化，减少产品的替代性，会促进市场的集中和进入壁垒的提升，从而有利于形成垄断势力，降低产业的竞争程度；反之，产品差别化的程度越低，越不利于市场的集中且能降低进入壁垒，从而促进竞争，降低垄断的可能性。

3. 产品差别化的度量

由于广告对于企业产品差别化的形成具有特别重要的作用，因此广告投入的多少成为衡量产品差别化的一个重要指标。在产业组织理论中，人们常用广告费用的绝对额和广告密度两个指标来说明产品的差异程度。广告密度的计算公式为

$$广告密度=AD/SL$$

其中：AD 表示产品广告费用的绝对金额；SL 表示产品销售额。植草益 1997 年运用广告费用的绝对额和广告密度两个指标，实证分析了日本 31 个产业的产品差异程度，并对之进行了分类：

①极高产品差别产业。广告密度≥3.5%或 AD≥20 亿日元的产业，主要是非耐用消费品产业和耐用消费品产业。

②高产品差别产业。1%≤广告密度<3.5%或 10 亿日元≤AD<20 亿日元的产业，产业类别比较分散。

③中产品差别产业。广告密度<1%或 AD<10 亿日元的产业，主要分布在一般消费品和中间产品产业。

（三）进入与退出壁垒

1. 进入与退出壁垒的含义及对市场结构的影响

贝恩认为[①]，进入壁垒是指在一个产业中在位企业拥有的相对于进入企业的优势，这个优势使在位企业可以持续地把价格提高到最小平均生产和销售成本以上，而又没有引起新企业进入这个产业。进入壁垒的高低，决定了新企业进入产业的难度。壁垒越高，新企业进入产业的难度越大，产业内原有的垄断与竞争格局也越不容易打破，从而有利于垄断的维持以及垄断程度的提高；壁垒越低，新企业进入的难度越小，进入产业的企业就可能越多，从而有利于促进产业内的竞争，降低垄断的可能性。

企业经营不善或者经营战略发生变化，会停产或者转产，即从原有产业退出。但是很多时候，企业由于受到多种因素的限制而难以顺利退出。所谓退出壁垒，是指企业退出产业时面临的障碍。某些时候，退出壁垒也会对产业的市场结构带来一定程度的影响。退出壁垒越高，企业退出产业的代价就越大，越不容易顺利地退出（同时也使新企业不易进入），从而使得产业内原有的垄断与竞争格局持续下去，使垄断势力增强；反之则反。

进入壁垒与退出壁垒相比较，前者对于产业市场结构的影响更为直接、更为显著，后者的影响相对较弱，而且难以持久。

---

① BAIN J. Industial Organization［M］. New York：John Wiley&Sons，1968：252.

2. 进入壁垒与退出壁垒的成因

（1）进入壁垒的成因

形成进入壁垒的原因，主要包括规模经济、必要资本量、产品差别化、绝对费用和政策法律制度五个方面。

①规模经济

新企业进入市场时，由于尚未获得一定的市场份额，因而不能充分享受规模经济性，使得其平均生产成本较产业内已有企业要高，构成竞争上的劣势，从而导致新企业不会轻易进入，这种进入障碍就是规模经济壁垒。我们可以结合经济学中的成本理论对规模经济壁垒进行解释，如图 2-3 所示。

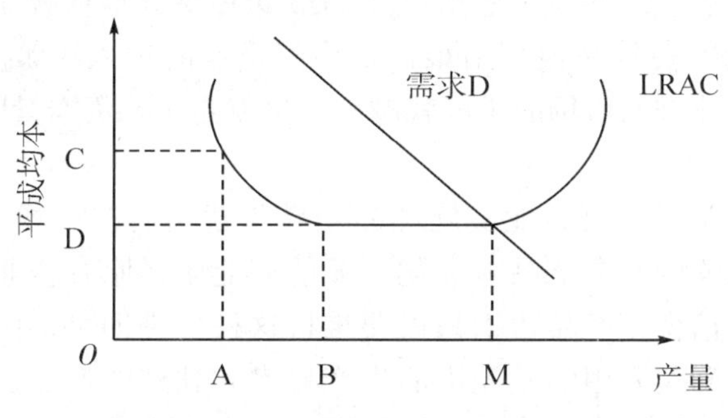

图 2-3　规模经济与进入壁垒

图 2-3 中，LRAC 为某产业中企业的长期平均成本曲线，OB 表示最小有效规模产量（用 MES 表示），OM 表示在现有市场需求条件下的最大市场容量。LRAC 曲线的变化趋势表明，在产量从 0 开始增加时，平均成本是下降的，表明企业尚未充分利用规模经济，提高产量是有效的，这种状况一直持续到 OB 产量。此时平均成本开始进入一个不变阶段，再提高产量不会带来成本的下降，表明企业已经充分实现规模经济性，OB 产量就是最小有效规模产量。

不过，企业不会满足于停留在此一产量处，因为如果此时市场的容量大于 OB，则企业会进一步提高产量（虽然提高产量不会带来单个产品利润的增加，但会带来总利润的增加），以获得最大程度的利润。企业提高产量的极限，就是市场容量 OM。产量一旦超过 OM，企业的平均成本将上升，利润不升反降。MES 的存在，为企业进入产业造成了障碍。如果 MES 产量相对于市场容量来说较大，而在位企业已经在最小有效规模产量上经营，那么新企业想进入产业就面临着两难选择：如果新企业以低于 MES 的产量进入，则新企业的生产成本会高于在位企业，在竞争中处于劣势；如果新企业以 MES 产量进入，则产业的总产量可能会超过最大市场容量，造成市场的供过于求，引起市场价格下降到平均成本以下，导致进入企业亏损。因此，在市场需求有限且存在规模经济的情况下，新企业无法通过进入产业获利，因而新企业不会选择进入，规模经济成为进入壁垒。事实上在成熟的市场经济中，产业一般为垄断竞争或寡头垄断结构，一般均有其最小有效规模产量的存在。或多或少新企业的进入都会面临上述两难选择，因此规模经济壁垒成为一种普遍存在的现象。

从图 2-3 可以看出，规模经济壁垒的高低主要取决于：第一，市场容量 OM 的大小；第二，最小有效规模产量 OB 相对于 OM 的大小；第三，产量小于 OB 时平均成本曲线 LRAC 的斜率的大小。产业的 MES 越大，占 OM 的份额越大，意味着产业只能容纳少数企业的存在，进入壁垒就高。产量小于 OB 时，平均成本曲线 LRAC 的斜率绝对值越大，意味着单位产量增加带来的成本下降越大即规模经济效益越突出，产量小于 MES 的企业的生产成本劣势越大，进入壁垒也就越高。

②必要资本量

必要资本量是指新企业进入市场所必须投入的资本。这些资本主要包括固定资本和流动资本。不同的产业随技术、生产、销售的不同，必要资本量表现出很大的差异性。比如一些重化工业，开办新企业所需要的最低必要资本量就非常庞大。庞大的必要资本量，给企业的筹资带来很大困难，影响到企业的进入决策。必要资本量越大，筹资越不容易，新企业进入市场的难度就越大，这就是必要资本量壁垒。

③产品差别化

产品差别化壁垒是指原有企业实施产品差异化营销而在市场上具有的先行优势，为新企业进入带来的障碍。在产品差异化明显的产业中，原有企业的商标已经为消费者熟悉并有着良好的信誉，产品营销只需要维持这种信誉即可，而新企业进入则需从头开始。如果新企业确实采用的是先进的生产技术和独到的产品，则有可能实现迅速发展，否则需要付出比原有企业多得多的投入进行产品营销，才有可能形成有效的产品差别让市场接受。市场的产品差别化越大，新企业的产品被消费者认可的难度越大、所需要的销售投入越多，产品差别化壁垒就越高。

④绝对费用

所谓绝对费用，是指由于原有企业相对于新企业具有在对原材料的排斥性占有、专利和技术诀窍的拥有、销售渠道的控制、运输系统的控制、特殊经营能力和专业人才的占有等方面的有利性，使得新企业为补齐上述短板开展与原有企业的竞争所需要额外支付的成本费用。绝对费用的存在，使得新企业的生产成本总是高于原有企业，即使新企业选择最小有效规模产量，其成本相对原有企业也处于劣势。绝对费用对新企业进入产业所形成的障碍，称为绝对费用壁垒。

⑤政策法律制度

政府干预市场所制定的一些政策和法律制度，也对新企业进入市场形成了障碍。当政府认为一个产业中只适合少数几个企业存在时，政府就会实行许可证制度来限制新企业的进入。在公用事业等行业中，政府会实行较为严格的进入规则，采用特许经营的方式限制企业的进入。为保护发明者的利益和推动创新，政府会制定专利和知识产权保护政策，为新企业的进入设置障碍。政府的差别性税收以及其他规制政策，也对新企业的进入形成了阻碍作用。上述政策和法律制度对新企业进入市场形成的障碍，就是政策法律制度壁垒。一般来说，政策法律制度都是企业无法控制的外生变量，因此政策法律制度壁垒是企业无法逾越的绝对壁垒。

（2）退出壁垒的成因

退出壁垒的形成因素，主要包括资本专用性、退出处置、政策法律制度以及其他一些因素。第一，资本专用性。很多设备具有很强的专用性，只适宜于特定产品的生产。一旦企业转产或破产，这些设备就不能用于其他用途而只能废弃，使得设备的价值不能回收，形成沉没成本。沉没成本的存在，会给企业带来资产的损失，这会使企业为避免损失而不敢轻言退出，增加了企业退出的难度。第二，退出处置。企业从产业退出时需要对原有生产要素进行合理的处置，因此增加了企业退出时的难度。例如，企业需要对原有设备进行拆卸、改造，需要谨慎消除安全环保隐患，需要支付辞退人员的解雇费用和安置费用乃至生活费用、福利费用，需要处理债务等资金问题，从而使企业退出的难度加大。第三，政策法律制度。有时政府顾及社会利益，会制定政策法律阻止一些企业从特定产业或领域中退出，尤其是在一些提供公共产品的行业中。第四，其他因素。如由联合生产形成的退出障碍，市场需求增长率的变动预期形成的退出障碍等。

3. 进入壁垒的衡量

综合诸多学者的研究，对于产业进入壁垒的衡量，我们主要运用规模指标和利润率指标两种方法。第一种方法应用的规模指标，包括经济规模与市场总规模的比例、必要资本量、绝对费用、产品差异化、专利特许数量等。其中，植草益运用经济规模来测量产业进入的规模经济壁垒：规模障碍系数 d=（最优规模/市场容量）×100%。据此，植草益提出的测量标准是：当 d 处于 10%~25%时，产业有高度规模经济壁垒障碍；当 d 处于 5%~9%时，产业有较高规模经济壁垒障碍；当 d<5%时，产业有中等或较低程度规模经济壁垒障碍。第二种应用利润率指标的方法，典型的是贝恩提出的衡量标准：当销售价格比平均费用高 10%时新企业仍难以进入的行业，是高壁垒产业；当销售价格比平均费用高 6%~8%时新企业仍难以进入的行业，是较高壁垒产业；当销售价格比平均费用高 4%时新企业仍难以进入的行业，是中等壁垒产业；当销售价格比平均费用高 1%~2%时新企业容易进入的行业，是低壁垒产业。

以上三种影响市场结构的主要因素中，市场集中度、产品差异化着眼于考察产业内的影响市场结构的因素，即考察产业内已有企业之间的市场关系对市场结构的影响，进入与退出壁垒着眼于考察产业外的影响市场结构的因素，主要是考察准备进入的企业与已有企业之间的关系对市场结构的影响。通过对某一产业的市场集中度、产品差异化和进入退出壁垒三个方面的分析，研究者们可以基本判断出该产业的市场结构状况。

三、市场结构的测量

测量产业的市场结构，主要是指测量产业市场中的垄断与竞争程度。一般从企业、市场整体两个角度，来对市场结构中的垄断与竞争程度进行测量。

（一）单个企业垄断势力的测量

测量单个企业的垄断势力，主要用勒纳指数和贝恩指数。

1. 勒纳指数（Lerner Index）

勒纳指数由美国经济学家勒纳提出，是用产品价格高出边际成本的程度来衡量企业垄断势力的大小。按照经济学的基本原理，完全竞争市场的市场均衡结果，是价格等于边际成本。如果市场中存在垄断，则拥有垄断势力的企业将抬高价格，将产品价格定在边际成本之上。价格高出边际成本越多，表明企业的垄断势力越强。因此在这个意义上，勒纳指数实际上衡量的是企业“抬高价格的能力”。勒纳指数的计算公式为

$$L=(P-\mathrm{MC})/P$$

其中，L 代表勒纳指数，P 代表产品价格，MC 表示边际成本。由于价格总是大于或等于边际成本，因此 $0\leqslant L<1$。L 值越大，表明企业的垄断势力越大。在完全竞争条件下，L 等于 0。

2. 贝恩指数

贝恩提出的贝恩指数，是以产品价格高出平均成本的程度来衡量企业垄断势力的大小。相对于勒纳指数，此一指标更具有现实意义，因为在现实生活中大多数企业均是采用平均成本定价法。显然，具有垄断势力的企业能将价格定在平均成本之上，且确定的价格高出平均成本越多，表明企业的垄断势力越强。贝恩指数的计算公式为

$$I_B=(P-\mathrm{AC})/P$$

其中，I_B代表贝恩指数，AC 代表平均成本。由于价格总是大于或等于平均成本，因此 $0\leqslant I_B<1$。I_B越大，表明企业的垄断势力越大。贝恩指数实际上是根据绩效指数来测量垄断势力，它测量的是企业获得超额利润（$P-\mathrm{AC}$）的程度。

需要说明的是，勒纳指数和贝恩指数均把造成企业产品价格偏离边际成本和平均成本的原因，归结于垄断并以此来测量企业的垄断势力是不全面的。事实上，有很多原因比如企业的营销策略，会使得产品价格偏离边际成本和平均成本。

（二）市场整体垄断势力的测量

从整体来测量市场的垄断势力，主要是通过考察产业内的企业规模及其分布来进行。常用的指标包括市场集中度、洛伦茨曲线与基尼系数、赫芬达尔—赫希曼指数和熵指数。

1. 市场集中度（concentration ration）

市场集中度是指在特定的市场或产业中，买卖双方各自的供求规模及其分布。市场集中度是反映某一市场或行业的垄断和竞争程度的重要指标，产业组织理论往往把其视为考察市场结构的首要因素。一般来说，市场集中度以产业内规模最大的几家企业的有关数值（如产值、产量、销售额、销售量、职工人数、资产总额等）占整个市场或行业的比重来表示。其计算公式为

$$\mathrm{CR}_n=\sum_{i=1}^{n}X_i/\sum_{i=1}^{N}X_i$$

其中，CR_n表示 X 产业中规模最大的前 n 位企业的市场集中度，X_i为 X 产业第 i 位企业的某相关数值（如产值、产量、销售额等），N 为 X 产业的全部企业数，$\sum_{i=1}^{n}X_i$ 表示 X

产业中前 n 位企业的某相关数值之和，$\sum_{i=1}^{N} X_i$ 表示 X 产业某相关数值的总和。CR_n 值越大，表明前 n 个大企业所占的市场份额越大，对市场的操纵能力越强；反之，表明市场被操纵的可能性越小，竞争性越强。

CR_n 指标是反映市场集中度的绝对指标，测量的数据比较容易收集，能直观地反映产业内生产集中的状况，因此是使用最为广泛的市场集中度指标。CR_n 指标反映市场集中度也存在不足，主要是不能很好地反映最大的几家企业的规模情况，从而可能对市场的垄断性程度做出错误判断。比如同样的 CR_n 值 80%，有可能这 n 家企业规模差不多大，有可能其中一家特别大其他几家较小，两种情况下企业对于市场的实际支配能力显然是存在很大差别的。此外，CR_n 指标无法反映产业内全部企业的规模分布状况。最早应用这一指标对产业的垄断和竞争程度进行分类研究的是贝恩教授，他将市场集中度分为 6 个等级，并对美国的产业进行了集中程度的分类，如表 2-4 所示。

表 2-4　产业垄断与竞争程度分类

类型		CR_4	CR_8	产业内企业总数	代表性产业
Ⅰ极高寡占型	A	75%以上	—	20 家以内	轿车、电解铜、氧化铝
	B	75%以上	—	20~40 家	卷烟、电灯、石膏制品、平板玻璃
Ⅱ高集中寡占型		65%~75%	85%以上	20~100 家	轮胎、洋酒、变压器、洗衣机
Ⅲ 中(上)集中寡占型		50%~65%	75%~85%	企业数较多	粗钢、钢琴、轴承
Ⅳ中(下)集中寡占型		35%~50%	45%~75%	企业数很多	食用肉类制品、壁纸、杀虫剂
Ⅴ低集中寡占型		30%~35%	40%~45%	企业数很多	面粉、男女式鞋、涂料、水果和蔬菜罐头
Ⅵ原子型		—	—	企业数量极其多，不存在集中	女装、纺织、木制品中的大多数

注：分类产业样本为美国产业。

◇**案例** 2.1

中国汽车的“寡占时代”

寡头垄断市场结构是汽车工业成熟的标志。目前，世界大多数主要汽车生产国如德国、美国等国的 CR_3 均超过 90%。从 20 世纪 90 年代起，我国也在努力推动汽车企业兼并重组，使得产业集中度不断提高。

麦肯锡提供的最新数据显示，三年前（2016 年）中国乘用车市场头部品牌（9 个）集中度为 48%，此后便以每年增长 2 个百分点的速度，到 2019 年 1-5 月达到 54%。中国自主品牌的集中度变化则更加明显，自主品牌的头部品牌（8 个）市场集中度在 2016 年为 64%，而到了 2019 年前 5 月，这一数据变为 79%，短短三年上升了 15 个百分点。根据贝恩的市场集中度等级划分法，中国乘用车市场总体上达到了“中（下）集中寡占型”水平，而自主品牌乘用车市场达到了“中（上）集中寡占型”水平。“中国汽车市场已初现‘强者愈强，弱者愈弱’的态势，接下来将正式进入淘汰赛。”对于持续走高的行业集中度，麦肯锡全球副董事合伙人管鸣宇对《经济观察报》记者表示。事实上，从 2018 年开始，汽车行业的淘汰赛已经出现明显迹象，多家企业因销量下滑或资金问题出现停产及裁员的现象。不过与此同时，一些新造车企业仍在逆势进入，他们期待用独特的商业模式，在汽车行业转型的时候分得一杯羹。但对这些新加入者来说，机会并不多。

经济观察报记者也统计了从 2010 年至 2019 年 9 月的 CR_5（如表 2-5 所示）。整体来看，乘用车行业集中度在过去十年走过了一条颇为曲折的路线。

表 2-5　2010—2019 年中国乘用车市场 CR_5

年份	2010	2011	2012	2013	2014	2015	2016	2017	2018	2019
CR_5	31.25	33.44	40.11	36.17	37.06	36.74	35.83	36.43	39.95	38.51

注：2019 年统计时期为 2019 年 1-9 月。

从 2010 年到 2014 年，乘用车行业集中度为整体走高状态，CR_5从 31.25%上升到 2014 年的 37.06%，这表示行业头部企业增长迅速。值得注意的是，在这期间的 2012 年出现了一个异常高点，当年的 CR_5达到 40.11%，为近 10 年来最高水平。对于这一高点的形成，业内认为除了头部企业的高速增长外，当时日系车企因遭遇“钓鱼岛”事件而销量大幅下滑，日系车销量转移至其他几个头部企业也是重要原因之一。数据显示，2012 年三大日系车企在华销量首次出现集体负增长，而德系、美系等车企则出现销量大幅上涨，造成头部企业的销量占有率进一步提升。在 2012 年的销量前五名中，东风日产悄然消失。不过在 2012—2014 年的三年时间中，乘用车市场仍为合资品牌的天下，销量前十名的车企有 8 个为合资车企，自主车企中仅有奇瑞汽车和比亚迪入榜。

但 2014—2016 年，乘用车行业集中度却开始连续下滑，CR_5从 2014 年的 37.06%下滑到 2016 年的 35.83%。总体下滑的幅度不算太大，但反映出当时市场正在被分散。彼时汽车市场的新情况是，随着 SUV 市场开始走热，许多中小品牌尤其是自主品牌迅速推出选择丰富、性价比高的 SUV 车型，对头部车企的销量进行了分流。而购置税减半政策的实行，使得自主品牌成为了政策的最大获益者，并刺激了多个品牌的销量提升。在这个阶段，SUV 市场造就了多个“新星”，如凭 GS4 大卖的广汽传祺、借 T600 红极一时的众泰汽车、用 RX5 杀出的上汽乘用车等。而此前在乘用车领域曾经籍籍无名的长安汽车，也在 2014 年出现销量大增，超越东风日产跻身销量排行第六名。但这个时候，头部企业如一汽大众、上汽通用等，它们的销量却只是“微增”而已。

而随着 SUV 消费热潮退去，加上消费者对品质要求的持续提升，此前凭借 SUV 迅速起飞的多家企业集体出现增长乏力。另外，在购置税减半政策提前预支了消费的情况下，中国车市的消费意愿进一步降低，这对于弱势品牌而言是一次大的冲击。从数据上来看，自 2016 年以来，中国乘用车市场行业集中度再次开始回升，到 2018 年达到 39.95%，几乎达到 2012 年曾出现的最高水平。这一次，受到冲击的包括美系车、韩系车、法系车等以往的强势合资品牌，一些弱势的小品牌更是直接面临倒闭

但到了 2019 年，情况又有所反转。在行业下行竞争加剧的情况下，行业集中度并没有维持前两年的上升态势，而是出现了下滑。数据显示，2019 年 1-9 月前五名企业的市场占有率为 38.51%，比 2018 年下降 1.44 个百分点。之所以出现这样的情况，源

自日系车的重新崛起。从销量上来看，日系车企排名基本在前十名之内、前五名之外，这使得行业的集中度再一次改变。但总体来看，行业集中度在波折中向上提升的趋势没有改变。

中国工信部早在上个世纪 90 年代起就提出鼓励汽车集团实施兼并重组，并在 2013 年提出到 2015 年前 10 家整车企业产业集中度达到 90% 的目标，但在当年没能实现。不过从近三年的数据来看，前 10 家整车企业产业集中度自 2016 年的 88.3% 连续增长，2018 年为 89.14%，而到 2019 年前 5 月已经达到 89.15%。业内预计，90% 产业集中度的目标在推迟了 4 年后有望实现。

资料来源：周菊. 中国汽车的"寡占时代"［N］. 经济观察报，2019-11-08. https://www.sohu.com/a/ 352445285_118 622.

2. 洛伦茨曲线和基尼系数

洛伦茨曲线和基尼系数是反映市场集中度的相对指标。洛伦茨曲线表示市场占有率与市场中从小到大的企业的数量累计百分比之间的一一对应关系。显然，随着小企业数量累计百分比的增加，市场占有率不断增加，因此二者是正比例关系，从而洛伦茨曲线是一条从下向上倾斜的曲线。具体如图 2-4 所示。

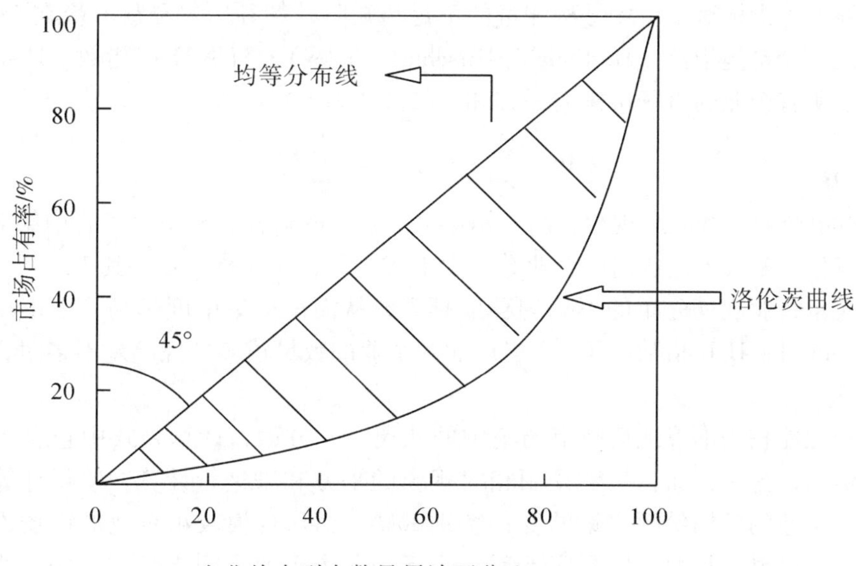

图 2-4　洛伦茨曲线

在图 2-4 中，横轴表示从最小的企业开始的企业数量的累计百分比，纵轴表示这些企业的销售额占市场销售总额的百分比。洛伦茨曲线从原点出发，向上延伸至右上方的对角点。洛伦茨曲线上的每一个点，都表示从小到大企业的数量的累计百分比所对应的累计市场占有率。随着企业数量的增加，所占有的市场比率也在递增。递增的速率，取决于洛伦茨曲线斜率的变动快慢。洛伦茨曲线的弯曲程度（斜率变化的快慢），反映了市场企业规模分布的均匀程度，即垄断与竞争程度。曲线越弯曲即越偏离对角线（均等分布线）、斜率变化越慢，表明企业规模的分布越不均匀，越有可能存在垄断势力；曲线越直即越趋近对角线、斜率变化越快，反映企业规模的分布越均匀，市场竞争越激烈。当市场上所有企业的规模完全相同时，洛伦茨曲线与对角线（均等分布线）重合。

基尼系数建立在洛伦茨曲线基础之上，与洛伦茨曲线一起，分别用图形、数量相结合来反映市场的不均匀程度。如图 2-4 所示，基尼系数等于对角线和洛伦茨曲线之间的面积，与对角线下的三角形面积之比。基尼系数在 0 到 1 之间变动，系数越小说明企业规模分布越接近于平均，反之说明企业的规模分布越不平均。基尼系数为 0 时，表明产业内企业的规模分布完全均等，为 1 时表明单个企业垄断了整个产业市场。

用洛伦茨曲线和基尼系数来测量市场集中度，也存在局限性。特殊情况下，洛伦茨曲线和基尼系数对于市场集中度的衡量会产生歧义。比如，两家各占有 50%市场份额的企业所构成的产业市场，与 100 家分别占有 1%市场份额的企业所构成的产业市场，具有相同的洛伦茨曲线（对角线）和基尼系数（为 0），而显然这两种情况下的市场结构是完全不一样的。又比如，只要对角线与洛伦茨曲线之间的面积相等，所计算出的基尼系数就是相等的，而事实上这时市场中的企业规模分布是不一样的。

3. 赫芬达尔—赫希曼指数

为弥补上述指标对于市场结构测量的不足与缺陷，赫芬达尔和赫希曼在 1964 年提出赫芬达尔—赫希曼指数（Herfindahl-Hirschman Index），简称 HHI 指数。H 指数是某特定市场上所有企业的市场份额的平方和，其公式为

$$\text{HHI} = \sum_{i=1}^{N} (X_i/X)^2 = \sum_{i=1}^{N} S_i^2$$

其中：X 表示产业市场的总规模，X_i表示第 i 位企业的规模，S_i表示产业中第 i 位企业的市场占有率，N 表示产业内的企业数。由上式可知，HHI 指数在 0 到 1 之间变动，数值越大，表示企业规模分布的不均匀程度越高，从而市场集中度越高。当市场由一家企业完全垄断时，HHI 指数等于 1；当产业内企业的数量很多且规模差不多时，HHI 指数接近于 0。

HHI 指数能较为准确地反映市场集中的状况。一方面，计算公式中包含了所有企业规模的信息，另一方面，指数是用相对规模的平方和来进行计算，使得计算结果对于规模较大企业的市场份额比重的变化特别敏感，而对规模较小企业的市场份额比重的变化反应不明显，从而可以真实地反映市场中各个企业之间规模的差别大小。由于在实际应用中 HHI 指数计算得到的系数往往很小，不便于比较，所以常常用 10 000 乘以份额平方和来表达 HHI 指数。目前，HHI 指数是最常用的测量市场结构类型的方法。

4. 熵指数

熵指数（Entropy Index）是借用信息理论中熵的概念，来反映市场中所有企业的规模分布状况，简称 EI 指数。EI 指数计算公式为

$$\text{EI} = \sum_{i=1}^{n} S_i \log(1/S_i)$$

其中：S_i指产业中第 i 位企业的市场份额，n 指产业内的企业数。上式表明，熵指数的

值某种程度上取决于行业内企业的数量。当只有一个企业实施完全垄断时，EI 指数等于 0。

EI 指数与 HHI 指数存在某些共同点：二者均属综合指数，即反映市场中所有企业的情况；二者均为企业的市场份额之和。同时，两者也存在某些不同点：二者分配给各个企业市场份额的权数不同，HHI 指数的权数是市场份额的平方，而 EI 指数根据的是市场份额的对数；二者都对大企业分配较重的权数，但重要程度有所区别。

第三节 市场行为

产业的市场结构状态和特征，制约着企业的市场行为，市场行为反过来影响和改变市场结构的状态和特征。所谓市场行为，是指企业在市场上为实现其特定的经营目标（如利润最大化、最高市场占有率等）而采取的适应市场要求的调整行为。本节主要介绍企业的各种市场行为，包括市场的竞争行为和市场协调行为两类，其中竞争行为主要是价格行为、广告行为、兼并行为和创新与研发行为。

一、价格行为

现实生活中企业的价格行为多种多样，主要根据市场的变化而变化。概括起来，企业主要的价格行为一方面包括价格歧视（差别定价）、限制性定价、掠夺性定价等定价行为，另一方面包括价格卡特尔、价格领导、有意识的平行调整等价格协调行为。

（一）价格歧视

1. 价格歧视的内涵

泰勒尔提出，“当两个单位的同种商品对同一消费者或者不同消费者售价不同时，我们就可以说生产商实行了价格歧视”。企业实施价格歧视的目的是获取超过正常利润之外的超额利润，通过对具有较强偏好的消费者制定高于市场均衡价格的价格，企业得以实现这一目的。

企业能够顺利实现价格歧视，需要具备三个条件：第一，具有一定的垄断势力，能够一定程度操纵市场价格；第二，具有对于消费者的足够完备的信息，准确把握消费者的消费能力、消费偏好；第三，市场能有效分割，从而能够防止消费者通过转售谋取差价的行为。其中，限制转售是实施价格歧视的必要条件。

企业就相同的商品或服务在没有正当理由的情况下对相同的消费者实施不同的价格，本质上是一种垄断定价行为。由此，使得消费者处于不公平地位，妨碍了他们之间的正当竞争。因此，各国政府都对限制竞争的价格歧视行为做出了限制。

2. 价格歧视的类型

根据价格差别的程度，价格歧视可以分为一级价格歧视、二级价格歧视和三级价格歧视三种。

一级价格歧视也叫完全价格歧视，是企业根据消费者对每个产品所意愿支付的最大货币量，对每个产品都制定等于最大意愿支付货币量价格的价格歧视行为。由此可见，一级价格歧视掠取了每个消费者的全部消费剩余，是最高程度的价格歧视。显然一级价格歧视是一种理想中的极端情况，事实上企业不可能做到对于每个消费者信息的完全掌握。现实中，若干特定市场比如国库券拍卖市场中，投标者在不同数量上每次都要提交他们对投标的整个需求表，从而使国库券的定价比较接近于一级价格歧视。

二级价格歧视是根据消费者对产品不同的购买数量来进行差别化定价的价格歧视行为。消费者购买量越小价格越高，购买量越大价格越优惠。本质上，二级价格歧视是依据购买量的不同来划分市场，最终对每个市场即每批产品确定一个不同的价格。相较一级价格歧视中每个产品就是一个市场（从而每个产品都确定一个完全剥夺消费者剩余的价格）的情况，二级价格歧视对于消费者剩余的掠取程度要低，垄断企业只剥夺了消费者的部分剩余。二级价格歧视是现实生活中常见的价格歧视，公共事业部门如煤气、电力、自来水、电话通信等普遍采用这种形式的价格歧视。二级价格歧视最通常的做法是数量折扣，即企业对购买量较大的消费者提供低价格。例如，苹果摊摊主卖 0.5 千克苹果定价为 5 元，但卖 2.5 千克苹果时总共收取 20 元的价格。

三级价格歧视是指企业对同一种产品在不同市场中（或对不同的消费者群体）收取不同的价格的一种定价行为。实施三级价格歧视时，消费者被分为若干个不同的群体，企业不止在一个市场上销售商品，并且这种商品不能从一个市场转移到另一个市场上再销售，因此企业可以在不同的市场上制定不同的价格。某市场或某消费群体的需求价格弹性越大即对价格越敏感，企业确定的价格就越低，反之则越高。由于是按照市场或消费者群体来差别定价，相对于二级价格歧视，三级价格歧视对消费者剩余的掠取程度进一步降低了。三级价格歧视是日常生活中最常见的一种定价方式，如机票、演唱会都有专门的学生票，各种各样的优惠券、会员票价也都属于三级价格歧视的方式。

◇**案例** 2.2

奥迪汽车的全球市场价格对比

奥迪是全球著名的国际性汽车开发商与制造商，现为德国大众汽车公司的子公司，总部设在德国的巴伐利亚州英戈尔施塔特市。奥迪汽车在全球销售的过程中，根据各国不同的消费水平、消费习惯以及政策环境等因素，制定了不同的销售价格。表 2-6 对比了奥迪汽车在中国、美国、德国和日本的销售价格。

表 2-6　奥迪汽车销售价格对比　　单位：万元（人民币）

车型	中国价格	美国价格	德国价格	日本价格
奥迪 A4	27.54~50.09	21.4~28.5	24.7~38.6	25.2~38.6
奥迪 A6	34.72~85.63	31.8~42	33.7~62.9	38.2~62.8
奥迪 A8	93.6~193.5	52.2~90.5	63.3~124.3	55.7~111.2

从表 2-6 中可以看出，奥迪汽车价格在中国、美国、德国和日本之间存在的明显差别，表明其针对 4 国消费者实施了价格歧视（三级价格歧视）。总体上，其定价在美国最低，中国最高，日本和德国本土介于两者之间且大体持平。并且，随着产品档次的升高（从 A4 到 A6 再到 A8，档次逐次升高），各国之间的价格差别越大，从而价格歧视的程度越高。

资料来源：根据网上相关资料整理。

（二）限制性定价

限制性定价是指市场中的在位企业将其价格和产量定在某一水平上，使潜在进入者因进入后不能获利而不愿进入，在位企业获得较原来低的垄断利润的定价行为。企业实施限制性定价的目的，就是阻止竞争对手的进入。20 世纪 50 年代以来，限制性定价成为产业组织理论研究的一个热点，形成了几个经典的限制性定价模型。

1. 静态限制性定价模型

该模型假定潜在的进入者相信进入后在位企业不会改变产量，因此潜在进入者相信它进入后行业的总产量是它的产量与在位企业现行产量之和，超过需求的产量将导致价格下降。在位企业知道潜在进入者的想法，会调整它的产量水平及相应的价格水平，以此影响潜在进入者的看法，达到消除潜在进入者进入的诱因的目的。此时的价格水平，会基于在位企业对潜在进入者信息的掌握，而尽量定在潜在进入者的成本相等处，并同时保证在位企业能获得垄断利润，以此阻止潜在进入者的进入。显然，在位企业采取的这一定价行为，是以牺牲部分短期利润为代价而着眼于长期利润最大化。同时，为使限制进入定价可信和有效，不让潜在进入者以为这种价格和产量只是在位企业的权宜之策而无法持久，在位企业需要向潜在进入者发出可置信的威胁。主要的做法是在位企业主动显示出可以操纵市场的信号，使得潜在进入者相信在位企业确实具备持续实施限制性定价的动机和能力。

2. 动态限制性定价模型

长期内企业设定价格或产量以减少或消除竞争对手进入市场动机的定价策略，称为动态限制性定价策略。学者们研究了主导企业模型、连续进入模型等企业行为模型，揭示潜在进入者在不同进入速度下，在位企业所采取的最优限制性定价行为。

（1）主导企业模型。

面对潜在进入者的进入威胁，作为行业领导者的主导企业会基于自己利益最大化的原则，进行最优的价格决策。此时，主导企业有三种选择：第一种，是主导企业在短期内制定一个极高的价格，以使自己在潜在进入者进入之前攫取尽可能高的利润。此种选择的后果，是在极短的时间内有大量潜在进入者进入，从而导致主导企业的主导地位迅速丧失，以至于长期内不能获得垄断利润。第二种，是主导企业为阻止潜在进入者进入而将价格定得过低。此种选择固然维持了主导企业的长期主导地位，但其在短期和长期内的利润都将非常低。上述两种选择，都不是主导企业所想要的。第三种，是主导企业先制定一个较高的价格，然后随着潜在进入者的进入逐渐降低价格。此时，主导企业先获得较高的利润，然后随着竞争对手的进入而逐渐失去垄断地位，利润率也逐渐降低。不过主导企业会在逐渐降价的过程中，在当前利润和未来利润之间进行平衡，合理把握降价的节奏，以实现跨时期利润最大化。显然，主导企业会选择第三种定价策略。

主导企业模型表明，一个理性的主导企业并不会不惜代价地阻止潜在进入者的进入或把所有的竞争性企业逐出市场，这不符合它的利益。

（2）连续进入模型①。

连续进入模型描述了潜在进入者在一段时间内逐渐但持续进入市场的情形。此时，在位企业的最优对策是开始也制定垄断高价，然后随着潜在进入者的进入和逐渐增加，慢慢降低价格，直到降至限制进入价格以下，迫使潜在进入者逐渐退出市场。当潜在进入者全部退出后，在位企业再将价格提高并维持在限制进入价格，以防止发生新的进入。

3. 不完全信息下的限制性定价

在真实的市场环境中信息往往是不完全的，企业之间的信息在很大程度上是相互隔离的。此时，潜在进入者不知道在位企业的成本以及收益，只有一个先验概率对此进行估计，然后在与在位企业的博弈过程中逐渐对先验概率进行修正，并以此修正在位者的成本和收益估计。在位企业知道潜在进入者没有掌握自己的成本和收益信息，从而利用限制性定价方式，制定低于垄断价格水平的价格，向潜在进入者发出自己是个低成本企业的干扰信息。这干扰了潜在进入者的判断，使之得出在位企业是个低成本企业的估计，自己进入后的价格战将使自己亏损，因而进入无利可图，其也就不再试图进入了。显然，在不完全信息情况下限制性定价成为一种信号干扰的手段，造成潜在进入者的判断失真，在位企业最终达到限制进入的目的。

与完全信息假设下的限制性定价相比，不完全信息下的限制性定价策略执行难度相对要大得多。因为此时在位企业和潜在进入者均不具备对方的完全信息，在位企业不太清楚应该制定何种限制性价格，才能对潜在进入者具有可置信的威胁，潜在进入者也不清楚在位企业制定的这个价格是否是虚张声势，从而游移不定，不会轻易打消进入的念头。

（三）掠夺性定价

掠夺性定价是指在位企业不惜遭受短期损失，将产品价格降至竞争对手的平均成本之下，以便将竞争对手逐出市场或限制竞争对手进入，然后再提高价格以弥补掠夺期损失的定价行为。此时，在位企业承受的短期损失大小，视竞争对手的成本而定。竞争对手成本越低，在位企业所受的短期损失越大。相较限制性定价，掠夺性定价主要针对已经进入的企业，以将其排挤出市场为唯一目的，因此称为掠夺。这种掠夺的最终实现，是以承担短期损失来换取长期高收益。掠夺性定价在现实生活中时有发生，如案例 2. 3。

---

① 刘树林. 产业经济学［M］. 北京：清华大学出版社，2012.

◇**案例** 2.3

美国烟草行业的掠夺性定价行为

19 世纪末至 20 世纪初，美国烟草托拉斯运用掠夺性定价来对抗它的竞争对手，逼迫它的竞争对手以低价将其公司卖给它。例如，1901 年烟草托拉斯在北卡罗来纳州有个香烟品牌叫“美国丽人”，它与该州温司顿的威尔斯白头烟草公司的类似品牌相竞争。“美国丽人”的价格是 1.50 美元，恰好与要求缴纳的税金一样多，可见这个价格是明显低于生产成本的。不过烟草托拉斯声称低价是产品导入期的优惠措施。通过掠夺性定价，1903 年烟草托拉斯顺利地收购了无法与其竞争的威尔斯白头烟草公司。在 1881 年至 1906 年间，烟草托拉斯总共收购了 40 家竞争对手，并且在烟饼、香烟、鼻烟和紧扣烟的销售上控制了很大的市场份额。

资料来源：干春晖. 产业经济学教程与案例［M］. 北京：机械工业出版社，2007.

1. 实行掠夺性定价的条件

掠夺性定价的实施，需要具有一定的条件。首先，在位企业需要具有足够强的价格控制力和市场影响力，即具有较强的市场垄断实力。因为在位企业的降价行为要能影响到竞争对手的产品销售，在实现成功驱逐后又要能提高价格以弥补损失。其次，在位企业需要能承受一定时期较大损失的能力。因为实施掠夺性定价时，价格下降幅度一般比较大，甚至会低于在位企业的成本导致在位企业亏损，而且维持低价位的时间可能会较长（视竞争对手的抵抗能力而定），这要求在位企业拥有良好的财务状况，能够承受足够长时间的低价位运营和亏损。最后，在位企业制定的掠夺性定价行为，应具有可置信性，使竞争对手充分相信在位企业的决心和能力。对此，在位企业可以在一个或若干个分割市场上做出示范，充分展示自己的决心。长此以往，逐渐累积自己此类行为的威慑力。

2. 掠夺性定价的市场竞争后果

在市场竞争态势日益复杂和激烈的现代经济中，掠夺性定价行为的实施越来越难，有时候达不到预期的目的。第一，随着各种促进市场信息充分化措施的实施，市场信息的公开化、透明性越来越凸现，很大程度上杜绝了在位企业通过伪装策略来实施掠夺性定价的空间。而且由于竞争对手对于在位企业的财务状况也有一定程度的了解，从而对于在位企业决定何种价位、实施低价的时期长短会有较准确的预判，从而完全可以采取针对性行为来化解或部分化解掠夺性定价的威胁，不退出市场或不放弃进入市场。第二，假如在位企业不占有特别的市场竞争优势，市场中还存在其他规模较大的企业。此时如果在位企业实施掠夺性定价，这会造成对规模较大的企业的冲击。对这些企业而言，它们也必须跟随降价，不然会直接遭受丧失市场份额的损失。但是，这些规模较大的企业对于短期亏损的承受能力可能不如在位企业，这样它们会确定较小的降价幅度或者较短的降价时间（以尽可能减少亏损和维持最低的市场存在为原则），从而减弱了掠夺性定价的实施效果。极端情况下，这些规模较大的企业会合谋，共同反对在位企业的掠夺性定价行为。第三，如果市场退出障碍足够大，有可能在面临在位企业的掠夺时，被掠夺企业无法退出或宁愿忍受亏损也不愿退出，最终导致掠夺性定价的失败。第四，如果市场足够大或产品需求价格弹性大，则在位企业降价时必然面对竞争对手退出带来的空余需求或新增需求，如果此时在位企业没有足够的生产扩张能力来满足这些需求，则市场价格必定又会上升，造成掠夺性定价的失败。第五，随着反垄断、促进竞争规制的不断完善，掠夺性定价的实施会受到政策的阻碍，使其实施的空间越来越小。

（四）价格协调行为

价格协调行为是指企业在价格决定和调整过程中相互协调而采取的共同行为。显然，企业相互之间的价格竞争行为，对于彼此都会造成损害。而进行价格共谋，采取协调一致的行为，能减少价格竞争，共同控制市场，获取垄断利润，最大程度避免这种损害。因此，企业都有非常强烈的采取价格协调行为的动机，由此使得价格协调成为企业主要的定价行为之一。

1. 价格卡特尔

价格卡特尔是指企业以限制竞争、控制市场和谋求利润最大化为目的而采取的共同定价行为。通常，价格卡特尔采取的行动包括三种：一是共同提价；二是市场形势不好时稳定价格，不竞相降价；三是必要时，协调降价，获得较高的利润和排除竞争。价格卡特尔一般是在寡头垄断市场发生，因为寡头垄断者实力相差不悬殊，打价格战一般是两败俱伤，而且也因为寡头垄断者数量不会很多，易于协调。价格卡特尔包括有文字记录的明确协定卡特尔和只是口头意向的秘密协定卡特尔两种形式。

显而易见，卡特尔操纵价格，损害消费者的利益，损害公平竞争，所以一般被认为是违背公平交易原则的违法行为。除了一些特殊原因经政府批准的合法卡特尔外，一般情况下卡特尔是被明令禁止的。美国制定的反托拉斯法中，价格卡特尔被给予最严厉的限制。只要企业被发现参与此类行为，即使没有达成一致意见或是协议达成后没有成功实施和对消费者造成任何损失，也会被认定构成违法行为，会被判有罪。如美国 Archer Daniels Midland 案，该跨国公司在 1996 年 10 月 14 日承认它曾在两种农产品价格上与竞争对手合谋提价从而被美国司法部判罚 1 亿美元罚款，这形成了美国反托拉斯历史上最高的判罚。

2. 价格领导

由于价格卡特尔常常是违法的，企业便努力寻求暗中串谋来操纵价格，其最主要的形式是价格领导。价格领导是指某一产业市场中某个企业作为价格变动的领导者率先调整价格，其他企业根据自己的经营目标跟随确定价格的行为。作为价格领导者的企业，一般是产业内具有较强影响力、较高声誉、对于市场变化把握能力较强的企业。

价格领导行为具体可分三种情况：第一种，主导企业领导定价。一般在具有较高集中度的市场中实施，主导企业的规模很大，占据 50%~90%的市场份额。由于是行业主导者，主导企业率先定价后，一定会带动其他企业跟随定价。第二种，串谋领导定价。一般在市场集中度中等以上的产业市场实施，规模较大的主导企业的市场份额多为 20%~30%，而且它们的成本结构大致相似，由它们彼此协调共同决定价格水平，其他小企业进行跟随。第三种，晴雨表式领导定价。市场集中度较低的产业市场适合运用此定价方式。由于企业之间的实力差距不大，共同行动很难协调，领导企业经常发生变换，犹如天气阴晴变化不定一样。临时结盟的若干主导企业协调实施统一的价格行为，其他小企业跟进。

3. 有意识的平行调整

有意识的平行调整是指价格调整时没有明显的追随调价现象，只体现为比较默契的配合行为。此种价格协调行为比较隐秘，不容易让人感知到，领导企业们凭着彼此间的信任来实施隐性协调行动。例如，人们一般认为美国三大汽车公司的定价，就是最典型的有意识的平行调整方式，这最终能使三家公司都可以获得垄断利润。

二、广告行为

市场中普遍存在的信息不对称，使得企业的广告行为成为必然。通过广告，企业将自己产品的信息传递给消费者，使消费者了解本企业产品，同时力图使消费者形成对自己产品的偏好。对于消费者而言，广告使其增加对产品信息的掌握，懂得产品是否符合自己的需求，并基于效用最大化原则做出自己的购买决策。因此，广告对于企业的产品销售具有十分重要的作用，是企业一种重要的竞争行为。目前，国际平均水平的广告支出占 GDP 的比例为 1.5%，发达国家可达 2%以上。很多情况下，广告行为的实施，直接关系到企业经营状况的好坏。

（一）最优广告水平的决定

广告费用的支出与企业产品的销售存在着密切的联系。一般情况下，广告投入的增多将带来销售收入的增加。但是企业的广告投入不是无止境的，广告投入的效用增长也是有限度的，超过一定值后效用反而降低。也就是说，企业的广告投入有一个最合适的量，即有一个最优广告水平。企业实施广告行为时，首先需要明确最优广告水平。

设企业的需求函数为 $Q=Q(P,A)$，即需求是产品价格 P 和广告投入 A 的函数，由两者共同决定。又设企业的利润函数为 $\pi=P\cdot Q-C(Q)-A$，即利润是销售收入减去成本（是产量 Q 的函数），再减去广告投入。

将利润函数 π 分别对价格 P 和广告投入 A 求偏导数，并令偏导数等于 0，可推导出下式：

$$\frac{A}{Q\cdot P}=\frac{a}{e}$$

其中：e 为需求价格弹性，即产品需求量变化率与价格变化率之比；a 为需求广告弹性，即产品需求量变化率与广告费变化率之比。

由上式可以得出结论：当广告费与销售收入的比率（称为广告密度）等于需求广告弹性与需求价格弹性之比时，企业得到最大利润。此时的广告费与销售收入之比即是最优广告投入比例，企业按照此比率来确定最优广告水平。

在现实经济生活中，需求广告弹性与需求价格弹性的数据获取较难，企业常常根据市场调查和经验来确定最优广告水平。

（二）不同产品的广告行为

由于产品的不同，企业采取的广告行为也有所不同，所确定的广告密度也不同。

1. 非耐用消费品

非耐用消费品损耗快，更新换代快，从而消费数量大，产品变化快，且一般都是属于较低技术、较低资金密集的产业，进入退出壁垒低。因此，非耐用消费品竞争特别激烈，企业想方设法要培养出消费者对产品的忠诚度。从而，在非耐用消费品市场上，企业常常通过大量的广告投入来建立品牌知名度，引导消费者形成偏好，形成产品差别化。

2. 耐用消费品

耐用消费品一般使用周期较长，产品更新换代速度较慢，产品的差异程度主要来自产品性能、质量和销售服务水平等方面，因而消费者做出的购买决策比较谨慎，受广告影响的程度较非耐用消费品要低。所以对于耐用消费品，企业往往将广告投入控制在一定数量范围内，大部分的销售费用主要用于销售渠道的建立和完善上。

3. 工业品

工业品是指那些购买者购买后以社会再生产为目的的产品，包括商品和服务，其主要销售对象是企业。因此，工业品一般是标准化产品，或者完全根据客户需求开发的定制品，同时购买人员也一般是富有经验和鉴别能力的专家，因而消费品市场上的广告行为不适用于工业品的销售，企业的广告投入可以很少。少量的广告，主要是做企业形象和品牌宣传，销售费用的大部分主要是用于人员推销。

（三）广告行为对市场结构的影响

1. 广告行为与市场集中度

企业相互之间开展的广告竞争，实质上是一个消费者重新分配的过程，对于市场集中度具有复杂的影响。在位企业可能通过成功的广告行为，提升自己产品的市场占有率，从而提高市场集中度。非在位企业也有可能通过成功的广告行为，从在位企业那里抢占一部分市场份额，从而降低集中度。但总体上，大企业在广告竞争中占据优势地位，有能力开展高强度的广告竞争，因而往往成为广告竞争的优胜者，从而俘获更多的消费者，提高自己产品的市场占有率，促进市场集中度的提升。

2. 广告行为与产品差异化

企业广告行为的目的，就是将自己产品的信息传递给消费者，让消费者认可自己的产品，购买自己的产品而不是其他企业的产品。这就是一个将差异化的产品塑造成消费者偏好的过程。因此在这个意义上，广告行为就是将产品差异化予以实现的过程，通过广告使产品的差异在消费者心中形成特殊印象。同时，广告行为本身也是产品差异化的一个内容、一种形式。相同或类似的产品，会由于广告行为的不同从而导致销售效果也不同。独特的广告行为，能帮助企业在同类产品企业中树立竞争优势，占领更多的市场份额。

3. 广告行为与进入壁垒

一般而言，广告行为会增强进入壁垒。产业内原有企业通过前期大量的广告，已经成功在消费者心目中树立起对自己产品的偏好。潜在进入企业要想扭转这种状况，必须要实施高强度、持久性的广告，花费大量的广告投入，才有可能实现。庞大的广告费用，无疑会使潜在进入者形成在竞争上的成本劣势，成为其进入市场的障碍。

◇**案例** 2.4

中国最成功的 10 大广告

中国营销传播的发展，广告在其中扮演了非常重要角色。下面列出十个最容易被人记住的广告。

1. 恒源祥绒线羊毛衫，羊羊羊

"恒—源—祥—绒线羊毛衫，羊、羊、羊"，简单的一句话挽救了一个企业，成就了一个品牌。连续三遍的重复也开创了广告的一种新方式，被称为"恒源祥模式"。可爱的童音"羊、羊、羊"成了恒源祥广告的记忆点。

2. 保护嗓子，请选用金嗓子喉宝

自 1995 年以广告方式成功打开市场的金嗓子喉宝，其广告操作极其简单但很实用。这条既没有诗情画意，又没有大腕明星的广告，不厌其烦地播放了 10 多年，使其家喻户晓。

3. 孔府家，叫人想家

如果说孔府家当年借《北京人在纽约》而作的广告使其一炮走红的话，那么广告中的这句话却真正为品牌的延续发展预留了足够的空间。当然，也成了品牌的第一记忆点。

4. 英特尔，噔噔噔噔

绝对强烈的广告记忆点还来自英特尔的声音识别。一提英特尔，那四声蕴涵了坚定、信心、品质的声音，是不是又一次回响在我们耳畔?

5. 高露洁，没有蛀牙

有一个笑话，大学老师讲完微积分后问大家：学习微积分，我们的目标是——"没有蛀牙!"学生回答道。虽然是一个笑话，却反映出了高露洁的深入人心。"没有蛀牙"，显然成了高露洁广告的最大记忆点。

6. 农夫山泉有点甜

或许正是人们因为对"甜"的怀疑使得该广告深入人心。这句简单得不能再简单的广告语成了农夫山泉的第一记忆点。暗示品质的"甜"字则成了其品牌价值的集中体现。

7. 收礼只收脑白金

虽然很多人都在批评脑白金的广告，但它的广告却真正让大家记了个牢固。直白的表述传达了坚定的定位概念：礼品。

8. 喂，小丽呀

步步高的这支广告因为幽默而被大家记住。在电视上千篇一律的播放叫卖式广告时，突然的幽默一下子赢得了观众的好感。该片在成就步步高的同时也成就了一个广告明星。"喂，小丽呀?"是幽默广告的点睛之笔，成了该广告的记忆点。

9. 希望工程的大眼睛

“希望工程”也是一次经典的营销传播运动。而在这规模浩大的营销传播中，被人记住的恐怕非那位广告中失学女孩的“大眼睛”莫属。“大眼睛”成了希望工程的第一记忆点。“大眼睛”强烈的视觉冲击不但让人们记住了，而且还触发人们内心深处的爱心，震撼人心。

10. 沙市日化，活力 28

虽然活力 28 早已失去了往昔的“活力”，然而该广告词却依然印在人们的心海里，虽然它已经没有什么意思了。然而没有意义的记忆对我们启发或许更大。

上述成功的广告，对于中国广告的发展带来了深深的启示。

第一，广告贵在坚持。大量投放是广告被人记住的基础。广告贵在坚持，如果不坚持，隔几日换一个，大家还是记不住的，上面的十个广告且不谈创意本身，却都因做到了“数十年如一日”才被大家记住的。你的品牌坚持了吗？片子天天换，要让大家记住什么呢？

第二，叫卖式广告依然有效。大多数的中国老百姓在消费方面还不成熟，所以说中国的市场一定程度上还是“大忽悠”市场，你一忽悠，你一叫卖，大家就认你了。近来批评“金嗓子”十多年一个声音的人不少，但是为什么不换？根本上还在于广告对市场有效，最起码企业自己认为是。

第三，没有记忆点的广告不是好广告。广告首先要让人记住，但如何让人记住，你得提供一个让人记住的东西，观众不可能记住广告的全部，只会记住最突出的一点，这就是广告中的记忆点。哈六药的广告奇猛，但试想，广告一听还有谁会记住？不能提供让人记住的记忆点，这是广告最大的失败。

第四，“煽情”的广告怎么做？“大眼睛”是很煽情的一个画面，直达观众内心深处，震撼人心。“妈妈，洗脚”篇和“妈妈，我能帮你干活了”篇是“共鸣论”的实践，应该说赢得了部分父母心之共鸣。而相较之下，雕牌牙膏的“我有新妈妈了”篇却是失败之笔。首先新产品上市不宜做情感诉求，其次“后妈”毕竟很少，普通观众却“共鸣”不起来。中国的消费者文化素质还不够高，“煽情”广告要慎用，不要创作者自己在那儿感动得痛哭流涕而观众却不以为然。一切从消费者出发才会有效，不要让创作成为个人的自我陶醉。

第五，广告的幽默何在？幽默向来是广告表现最主要的方式之一，步步高的幽默广告为大家引了一条好路。而为什么我们还是经常看不到幽默的出现？为什么片子出来之后又是平淡如水？幽默广告在国外历来是倍受重视的，然而，我们还没有学会去幽默。广告时，请考虑，是否可以幽默一些呢？

第六，广告需要在坚持中创新。喜新厌旧是人之本性，虽然“数十年如一日”的坚持让大家记住了你，但是大家不一定会喜欢你，用专业术语来讲就是只得到了品牌知名度却缺少美誉度。这样的品牌是缺少生命力的。“金嗓子”广告打了这么多年，是不是还能继续一成不变地再打下去呢？悬。

第七，品牌的核心价值如何在广告中得到体现和延续？为什么“活力 28”的广告虽然被人记住但却没有了价值？因为其广告记忆点没有品牌价值的体现。同样的经营不善，为什么孔府家的品牌依然坚固——虽然企业不值钱了但品牌价值依然很高？因为同样的广告传播，孔府家在这个过程中传播了价值。这是广告中对品牌价值体现与延伸的差距。相较之下，国内其他酒类品牌虽然有的经营很好，但在品牌方面却比孔府家差了，如五粮液、茅台、沱牌、景芝、燕京等。

资料改编自：广告买卖网，2016 年 1 月 7 日，http://www.admaimai.com/zhuanti /Detail24992. htm。

三、兼并行为

企业的成长方式主要分为两大类型：第一类是内部发展方式，即通过引进先进的技术和管理经验，提高产品质量和劳动生产率，降低生产成本和经营成本，从而实现利润最大化；另一类是外部扩张方式，即企业不断加大投资，扩大企业规模，生产更多的产品，增加产品的市场占有率使企业实力更为雄厚。这两种方式有机地结合在一起，内外协同成长使企业实力不断增强，产生了无限扩张的冲动。企业的兼并行为是企业扩张的一种主要手段和方式。企业经常通过兼并的手段，吸纳竞争不利企业的资产，不断扩大自己的资产规模，提高自己的市场占有率，以此实现对产业资产的重组和资源配置的优化。最终随着兼并行为的不断实施，优势企业不断发展壮大，导致产业市场集中度不断提升，形成现代产业中常见的垄断竞争、寡头垄断两种主要的市场结构形式。所谓兼并，是指一家企业以现金、债券、股票或其他有价证券，通过收购债权、直接出资控股以及其他多种方式，购买其他企业的股票或资产，取得其他企业的资产的实际控制权，使其失去法人地位或对其拥有控制权的行为①。

（一）兼并的类型

从兼并过程来看，兼并分为三类：新设合并，指相关企业协商同意解散原企业，共同组建一个新企业；吸收合并，指参加合并的企业中有一个吸收企业，其他企业宣布解散并被该企业吸收；控股式兼并，指一个企业通过购买目标企业一定比例的股票或者股权，达到控股以实现兼并的方式，被兼并企业的法人资格仍然存在。

从兼并的产业领域来看，企业兼并分为横向兼并（又称为水平兼并，horizontal merger）、纵向兼并（又称为垂直兼并，vertical merger）和混合兼并（conglomerate merger）。

1. 横向兼并

横向兼并是指同一产业内生产同种产品或处于同一加工工艺阶段以及提供相同服务的企业间的兼并。通过横向兼并，企业能够扩大规模，通过提升规模经济效益而获得更强的市场竞争能力。

2. 纵向兼并

纵向兼并是指处于同一（或相似）产品不同生产阶段、具有投入产出关系的企业间的兼并。当兼并是从上游环节向着下游环节扩展，如原材料生产企业兼并加工环节企业或者加工环节企业兼并经营流通环节企业时，其称为前向兼并（前向一体化）。当

① 邬义钧，胡立君. 产业经济学［M］. 北京：中国财政经济出版社，2002.

兼并是从下游环节企业向着上游环节企业扩展，如加工环节企业兼并原材料生产企业时，其称为后向兼并（后向一体化）。纵向兼并不一定会带来生产规模的增加，但会帮助企业增强市场支配力、获取资源、降低成本和降低销售的不确定性。

3. 混合兼并

混合兼并是指不同行业生产不同产品的企业间的兼并。混合兼并具体包括三种形式：产品扩张型兼并，即产品功能具有互补关系的企业间的兼并，如汽车整车生产企业与轮胎生产企业间的兼并；市场扩张型兼并，即市场或顾客群体不同的企业间的兼并；纯混合型兼并，即生产经营活动几乎没有任何联系的企业间的兼并。企业进行混合兼并的主要目的，是实施多元化经营战略，追求经营组合效应，降低风险。

（二）兼并的动机

兼并的实施，是在主兼并企业和被兼并企业具有共识、均能从中实现各自的特定目的的情形下进行的。一般而言，主兼并企业在兼并行为中发挥着积极、主动和主导性作用，被兼并企业往往处于被动和消极的地位。被兼并企业同意被兼并的动机相对简单，主要是降低经营风险、避免破产和回收投资。对于主兼并企业而言，其实施兼并的动机主要有几方面的考虑。

1. 提高经济效益

通过兼并，主兼并企业可以扩大规模，提升规模经济效益，可以形成垄断势力，获取超额利润，可以影响原材料价格，降低成本，可以控制销售渠道避免被第三方利润压榨，从而可以增加主兼并企业的利润。

2. 提高市场支配能力

通过兼并，主兼并企业能提高市场占有率，控制原材料、关键生产、销售等环节，从而增大对产业市场的支配能力，提高垄断的可能性。

3. 突破市场进入壁垒

企业进入新市场一般采用两种方式：直接进入和迂回进入。企业如果采取直接进入的方式，可能会遭受原有企业的全力对抗，原有企业会从技术、产品、产量、营销等方面开展全方位的竞争，从而对进入企业形成巨大的壁垒。特别是新企业进入后带来的产量提升，往往使价格战成为必然，有可能给进入企业带来很大的损失。如果采用兼并某企业的方式迂回进入，则一方面可以利用既有的生产设施降低投入的资本量，另一方面不会带来产量的大幅提高，维持现有的竞争格局，避免价格战等激烈竞争的爆发，因而不会给进入企业带来太大的压力，企业面临的壁垒较低。

4. 战略性动机

激烈的市场竞争中，企业有分散经营风险的战略考虑，有寻找新的利润来源点的战略考虑，有发掘新的增长空间的战略考虑，为实现上述战略目标，兼并新企业就成为可能的选择。

（三）西方国家的企业兼并

自 19 世纪末 20 世纪初发展至今，全球企业兼并已经历了 5 次浪潮。

第一次企业兼并浪潮发生在 19 世纪末和 20 世纪初，高峰期为 1898—1903 年。此次兼并浪潮，使得西方国家的工业逐渐形成了现代工业结构，并首次出现了垄断。兼并的主要类型是横向兼并，兼并的主要目的是扩大规模，追求垄断地位。这一轮兼并，使得欧美的经济集中度大幅度提高，诞生了一批大型垄断企业，比如美国烟草公司、美国钢铁公司、杜邦公司、美国橡胶公司等，100 家最大的公司控制了全美近 40%的工业。

第二次兼并浪潮发生在 20 世纪 20 年代，主要的兼并形式是纵向兼并，同时也出现了混合兼并，主要是工业企业与银行相互兼并，如洛克菲勒公司控制了美国花旗银行，摩根银行创办了美国钢铁公司。第二次兼并浪潮也产生了许多著名的大公司，如英国电器、GEC、ICI 公司。

第三次兼并主要发生在第二次世界大战结束后的 20 世纪 50 年代和 60 年代，在 60 年代后期达到高潮。此轮兼并的主要形式是混合兼并，兼并的主要目的是开展多元化经营，降低经营风险。

第四次兼并浪潮始于 20 世纪 70 年代中期，到 80 年代末达到高潮。此轮兼并的形式，包括横向兼并、纵向兼并和混合兼并，没有哪一种兼并形式占据主导地位。同时兼并呈现两个明显的特征，一是跨国兼并得到迅速发展，导致跨国公司对全球经济的影响力进一步加强；二是伴随着知识产业、新兴产业的发展，出现了小企业并购大企业的现象，“小鱼吃大鱼”。

第五次兼并始于 20 世纪 90 年代中期，在 2008 年全球性金融危机爆发后达到高潮。此轮兼并具有四个特点：第一，横向兼并与纵向兼并并存，大量企业剥离自己的非核心业务，同时加快对核心业务的并购，使得生产经营大幅度趋向集中。第二，兼并的规模巨大，一般都是“强强联合”，产生了一批巨型跨国企业。如：1995 年迪士尼公司收购美国广播公司；1998 年戴姆勒奔驰公司和克莱斯勒公司合并，涉及金额高达 920 亿美元，创当时历史最高纪录；2004 年联想集团以 12.5 亿美元的现金和股票收购知名品牌 IBM 的全球台式电脑和笔记本业务，组建起世界第三大个人电脑厂商；2009 年德国大众公司支付 39 亿欧元，收购保时捷 49.9%的股份。第三，跨国兼并占很大比重，进一步推进了全球化。

◇**案例** 2.5

蒙牛成功收购贝拉米

2019 年 11 月，蒙牛对贝拉米的股权收购计划获得澳大利亚外国投资审查委员会（FIRB）审批通过，次月股权交割也全部完成，至此蒙牛收购贝拉米完成各项程序与手续。蒙牛对贝拉米的收购始于 2019 年 9 月，当时双方签署协议，蒙牛出资 14.6 亿澳元收购贝拉米全部股份。

作为中国乳企巨头，蒙牛是中国发展速度最快的乳品企业之一。2019 年，蒙牛连续十一年入选荷兰合作银行公布的“全球乳业二十强”榜单，并连续第三年占据全球前十名，连续第五年入选 BrandZ 最具价值中国品牌 100 强（排名第 27 位），并首次跻身 Brand Finance 的全球最具价值品牌 500 强。近年来，随着消费者对乳制品高端化、精品化、品牌化方面有着愈来愈大的诉求，高端乳制品成为行业的增长引擎，国内各大乳品企业积极进行产品升级创新，发展高端乳制品。蒙牛也积极开展行动。

全球化时代，后发企业实施产品升级的一条捷径，是收购拥有相关技术、品牌、资源的企业。为此，蒙牛把目光对准拥有优质奶源、良好品牌声誉的澳大利亚、新西兰企业，包括此次收购的贝拉米。贝拉米成立于2004年，是澳大利亚上市公司，其合作农场均位于塔斯马尼亚岛及周边地区、地处南纬40°到43°之间的“黄金奶源带”，乳品品质在全球首屈一指，获得了澳大利亚农业可持续性发展联合会和澳大利亚有机认证机构两大权威机构的有机认证。此次成功的收购，进一步推动蒙牛涉足高端有机羊奶粉、超高端有机奶粉产品生产领域，对其高端奶粉系列进行有力补充，实现品牌、品质的全面升级优化，从而有利于为中国消费者提供更好的产品与服务。

蒙牛收购贝拉米，从兼并过程看，属于控股式兼并；从兼并产业领域看，属于混合兼并；从兼并的动机看，蒙牛兼有战略性发展、提高市场支配能力以及提高经济效益等方面的考虑。

资料来源：根据网上相关资料整理。

四、创新与研发行为

工业时代以来，创新与研发的重要性越来越凸显。各国学者在长期研究中发现，发达国家的经济增长有40%~90%可以归功于创新带来的技术进步。美国经济学家索洛（Robet Solow）的研究表明，1909年至1949年间，美国经济增长的87.5%来自技术进步的贡献，只有12.5%是由资本和劳动投入的增加引起的。

（一）创新与研发的概念

最早对创新进行研究的是美籍奥地利经济学家熊彼特（Joseph Schumpeter），其对创新理论做出了开拓性的贡献。熊彼特在1912年出版的《经济发展理论》一书中系统提出，创新是“一种新的生产函数的建立（the setting up of a new product in function），即实现生产要素和生产条件的一种从未有过的新结合，并将其引入生产体系”。创新一般包括五个方面的内容：引进新产品或提供一种产品的新质量；采用新技术或新生产方法；开辟新市场；获得原材料的新来源；实现企业组织的新形式。由此可见，熊彼特的创新包含了技术创新、市场创新和组织创新等方面的创新，产业经济学里所指的创新主要是技术创新（下同）。创新的类型具有几种通常的分类法：按照创新的内容分，创新可以分为产品创新、工艺创新和组织创新三种；按照创新节约的生产要素分类，创新包括节约劳动的创新和节约资本的创新两类；按照创新的技术变化强度分，创新主要包括渐进性创新和突破式创新两种；按照创新的技术来源分，创新包括自主创新和二次创新（即引进创新）。

研发（R&D）是指为了进行知识创造和知识应用而进行的系统的创造性工作。研发包括三种类型：基础研究、应用研究与开发。基础研究主要是揭示客观事物的本质和运动规律，不以商业用途为目的。应用研究以特定问题为目标，利用基础研究所发现的知识，探索新工艺或新产品的技术基础，不直接产生新的或改进的产品和工艺。开发主要是利用基础研究、应用研究和实际经验所获得的知识，建立新的工艺、系统或服务，以及对已建立的系统和服务进行实质性的改进而进行的系统性工作。开发的成果形式，主要是新的生产系统和可达到设计定型的新产品、新工艺。

研发本质上就是一个知识生产过程，而创新是将研发创造发明出来的知识（新工艺、新产品、新组织等知识）商业化的过程。因此，研发是创新的基础，研发为新技术和新产品的商业化提供了可能性，只有存在研发创新才能实现；创新将新技术和新产品的商业化变为现实，是研发的目的，研发可以理解为创新过程中的一个环节。现实中，企业的研发与创新过程融为一体，中间没有明显的界线，开发活动是研发与创新对接的关键。

（二）市场结构、企业规模与创新

大量的既有研究，聚焦于创新的市场环境与企业条件。熊彼特曾认为，完全竞争条件下企业没有利润来支持创新，而垄断企业能够承担创新风险，垄断利润是技术创新资金的主要来源，对垄断利润的预期可以成为创新的激励机制，因此垄断的市场结构有利于技术创新。这就是所谓的熊彼特假说。其他学者的研究，得出了与熊彼特假说相似的一些结论，也提出了不同的观点。

1. 市场结构与创新

四种类型的市场结构中，创新活动开展的程度各不一样。完全垄断市场结构中，垄断企业创新的动力明显不足，创新活动很少，除非社会消费水平升级或者替代产品给予垄断企业巨大的生存压力。完全竞争市场中，出于竞争的需要企业创新的动力最强，但由于不拥有超额利润，企业创新的能力最弱，整个市场的创新活动受到抑制。寡头垄断市场结构中，垄断企业创新的动力比在完全垄断市场结构中要强，且企业也具有较强的创新能力，但出于避免过度竞争导致两败俱伤的目的，垄断企业会有意识地控制创新竞争的强度，从而市场中创新活动开展的程度不是非常踊跃。垄断竞争的市场中，企业创新的动力强，创新能力也有一定保障，且垄断企业很难达成控制创新强度的默契，因而垄断竞争的市场结构中创新最为活跃。上述四种市场结构中的创新状况总结如表 2-7 所示。

表 2-7　不同类型市场结构中的创新程度

市场结构类型	创新动力	创新能力	创新活跃程度
完全竞争	强	弱	较强
垄断竞争	强	较强	强
寡头垄断	一般	强	较强
完全垄断	弱	强	弱

2. 企业规模与创新

对于企业规模与创新的问题，理论界存在两种观点：一种如熊彼特假说，认为垄断大企业创新更有优势；另一种则认为中小企业的创新更有效率。事实上，大企业、中小企业各自均具有创新的优势与劣势。

垄断大企业在创新上的优势，主要来自创新的规模经济性和创新能力。这主要体现在几方面：第一，大企业拥有垄断利润，能够保证创新资金的充足和稳定投入；第二，大企业能够组织开展系统、全面、大规模的专门性研究活动，包括建立完善的实验室体系，购买昂贵、完备的专用性设备，聘请大量的专家进行分工协作，从而实现创新的规模经济性；第三，大企业拥有较大的市场份额、专用的销售渠道，能够保障获得创新的预期收益回报。大企业在创新上具有的优势，使之对人类社会的技术进步做出了巨大贡献。比如，著名的 AT&T 公司的研究机构——贝尔实验室，完成了一些在 20 世纪最重要的发明，如晶体管和激光器。据 OECD（经济合作与发展组织）统计，全部工业技术创新支出的 2/3 都是由雇员人数超过 1 万的大企业完成的。垄断大企业在创新上的劣势，主要表现在两方面：第一，由于其具有的垄断优势，大企业缺乏竞争压力和技术创新动力；第二，企业和研发规模的扩大，导致研发管理效能降低，研发的效率不高。

中小企业也具有创新上的优势，包括：第一，激烈的市场竞争压力，促使中小企业必须对创新保持充分的动力；第二，中小企业具有对市场和需求变化的敏锐嗅觉，且具有很大的灵活性，能捕捉稍纵即逝的市场机会；第三，中小企业管理层级较少且灵活，有利于实现较高的创新效率。事实上 20 世纪以来，中小企业对于一些新兴产业技术的发展做出了巨大贡献。中小企业在创新上的劣势，主要是投入不充足、不具有创新上的规模经济性、承担风险能力较差等。

大企业和中小企业各自具有的优劣势，使之均对创新做出了自己的贡献。总而言之，既有研究在以下几点上取得了共识[①]：①大企业在创新领域与项目上，相对中小企业更能体现产业技术发展的潮流与方向，其技术创新的不确定性更大；②在创新效率上，大企业相比中小企业更容易出现低效率问题；③在创新投入包括资金、智力、信息等资源投入上，大企业普遍要比中小企业具有优势。

（三）创新与研发竞争

企业为了打造核心竞争力获得市场竞争优势，会开展激烈的创新与研发竞争。一般而言，创新与研发竞争主要有两种形式：专利竞赛和标准竞赛。

1. 专利竞赛

由于知识产品具有很强的外部性，能以较快的速度外溢到竞争对手手中，因而对于知识产权的保护很重要，否则没有企业愿意进行创新与研发活动，专利制度由此而生。专利制度，实质上也就是企业获得合法垄断地位的制度壁垒，这激励着企业为拥有这种壁垒而开展专利竞赛。吉伯特和纽伯瑞（1982）讨论了在位企业与进入企业进行专利竞赛的情形，最终的结果表明抢先获得专利是竞赛成败的关键。在位企业抢先获得专利，可能成功地限制潜在进入企业的进入，保持住垄断地位；潜在进入企业抢先获得专利，则可以凭此顺利进入市场，给在位企业带来强烈的竞争与威胁。

很多情况下即使专利最终尚未成功研发出来，只要潜在进入企业认为在位企业会努力进行研发并抢先获得专利，潜在进入企业将放弃在研发上的努力，终止专利竞赛。这取决于在位企业抢先获得专利的威胁是否可信。威胁是否可信，往往受到在位企业创新与研发支出的影响。当在位企业不需要花太大的成本支出或时间投入，就能加速

① 干春晖. 产业经济学［M］. 北京：机械工业出版社，2007.

其研发的进程来回应潜在进入企业的研发行动时，在位企业肯定会进行研发，从而其抢先获得专利的威胁是可信的，潜在进入企业会退出专利竞赛。相应的，当在位企业需要花较大的成本支出或时间投入来回应潜在进入企业的研发行动时，在位企业不会立即进行研发而是选择等待，直到等待成本超过抢先获得专利的收益时，在位企业才开始被迫进行研发，与潜在进入者展开专利竞赛。此时，专利竞赛非常激烈，因为谁抢先获得专利不可预期，这会受到在位企业和潜在进入企业的研发能力、管理效率、经验积累等等复杂因素的影响。

其他学者如斯宾塞、波特（1977），建立了不同的数学模型来分析不确定性和多种竞争威胁下的专利竞赛行为。

◇**案例**2.6

中国企业如何面对国际专利竞争

国际专利竞争越演越烈，中国企业应该如何取得专利战场的主动权？中兴通讯已经交出了一份较好的答卷，在专利申请和专利保护方面成为国内做得最好的企业之一。

持续不断的大投入是加强科技创新的不二法门。2017—2019 年，中兴通讯的研发投入分别为 129.6、109、125.5 亿元，研发投入占营业收入比例为 11.9%、10.1%、13.8%，远超行业平均水平。大投入带来的是大回报，截至 2019 年 12 月 31 日，中兴通讯拥有全球专利申请量 7.4 万件，已授权专利超过 3.4 万件；芯片专利申请 3 900 余件，芯片专利布局覆盖欧、美、日、韩等多个国家和地区。中兴通讯已成为全球 5G 技术研究和标准制定的主要参与者和贡献者，共向全球标准组织提交 7 000 多 5GNR/5GC 提案。根据 IPlytics2020 年 2 月的报告，中兴通讯已向 ETSI 披露了 5G 标准必要专利 2561 族，位列全球前三位。

跻身通信领域技术创新的领导者行列，也使中兴通讯陷入越来越多的专利纠纷之中。对此，中兴通讯采取有力而得当的手段，较好地维护了自己的利益。

2011 年 4 月，中兴遭遇了爱立信在欧洲三国发起的专利诉讼，中兴通讯随后给予了强硬回应，称爱立信侵犯了中兴的知识产权，宣布将在中国、西欧以及其他地区起诉爱立信。经过长达一年多的较量后，双方最终达成和解并签署了全球范围内的专利交叉许可。中兴与爱立信一战，开创了国内通信企业反诉跨国企业专利侵权成功的第一案。之后在美国，中兴还连胜了 3 起由 Inter Digital、TPL、Flashpoint 专利运营公司发起的调查。

中兴的胜利给了中国企业三个启示。首先，做好专利储备是赢得专利战最重要的基础，在自主研发、自主创新的同时，还要重视专利的申请和保护。其次，积极应对专利纷争积累经验。一般而言，所有新产品都不可能完全避免专利问题，面对专利诉讼，一定不能软弱求饶、赔钱了事。在赢得多次专利诉讼后，中兴已经具备了与任何相关国际企业进行专利竞争的经验。最后，在横向上要联合国内、国际业界的合作伙伴组建专利联盟，形成“专利池”，利用更为简单的许可模式在保护和尊重知识产权的同时，降低专利支出成本，促进行业整体生态的和谐与健康发展。

2. 标准竞争

标准竞争即技术标准竞争，在后工业化时代已日益成为市场竞争的一个新特征，也是建立企业核心竞争优势的一个重要途径。在产品进入大规模生产前，企业如果让自己的技术标准变成为普遍使用的标准，则意味着其他企业必须按照自己的技术标准来进行生产，企业无疑会在市场声誉、生产成本、技术储备等各方面占据非常有利的地位。因此常有这样的说法：一流企业卖标准，二流企业卖品牌，三流企业卖产品。产业组织理论主要探讨处于同一水平的企业之间的标准竞争，此时竞争对手之间的主要考量，是是否让自己的产品与对手的产品兼容。

后工业时代的市场，价值链分工环节的不断细化、深化而呈现出网络状的市场特征。网络市场具有两个明显的性质。一是倾覆性，即在竞争中获胜的标准将主宰市场，倾覆原有消费者、企业所在的网络市场，不存在稳定的不兼容产品共存的情况。一个典型例子，是 VHS 制式的录像机将其对手完全逐出市场。二是继承性，消费者希望以后的产品能和现在已有的产品兼容，更好的产品进入市场后，不会马上替代以前的产品和标准。典型案例，是 FM 技术（用调制信号控制载波的振荡频率的技术，简称调频技术）出现后，说服 AM 技术（用调制信号控制载波的振幅的技术，简称调幅技术）的用户转向 FM 技术就存在很大的困难。网络市场的性质，意味着产品之间的竞争胜负不完全取决于产品的质量、成本，而在于企业是否赢得标准竞争，只要控制了标准就能获得巨额利润。

标准如此重要，使得企业争夺标准的竞争非常激烈。一般而言，企业的标准竞争存在三种情况。第一种情况，是竞争双方实力“半斤八两”，但由于预期技术不兼容下的收益大于兼容情况下的收益，双方均会选择不与竞争对手产品兼容的策略。如此，双方将会展开激烈的标准竞争，最终获胜者将获得大部分市场和利润。第二种情况，是“性别之战”，即实力同样差不多的每个企业都希望自己的技术能成为标准，但同时也希望与对手的技术兼容。其原因，一方面可能是此时兼容性非常重要，如果厂商之间不形成统一的标准则市场需求量很少，市场成长的过程会很慢（缘于消费者对于谁会获得标准竞争胜利的观望），从而不利于市场规模以及销售量的增加；另一方面可能是激烈的标准竞争的结果，会使双方均消耗大部分的潜在利润，导致两败俱伤。由于存在上述两方面的原因，进行“性别之战”的企业们会明智地选择通过合约来使产品相互兼容，共同制定标准，然后再在统一的标准下开展标准内的竞争。第三种情况，是某一企业（“哥哥”）努力继续将自己的技术保持为标准，另一企业——主要指实力相对较弱的“烦人的小兄弟”，希望加入对手的网络。此时的标准竞争，犹如一个想独自行动的实力强大的“哥哥”和想跟随其的“烦人的小兄弟”之间的博弈，小兄弟一心想要产品兼容，哥哥则努力抵制产品的兼容。对“哥哥”而言，抵制产品的兼容性有两种策略：第一种，使用知识产权限制对手接近其标准，如软件厂商运用知识产权保护其代码；第二种，经常变换产品生产技术使对手无所适从，如 IBM 曾使用过这一策略。这时，“小兄弟”的策略是至少使其产品与“哥哥”的产品部分兼容，如 Sun 的一些软件产品允许 Microsoft 的产品在其上运行。

第四节　市场绩效

市场绩效反映了特定的市场结构下和市场行为下市场运行的效率。无论什么样的市场结构、什么样的市场行为，只有具有较好的市场绩效，才能说明产业组织的状况是合理的。良好的市场绩效，是各产业市场运行参与主体共同追求的目标所在。如果说市场结构是产业组织关系的表现形式、市场行为是产业组织关系形成和变动的推动力量，则市场绩效是产业组织关系综合作用的最终效果，是产业组织合理化的基本判断标准。

一、市场绩效的内涵

市场绩效是指在一定的市场结构下，由一定的市场行为所形成的市场在价格、产量、费用、利润、产品、质量和品种以及技术进步等方面所达到的最终经济成果。上述市场运行的成果，归纳起来主要反映为资源配置成果和技术进步成果。其中，资源配置成果又包括市场的资源配置效率、产业的规模结构效率和企业的资源利用效率三个方面。表 2-8 总结了市场绩效的内容及其测度指标。

表 2-8　市场绩效的内容

市场绩效	内容	测度指标
资源配置成果	市场的资源配置效率	利润率、勒纳指数、托宾的 q 值
	产业的规模结构效率	经济规模实现程度、规模生产能力利用率
	企业的资源利用效率	X 效率
技术进步成果	技术进步	年技术进步速度、全要素生产率

二、市场绩效的测度

（一）市场的资源配置效率

按照西方经济学理论，资源配置的最佳效率是实现社会总效用或者社会总剩余最大。但现实的产业市场往往做不到对资源的最优化配置，因而社会总效用或者社会总剩余往往低于最大值。于是，产业组织理论便用社会总效用或者社会总剩余的大小，来测度市场资源配置效率的高低。由于在实际中社会总效用或社会总剩余均不方便测度，因此产业组织理论选取一些替代指标来间接衡量社会总效用或总剩余的大小，以此测度市场的资源配置效率。这些指标，主要包括利润率、勒纳指数和托宾的 q 值。

1. 利润率

利润率主要从企业的角度来评价市场的资源配置效率。西方经济学理论指出，完全竞争条件下各种资源在产业间、企业间自由流动，价格机制、竞争机制等市场机制的自发作用将使各产业的利润率趋于平均化，所有的企业都只能获得正常利润，不存在垄断利润。因此，我们可以用企业的利润率水平来测度市场的资源配置效率。如果某一产业的企业长时期得到高利润，则意味着该产业存在过度垄断，阻碍了资源的流入，导致了资源配置不合理、社会资源配置和利用效率低水平。

最常见的企业利润率计算，采用税后股本收益率公式：

$$R=(\pi - T)/E$$

其中：R 表示税后股本收益率，π 表示税前利润（一般指会计利润），T 表示税收额，E 表示自有资本和股本。

2. 勒纳指数（Lerner Index）

勒纳指数（Lerner Index，用 L 表示）是指产品价格与边际成本的偏离率。指数具体的计算公式为

$$L=(P - \mathrm{MC})/P$$

其中：P 表示产品价格，MC 表示产品生产的边际成本。因为企业利润最大化的条件是边际成本等于边际收益（MR），即 MC=MR，则勒纳指数可以写为

$$L=\frac{P-\mathrm{MC}}{P}=\frac{P-\mathrm{MR}}{P}=1-\frac{\mathrm{MR}}{P}$$

又 $\mathrm{MR}/P=1+\frac{1}{\varepsilon}$（$\varepsilon$ 表示产品的需求价格弹性），因此 $L=-\frac{1}{\varepsilon}$。此式表明，在完全竞争市场下企业的需求价格弹性 ε 无穷大或价格等于边际成本，因而勒纳指数为 0，市场的资源配置效率最高。然后，需求价格弹性越小，勒纳指数越大，表明市场的竞争程度越低、垄断实力越强（垄断使得产品价格刚性，不容易受需求变动的影响），因而资源配置效率越低，市场绩效越差。

3. 托宾的 q 值

托宾的 q 值是指一家企业资产的市场价值与这家资产的重置成本的比率。用公式表示为

$$q=\frac{(R_1+R_2)}{Q}$$

其中：q 为托宾值，R_1 值是股票的市值，R_2 是债券的市值，Q 是企业资产的重置成本。q 值的概念由托宾于 1969 年提出来，公式分子表示投资所带来的现金流入现值，分母表示投资所需要的现金流出现值，则 q 值反映同一时点上每单位投资所带来的收益，即利润率。经济学家用这一概念来测度市场绩效的高低。当 $q>1$ 时，表明该企业以卖出的股票和债券计量的市场价值（可以理解为投资带来的现金流入现值），大于以当前市场价格评估的资产重置成本（可以理解为投资所需的现金流出现值），意味着该企业在市场中能够获得超额利润（如是完全竞争市场中则企业的利润为 0）。显然 q 值越大，表示企业获得的超额利润越多，该企业造成的社会福利损失就越大，市场绩效越差。

（二）产业的规模结构效率

产业的规模结构效率也称为产业组织的技术效率，反映产业经济规模和规模效益的实现程度。显然，产业市场越能充分利用规模经济和获得越好的规模效益，意味着产业的市场绩效越好。对产业的规模结构效率的测度，通常用两种方法。第一种方法，

考察经济规模（MES，最小经济规模）的实现程度，用达到或接近经济规模的企业的产量占整个产业产量的比例来表示。比例越高，表明对规模经济和规模效益的实现程度越好，从而产业的规模结构效率越高；反之则反。第二种，考察企业规模生产能力的利用程度，主要考察产业内过剩的生产能力占整个产能的比例。比例越高，表明生产能力过剩的情况越严重，此时不仅无法获得规模效益，还意味着资源的过度配置。

现实的产业市场中，产业的规模结构效率存在三种情形。第一种情形，是低效率状态，市场上未达到规模经济效益所必需的经济规模的企业是市场的主要供给者，因而该产业市场未能充分利用规模经济效益，存在着低效率的小规模生产。第二种情形，过度集中状态，即市场的主要供给者是超过经济规模的企业。由于过度集中，大企业的市场力量得到了过度增强，无法使产业的长期平均成本降低，反而不利于提高产业的资源配置效率。改革开放之前我国的电信、电力、石油等产业都处于过度集中的状态。第三种情形，是理想情形，达到或接近 MES 的企业是市场的主要供给者。这表明该产业市场已经充分获得了规模经济效益，产业的规模结构效率处于理想状态。

（三）企业的资源利用效率

企业的资源利用效率是从单个企业的角度来反映市场绩效的资源配置成果。测度企业的资源利用效率的指标是 X 非效率，与之对应概念是 X 效率。X 非效率概念最早由哈维·勒伯斯坦于 1966 年提出。垄断性大企业的外部市场竞争压力小，内部的组织层次多，机构庞大，关系复杂，加上所有权和经营权分离，使企业难以形成利润最大化和费用最小化的共同行为，导致企业利润费用化，企业内部的资源配置效率很低，这种状态就称为 X 非效率。相反的情况就是 X 效率。如果一个企业的管理者能够使企业在每一产出水平上达到低成本，该企业就实现了 X 效率。一般说来，垄断性企业和竞争性企业都存在 X 非效率，但比较起来垄断性企业更容易产生 X 非效率。

X 非效率可以用来测度企业资源利用效率的高低。X 非效率带来的后果，是使实际成本超过可能的最低成本，即生产一定数量产品的实际成本高于最低平均成本，用公式表达为

X 非效率的程度=超额成本/最低成本

X 非效率的程度越大，表明实际成本高于最低成本越多，从而表明企业的资源利用效率越低。如果一个产业市场中企业的 X 非效率程度均较低，则企业的资源利用效率均较好，从而表明该产业市场的市场绩效较好。

需补充说明的是，资源配置成果所涵括的三方面内容中，企业的资源利用效率是从单个企业内部的角度考察市场的资源配置成果，产业的规模结构效率是从企业之间的角度来考察资源成果，市场的资源配置效率是从企业之间相互作用的结果角度来考察资源配置成果。

（四）技术进步

产业经济学中的技术进步主要包括两方面：一是产业内的发明、创新和技术扩散行为；二是劳动生产率的提高，不仅指劳动生产率而且指全要素生产率的提高。技术进步动态地反映了各种经济资源利用的效率，因而也成为市场绩效的一个重要内容。

显然，技术进步带来的各种经济资源的利用效率提升速度越快、幅度越大，表明市场绩效越好。

1. 技术进步的三种类型

技术进步带来的经济资源利用效率的提高，意味着相同资源的投入带来较大的产出或者较小的投入带来同样的产出，即节约了经济资源。假设生产中只投入劳动和资本两种要素，则按照技术进步带来的对劳动和资本的节约情况，可以划分三种类型的技术进步。

（1）中性技术进步：指技术进步带来生产相同产量所需投入的劳动和资本两种生产要素的同比例减少。由于技术进步并没有改变劳动和资本的投入比例，因此此种技术进步被看作是中性的。

（2）劳动节约型技术进步：指技术进步带来生产相同产量所需投入的劳动的减少幅度，大于资本减少的幅度。由于技术进步使得相对于同量资本只需要使用较少劳动，因此此种技术进步被看作是劳动节约型的。

（3）资本节约型技术进步：指技术进步带来生产相同产量所需投入的资本的减少幅度，大于劳动减少的幅度。由于技术进步使得相对于同量劳动只需要使用较少资本，因此此种技术进步被看作资本节约型的。

2. 产业内技术进步的测度

产业内的技术进步，主要包括发明（即研发）、创新和扩散三种形式。所谓扩散，是指新产品或新的生产方法被广泛采用时所带来的技术模仿和技术扩散。这三种技术进步形式，分别采用不同的测度方法。发明状况即研发状况往往采用专利数量的增减程度来进行测度，创新状况主要采用创新支出数量来进行测度，扩散状况可以用科研机构、技术市场交易数量的增长幅度以及技术引进项目数量等来进行测度。

3. 劳动生产率提高的测度

对于企业和产业，劳动生产率提高的测度主要运用全员劳动生产率指标如人均产量、人均产值等指标。宏观层面上劳动生产率的提高，一般采用全要素生产率（TFP）指标。全要素生产率又称技术进步率，是指因技术进步而提高了的所有生产要素的生产效率。全要素生产率的测算，一般是通过柯布—道格拉斯生产函数进行，其基本函数形式是：

$$Y=AL^{\alpha}K^{\beta}$$

其中 Y 表示产量，L、K 分别表示劳动和资本的投入量，A 代表技术，参数 α、β 分别表示劳动和资本在收入中的份额权数。对上式经过简单的数学推理，得

$$\frac{\Delta Y}{Y}=\alpha\frac{\Delta L}{L}+\beta\frac{\Delta K}{K}+\frac{\Delta A}{A}$$

其中 Δ 表示相应变量的改变量。上式为经济增长的因素分解式，表明经济增长是由劳动投入增长率、资本投入增长率和全要素生产率三部分共同构成。上式再简单变形，得

$$\frac{\Delta A}{A}=\frac{\Delta Y}{Y}-\left(\alpha\frac{\Delta L}{L}+\beta\frac{\Delta K}{K}\right)$$

此式即为全要素生产率的测算公式，表明全要素生产率等于经济增长率减去劳动、资本对增长的贡献后的差额。

如设 α 为 0.6、β 为 0.4，劳动投入增加 1.5%、资本投入增加 3%，经济增长率为 4.6%，则可以算出全要素生产率为

$$\frac{\Delta A}{A} = 4.6\% - (0.6 \times 1.5\% + 0.4 \times 3\%) = 2.5\%$$

◇**案例** 2.7

运用勒纳指数测算美国制造业市场结构

1954 年经济学家卡莱斯基、1985 年经济学家迈伦·戈登，分别对美国制造业 1897—1937 年、1939—1982 年的勒纳指数进行了估算，以衡量美国寡头垄断市场结构的变动。估算结果如表 2-9 所示。

表 2-9　美国制造业的勒纳指数

卡莱斯基的估算（1897—1937 年）		迈伦·戈登的估算（1939—1982 年）	
年份	勒纳指数	年份	勒纳指数
1897	1.23	1939	1.38
1899	1.32	1947	1.31
1923	1.33	1950	1.33
1929	1.39	1954	1.35
1937	1.36	1958	1.39
		1963	1.45
		1967	1.48
		1972	1.49
		1977	1.46
		1980	1.45
		1981	1.45
		1982	1.46

数据来源：M J 戈登. 战后垄断势力的增长［J］. 后凯恩斯经济学杂志，1985（秋）.

根据表 2-9 中的勒纳指数，我们可以大概得出结论：从 19 世纪末期美国制造业形成寡头垄断市场结构以来，直到 20 世纪 80 年代，这种市场结构一直是美国工业和制造业的基本市场结构形态，并且寡头垄断市场结构的垄断程度从长期看，具有缓慢提高的趋势。总的看来，美国制造业的垄断程度从 19 世纪 80 年代以来的 100 多年时间里，得到较大程度的强化。这种强化不具有持续性，大致情况如下：从 19 世纪末到 20 世纪初，由于第一次企业并购浪潮的推动，大工业企业大量形成，市场结构由竞争型转向垄断型，市场集中度迅速提高，特别是在 20 世纪 20 年代发生了第二次企业兼并高潮之后，寡头垄断市场结构成为西方各个国家占主导地位的市场结构形态。从 20 世纪初到 1947 年，市场集中度继续提高；1947 年之后市场集中度增速减缓。经过第二次世界大战后 50 年代的经济恢复和重建，制造业的集中度逐步提高。根据戈登的测算，20 世纪 60 年代以后制造业的勒纳指数超过 1.45，而在此之前勒纳指数始终没有达到 1.40 的水

平。总之，战后六七十年代西方国家市场结构的垄断程度明显高于战前水平，尤其是大大高于19世纪末20世纪初垄断市场结构刚刚形成的时期。

资料来源：吴汉洪．产业组织理论［M］．北京：中国人民大学出版社，2007.

思考题

1. 请选择一产业，运用某一市场结构分类法分析其市场结构类型。
2. 针对上述所选择的产业，分析其市场集中度。
3. 分析上述所选择产业的价格行为、广告行为和研发与创新行为。

【推荐阅读书目】

1. 丹尼斯·W 卡尔顿，杰弗里·M. 佩洛夫．现代产业组织［M］．王立平，等译．北京：经济科学出版社，2009.
2. 乔治·J. 斯蒂格勒．产业组织和政府管制［M］．潘振民，译．上海：上海三联书店，上海人民出版社，1989.
3. 让·泰勒尔．产业组织理论［M］．马捷，等译．北京：中国人民大学出版社，1997.

【参考文献】

1. 干春晖，姚瑜琳．策略性行为研究［J］．中国工业经济，2005（11）.
2. 干春晖．产业经济学教程与案例［M］．北京：机械工业出版社，2007.
3. 简新华，杨艳琳．产业经济学［M］．2版．武汉：武汉大学出版社，2009.
4. 刘树林．产业经济学［M］．北京：清华大学出版社，2012.
5. 邬义钧，邱钧．产业经济学［M］．北京：中国统计出版社，1997.
6. 邬义钧，胡立君．产业经济学［M］．北京：中国财政经济出版社，2002.
7. 魏埙，蔡继明，刘骏民，等．现代西方经济学教程［M］．2版．天津：南开大学出版社，2001.
8. 吴汉洪．产业组织理论［M］．北京：中国人民大学出版社，2007.
9. 夏大慰．产业组织与公共政策［J］．外国经济与管理，1998（8）.
10. 周茂荣，辜海笑．新产业组织理论的兴起对美国反托拉斯政策的影响［J］．国外社会科学，2003（4）.
11. M J 戈登．战后垄断势力的增长［J］．后凯恩斯经济学杂志，1985（秋）.
12. DENNIS W CARLTON，JEFFREY M PERLOFF. Modern Industrial Organization［M］. 4th edition. New York：Addison Wesley，2005：350.
13. RICHARD SCHMALENSEE. Industrial Economics：An Overview［J］. The Economic Journal，1998（98）：676.

第三章　产业规制

产业经济学理论中，与对“市场失灵”进行干预相关的理论，主要是产业政策理论和产业规制理论。产业政策理论主要从宏观的角度，探讨政府如何制定和实施产业政策对市场失灵进行干预；规制理论从微观的角度，主要探讨政府如何直接针对企业实施规制，以对产业组织领域中存在的市场失灵进行干预。基于此，本书将对产业规制理论的阐述安排在产业组织理论之后。产业规制理论来源于西方的规制经济学，1970 年卡恩的《规制经济学》著作出版，标志着西方规制经济学作为一门学科的诞生。之后一段时期，斯蒂格勒的《经济规制论》（1971 年）、贝利的《法规性制约的经济理论》（1973 年）、鲍莫尔和奥茨的《环境政策理论：外部性、公共部门、支出与生活质量》（1975 年）、佩尔兹曼的《走向更一般的规制理论》（1976 年）、托里森的《规制与利益集团》（1991 年）、植草益的《微观规制经济学》（1992 年）等一系列著作的出版，共同完善、丰富与构筑了西方规制经济学的学科基础和理论体系。

第一节　产业规制理论概述

一、产业规制的理论基础

斯蒂格勒提出，产业规制理论的“中心任务是解释谁从管制得益，谁因管制受损，管制会采取什么形式，以及规制对资源配置的影响”①，即解决为什么规制、怎样规制、规制如何有效等问题。围绕着上述任务的研究，先后发展和形成了几种代表性的规制理论。

（一）公共利益理论和规制俘获理论

公共利益理论和规制俘获理论是为解释规制的目的而发展起来的两派理论。

在存在公共物品、外部性、自然垄断、不完全竞争、不确定性、信息不对称等市场失灵的行业中，为了纠正市场失灵的缺陷，保护社会公众利益，政府应对这些行业中的微观主体行为进行直接干预，从而达到保护社会公众利益的目的。这就是政府管制的“公共利益理论”。由此可见，公共利益理论认为规制的目的就是增加公众福利，弥补市场缺陷带来的效率损失。公共利益理论脱胎于福利经济学，由于其坚持的“保

① 乔治·J 斯蒂格勒. 产业组织与政府管制［M］. 潘振民，译. 上海：上海三联书店，上海人民出版社，1989.

护公众利益”原则而在很长一段时期内在规制经济学中居于统治地位。该理论的中心结论，是政府规制是对社会的公正和效率需求所做出的无代价、有效而仁慈的反应，政府规制针对私人行为的公共行政政策，是从公共利益出发而制定的规则，目的是为了控制企业对价格进行垄断或者对消费者滥用权力。并且，政府在规制时可以代表公众对市场做出一定理性的计算，使规制过程符合帕累托最优原则。这样，规制不仅能在经济上富有成效，而且能促进整个社会的完善，使收入分配更加公平，增加公众福利。公共利益理论的主要局限，是其主要适用于存在外部性的自然垄断产业的规制，而现实世界大量被规制的产业既不是自然垄断产业，也不具有外部性。

规制俘获理论是在对公共利益理论的批评中发展起来的。规制经济学家们发现，诸多产业规制的实践表明规制是在朝着有利于生产者的方向发展，规制提高了生产者的利润，反而损害了社会公众的利益。即使在自然垄断行业，规制对于价格的作用也甚微，生产者还是能赚取正常利润之上的利润。这与公共利益理论是相违背的。基于上述事实结合自己的分析，斯蒂格勒在 1971 年发表的《经济规制论》一文中提出：规制通常是产业自己争取来的，规制的设计和实施主要是为规制产业自己服务的。也就是说，规制主要不是政府对社会公共需要的有效和仁慈的反应，而是产业中部分企业利用政府权力为自己谋取利益的一种努力，规制过程被个人和利益集团利用来实现自己的欲望，政府规制是为适应利益集团实现收益最大化的产物。以斯蒂格勒的上述思想为基础，逐渐发展形成了规制俘获理论。政府规制是为满足产业对规制的需要而产生的——即立法者被产业所俘虏，而规制机构最终会被产业所控制——即执法者被产业所俘虏，这就是政府管制的“规制俘获理论”。该理论的基本观点是：由于难以杜绝的“寻租”与“创租”存在，不管规制方案如何设计，规制机构对某个产业的规制实际是被这个产业“俘虏”，最终规制提高了产业利润而不是社会福利。规制俘获理论的主要缺陷，是没有解释规制如何逐渐被产业所控制和俘虏。

（二）完善性规制理论

完善性规制理论是在研究怎样规制、规制是否有效等问题上发展起来的规制理论，旨在解决“规制失灵”问题。此处介绍两个典型的完善性规制理论：规制博弈理论和激励性规制理论。

1. 规制博弈理论

基于博弈论方法运用发展起来的规制博弈理论认为，规制的产生可以是一个增值的博弈。在这个博弈中，各方都可以成为赢家。在李立威的研究中①，政府召集参与方协商，在共同妥协的基础上制定有效的规制政策，使得消费者可以因价格降低获得好处，垄断企业则由国家保护它的专营权而不受竞争者的困扰，避免残酷的竞争而带来的损失，所获得的利益可能大于为消费者降低价格而带来的损失。如此，消费者、企业和政府实现多赢。之所以能实现多赢，是因为具有强制性权力的政府能够迫使各方合作，进行合作博弈思想指引下的规制政策设计，并监督合同的执行。

① LI WAY LEE. A theory of Just Regulation [J]. The American Economic Review, 1908 (5): 848-862.

2. 激励性规制理论

激励性规制理论主要研究规制中的激励问题，是在信息不对称的假设条件下，运用机制设计的理论和工具，以最优规划为目标，探求规制的激励机制。其目的是设计合理的制度来克服传统规制的缺陷，给予被规制企业提高内部效率的激励，提高规制的有效性。规制经济学家们已经提出了一系列的规制激励理论模型，代表性的是法国著名经济学家拉丰和泰勒尔的“利益集团政治的委托代理理论”①。该理论承认规制者可能被受规制的企业或其他利益集团俘获而与之合谋，提出了包括企业等利益集团、规制机构、国会在内的三层机构规制体系，在更复杂的体系框架中探讨规制激励机制。该理论认为，利益集团之所以要干预政治决策或规制是因为这关系到他们的切身利益，当切身利益大于俘获规制机构的成本时，他们就会采取干涉政治决策或规制的行为。此时为使规制有效，政府需要制定一套减少或阻止规制机构被俘获的激励机制。拉丰和泰勒尔构思了多种具体的激励机制模型，包括利益集团与规制机构无合谋的规制模型、利益集团与规制机构合谋下的规制模型、多重利益集团存在的规制模型等。激励性规制主要有几种形式：特许投标制度、区域竞争（标杆竞争）制度、价格上限规制、社会契约制度等。

（三）可竞争性市场理论

传统的规制经济学理论认为，当产业中由于规模经济从而垄断存在时，会干扰市场机制的运行，无法实现完全竞争的效率，需要进行规制。美国著名新福利经济学家威廉·鲍莫尔（William·Baumol）于1981年提出的可竞争性理论，对这个观点提出了挑战。

可竞争市场的基本假设条件是：①企业进入和退出市场（产业）是完全自由的，相对于现有企业，潜在的进入者在生产技术、产品质量、成本等方面不存在劣势；②潜在进入者能够采取“打了就跑”（Hit -and-Run）的策略，甚至一个短暂的盈利机会都会吸引潜在的进入者进入市场参与竞争，而在价格下降到无利可图时它们会带着已获得的利润离开市场。即它们具有快速进出市场的能力，退出时不存在沉没成本等任何障碍。在以上的基本假设条件下，可竞争市场理论认为：由于潜在进入者能够迅速进出市场，威胁是可信的，在位公司由于担心潜在进入者的进入而不得不制定一个接近生产成本的合理价格，并维持一个近似于竞争性市场的产量。即使在自然垄断产业，只要是可竞争的，垄断者也会制定一种合理的价格以获得平均利润，而不是制定垄断高价。

可竞争市场分析的基本收获，是使我们认识到垄断并不必然导致福利损失。相反，在一定的假定条件下，在可竞争市场的垄断均衡中，企业能在其财务可行性约束下实现福利（生产者和消费者剩余之和）最大化。从而，自由放任能够比通过行政手段或者反托拉斯手段主动管制更有效地保护公共利益。由此，可竞争性市场理论的主要政

---

① LAFFONT J-J, J TIROLE. The Politics of Government Decision-making: a Theory of Regulatory Capture [J]. Quarterly Journal of Economics, 1991, 106 (4): 1089-1127; LAFFONT J-J, J TIROLE. A Theory of Incentives in Procurement and Regulation [M]. Cambridge: MIT Press, 1993.

策主张是：政府无须对企业进行规制或者应该放松规制，只需要减少或消除产业的进入退出障碍，形成可竞争性的市场环境。

二、产业规制的内涵及相关理论范畴

（一）产业规制的内涵

规制（regulation）是指政府根据一定的法规对市场活动所做的限制或制约，产业规制则是政府对产业经济主体及其行为的规制。具体而言，所谓产业规制是指政府为实现某些社会经济目标，对产业经济主体做出的各种直接的和间接的具有法律约束力的限制、约束、规范，以及由此引出的政府为督促产业经济主体活动符合这些限制、约束、规范而采取的行动和措施。产业实施规制的目的，在于维持正当的市场经济秩序，限制产业内的市场势力，提高资源配置效率，保护大多数社会公众的利益。

（二）产业规制的作用

产业规制的作用主要是：维护市场公平竞争，防止不正当的竞争行为；限制或者消除垄断，规范垄断企业的行为，解决规模经济与竞争的矛盾，实现有效竞争，促进资源的有效配置；克服垄断带来的供给不足、价格过高等缺陷，维护消费者的利益；提供良好的产业环境，保障企业顺利发展。

但是，由于政府规制机构和人员存在着信息不完全和利益局限性（指政府机构和人员有着自己的个体利益，不一定总能代表社会、全局利益），再加上相关利益集团的游说、公关影响，产业规制有可能出现“规制失灵”现象。这主要表现在：不该限制的限制了，该限制的没有限制；应该多限制的少限制了，应该少限制的多限制了；规制成本大于规制收益，规制得不偿失；没有有效地解决规模经济与竞争之间的矛盾，对于市场机制过多的限制了，保护了垄断者的利益，损害了社会和消费者的利益。要克服规制失灵，政府机构应尽可能克服信息不完全和利益局限性问题，提高规制政策的科学性和实施水平，加强对利益集团游说、公关的监管，以此尽量保证规制的有效性。

（三）产业规制的成本和收益

产业规制需要付出成本，同时也会带来收益，规制是否有效取决于规制收益与收益成本的比较。

产业规制的过程通常包括规制立法、规制执法、法规的修改与调整、放松或解除规制四个阶段[①]，每个阶段都会发生一定的成本，产业规制的成本就是规制的立法成本、执法成本、法规修改与调整成本以及放松或解除成本之和。其中，规制执法成本即规制运行成本所占比重最大。规制运行成本的发生，主要原因在于规制者（管制机构）和被规制企业的目标不一致。规制者强调社会分配效率以实现社会经济福利最大化，被规制企业则偏重于生产效率，以尽可能少地承担社会责任以实现利润最大化。两者目标的不一致，导致规制者和被规制企业在规制过程中行为的偏离：规制者的规

① 王俊豪. 政府管制经济学导论：基本理论及其在政府管制实践中的应用［M］. 北京：商务印书馆，2001.

制效率很大程度上取决于其所掌握的规制信息的完备程度，但由于其与被规制者之间存在的严重信息不对称问题，规制者与被规制企业之间会发生“政府规制博弈”（regulatory game）。政府规制机构总是要求被规制企业提供尽可能多的信息，而被规制企业则往往采取一定的策略应付规制者的信息要求，以垄断真实信息。例如，在1984年英国电信产业规制体制改革前，作为垄断企业的英国电信公司曾公布许多成本、质量指标，但规制体制改革后私有化的该公司，就以这些信息涉及商业秘密为由拒绝提供。如此，规制机构得不到被规制者的合作，就只能通过雇佣大量的工作人员去收集这些信息，从而产生大量费用开支。此外，作为被规制对象的企业，也总是采取一些对规制者的游说、谈判、行动预判活动，以尽可能减轻规制对自己的影响，这也带来较大的费用投入。上述两方面成本使得规制运行成本保持一个较高的数量。

理论上，规制收益等于规制实施后消费者剩余和生产者剩余的总增加量。但由于作为心理感觉的剩余难以测量，研究人员在实际中常常用实施规制后消费支出的减少数量和生产者因效率提高而增加的收益数量的加总数来衡量规制收益。

对规制进行成本和收益分析的意义，在于评价某项规制是否有效。斯蒂格勒提出[①]，如果规制成本小于消费者剩余增量和生产者剩余增量之和，则规制增加了社会福利，规制的社会成本是负的，那么规制是有效的；相反，如果规制造成垄断，管制的社会成本就是正的，即管制是无效的。

（四）放松规制与加强规制

产业规制的实践中，经历了加强规制—放松规制—放松规制与加强规制并存的过程。20世纪70年代以前是传统的规制时期，以公共利益理论为支撑的产业规制得到较广泛的实施。但是随着产业规制实施的深入，人们逐渐认识到规制存在的局限性。第一，规制制约了企业的经营自主权，不利于发挥企业的创新能力，阻碍了资源使用率的提高。第二，进入规制和数量规制会导致企业间过度的“配额”交易，使资源难以达到规制目标所要求的最佳配置状态。所谓配额交易，是指企业之间为谋求特定经济利益，而从事的公开或暗中买卖政府有关规制分配指标或允许进入的有关文件等行为。比如在政府实施进入规制的产业中，未获准进入的企业往往倾向于公开或暗中收买获准进入企业的有关进入特权，以谋取由这种进入特权所可能获得的经济利益。第三，规制往往容易带来“寻租”（rent seeking）行为。所谓“寻租”是指存在产业规制时，企业通过种种合法或是非法手段谋求政府有关部门或是负责官员的某种“照顾”，以获得非直接生产利润。第四，规制有时存在着规制的不经济性，使得规制成本超过规制收益。上述问题的存在，使得产业规制失效。

规制实践中出现的规制无效问题，使得20世纪70年代以后理论界产生了放松规制的理论主张，如前述规制俘获理论、可竞争市场理论。放松规制是指减少或取消原有的规制，放松规制的首要目的是引入竞争机制、减少规制成本、促使企业提高效率。20世纪70年代以后美国、日本、英国等国家，对电信、运输、金融、能源等许多产业

---

① 乔治·J斯蒂格勒. 产业组织和政府管制［M］. 潘振民，译. 上海：上海三联书店，上海人民出版社，1989.

都实行了放松规制措施。如英国采取了伴随私有化进程的放松规制，部分或全部将英国电信公司、英国煤气公司、自来水公司出售。20 世纪 80 年代以来，随着经济发展水平的提高，人们对生活质量、社会福利等问题关注的加强，全球范围内出现了放松规制与加强规制并存的现象。一方面，各国在逐步完善经济规制，对经济性规制产业放松规制；另一方面，各国将关注点更多地投向了社会性规制领域，社会性规制在政府规制中的地位与作用逐步提高，规制的领域不断扩展，规制的方法与手段也在不断改进。未来，社会性规制将成为政府规制中一个日益重要的组成部分。

三、产业规制的内容

产业规制的初期，主要关注被规制企业的市场进入与产品定价问题，这些属于经济性规制的范畴。但随着社会的发展，产业规制越来越重视环境保护、产品质量安全等社会问题的规制，这些属于社会性规制的范畴。产业规制主要包括经济性规制和社会性规制。

（一）经济性规制

经济性规制主要针对存在自然垄断和不正当竞争行为的产业，主要包括自然垄断产业，也包括一些竞争性产业。经济性规制主要通过以下方式实施：一是对企业进入退出产业或对产业内竞争者的数量进行规制，规制方式如发放许可证、实行审批制、制定较高的进入标准等；二是对所规制企业的产品或服务定价进行规制，即费率规制；三是对企业产量进行规制；四是对产品质量进行规制；等等。第二节和第三节将对自然垄断产业和竞争性产业的规制进行具体分析。表 3-1 列举了我国几个产业经济性规制的部分内容。

表 3-1　中国产业规制概要

产业	进入规制	价格规制	主要规制法规	主要规制机构
电力	供电营业许可证、营业执照	核准	电力监管条例（2005）	国家、地方发改委、电力司（局）、物价司、电监会
城市供水	资质审查、工商登记	地方政府定价	城市供水条例（1994）	建设部、地方政府
邮政	国家垄断	法定价格	邮政法（1986）及实施细则（2015 年修订）	信息产业部
电信	国家垄断或寡头垄断	法定价格或地方政府定价	中华人民共和国电信条例（2016 年修订）	信息产业部、物价司（局）
商业银行	许可、营业执照	法定指导利率	商业银行法（2015 年修订）	中国人民银行、银监会
保险	审批、营业执照	法定	保险法（2015 年修订）	中国人民银行、保监会

资料来源：干春晖. 产业经济学教程与案例［M］. 北京：机械工业出版社，2006.

（二）社会性规制

社会性规制是以保障居民生命健康、防止公害和保护环境等为目的所进行的规制。这一规制不针对某一特定产业，是为实现某一社会目标而实施的超行业规制。社会性规制的方式如下：

1. 直接限制

具体的规制手段包括：①禁止特定行为，是直接禁止因公共物品、外部性、信息不对称所带来的消费者受害的行为及不良社会行为，如禁止排污、发布非法广告、持有毒品等；②限制经营性活动，通过批准、认可制度对提供某些产品或服务的对象进行营业场所的限制，如禁止未成年人进入某些营业场所；③资格制度，是指从事与健康、安全、环保有关的经营活动，必须通过有关部门对其专业知识、经验、技能等的认定和证明，包括执行资格限制（如医生、律师等）、业务必备资格（如危险管理等）、专业技能资格（如程序员）等；④检查与鉴定制度，是为了确保产品的安全和设备的安全运转而规定有关部门或对象有义务进行各种检查（如定期检查、事前事后检查等）；⑤基准与认证制度，是指从确保产品的安全性和设备运转的安全性出发，制定其结构、强度、爆炸性、可燃性等安全标准，没有经过鉴定或没有标明通过认证标志的产品，则禁止销售和使用。

2. 行政手段

行政手段是指政府依据安全、健康与环境等社会性规制的基本政策，结合商法、民法等相关法律规章，运用行政权力向规制对象的违反法规行为予以罚款、赔偿等制裁。行政手段是一种比较常见的社会规制方式，强调对违反法规的行为进行惩罚，因此又称为“规章性规制”。

3. 经济手段

经济手段是指利用经济利益关系对规制对象的活动进行调节的规制政策措施。社会性规制的经济手段，又包括“诱导型规制”和“诱因型规制”两类。诱导型规制具体包括：税收和收费，如税收优惠；补贴，如财政补助、低息贷款、奖励等。诱因型规制具体包括：市场的开创，如排污权交易市场；押金返还制度。

4. 信息提供与公开

针对信息不对称问题，政府可以利用行政法规手段，强制企业向市场提供完备的信息，如公开产品质量等级、适用范围等。政府还可以通过产品质量检查、市场调查等方式收集信息，向市场展示有信誉的企业的信息。

◇案例 3.1

《中华人民共和国长江保护法》正式实施，生态优化加上保护层

2021 年 3 月 1 日，我国第一部流域保护法——《中华人民共和国长江保护法》（以下简称《长江保护法》）正式实施。作为我国经济发展的重要引擎，长期以来，生态保护为发展让路一直是长江流域生态环境保护工作的痛点。《长江保护法》最大的特点就是把“生态优先、绿色发展”的国家战略写入法律，同时《长江保护法》的一个重要特点是把资源保护、污染防治、山水林田湖一体化管理等囊括于一部法律中，更有利于对长江流域生态系统进行全面保护。此外《长江保护法》对各级政府在长江保护上的责任做了明确划定，有利于各部门和各级政府尽职尽责。在一些具体的保护规范上，《长江保护法》做了详细的规定，比如对于河湖岸线的保护制定了详细的标准。法律还涉及了长江流域的生态修复，针对过度捕捞造成的水生物资源衰退，以及一些干支流和湖泊被层层大坝分割的现状，都做了具体的修复要求。专家表示，《长江保护法》目前刚刚实施，还有很多内容有待完善，这需要各级政府共同努力，把这部法律用好，让它为长江保护工作更好地保驾护航。

面对长期以来存在很大漏洞的长江流域环境保护，《长江保护法》的颁布与实施是一个福音，其从战略层面与战术执行层面分别明确了长江流域环境保护的方略、举措，预期能有力地推动将保护落到实处。就其本质而言，这是一种聚焦于保护环境的典型社会性规制，具体的规制方式可归属于行政手段。

资料来源：央视新闻客户端，2021 年 3 月 1 日。http://news. cnr. cn/native/gd/20210301/t20210301_525424239.shtml.

第二节　自然垄断产业的规制

规制经济学发端于对自然垄断产业的规制实践，至今，对于自然垄断产业的规制已进行了大量的理论与实践探索。

一、自然垄断产业相关理论概念

（一）自然垄断产业的内涵

传统意义上的自然垄断，是指一个企业能以低于两个或者更多的企业的成本为整个市场供给一种产品或劳务，以此形成的对整个产品或劳务市场的垄断。这种传统意义上的自然垄断是指强自然垄断，即一个企业相比两个或多个企业供给整个市场的产品或劳务，将降低平均成本，从而降低总成本。

20 世纪 80 年代，西方经济学对于自然垄断的认识发生了变化，鲍莫尔、潘泽和威利格用成本部分可加性重新定义了自然垄断。假设某个产业中有多种产品、多个生产企业，其中任何一个企业可以生产任何一种或者多种产品。如果单一企业生产所有各种产品的成本小于多个企业分别生产这些产品的成本之和，则称该产业的成本就是部分可加的（即成本不是各企业生产成本的全部累加）。如果在所有有关的产品生产上企业的成本都是部分可加的，则该产业就是自然垄断的。也就是说，即使平均成本上升，只要单一企业生产所有产品的成本小于多个企业分别生产这些产品的成本之和，则由单一企业垄断市场的成本依然最小，该行业就是自然垄断行业。由此可见，平均成本下降只是自然垄断的充分条件，但不是必要条件。新定义扩大了自然垄断的范围，它不仅包括传统的自然垄断即强自然垄断，还包括了弱自然垄断。

通俗的理解，自然垄断产业是指由于某些特定的经济要求而自然形成垄断的产业。这些特定的经济要求主要是规模经济、范围经济和成本部分可加性。

（二）自然垄断产业的形成原因

1. 规模经济

长期平均总成本随着产量增加而降低的经济现象，称为规模经济。在一些日常生活用品产业，由于消费者需要长期稳定的低价产品供应，政府为维护社会稳定也有此需求，从而全社会对这些产业的规模经济性具有强烈要求，自然垄断就成为这些产业最好的选择。规模经济解释了产品单一领域产业的自然垄断的产生。

2. 范围经济

一个企业生产多种产品的成本低于几个企业分别生产它们的成本的经济现象，称为范围经济。范围经济是企业开展多元化经营的内在动力来源。由于范围经济的存在，从事联合生产的企业具有相对单独生产某一种产品的企业的竞争优势，市场竞争的最终结果，是前者兼并后者，形成垄断局面。范围经济解释了联合生产领域产业的自然垄断的产生。

3. 成本部分可加性

如上文所述，成本部分可加性即成本次可加性的存在，使得独家垄断经营的总成本小于多家分散经营的成本之和。从而，即使产业中规模经济不存在，或即使平均成本上升，只要存在成本弱增性，该产业仍然可能是自然垄断产业。平均成本下降一定造成自然垄断，但自然垄断不一定就会使平均成本下降。成本次可加性的存在，增加了自然垄断产业形成的产业来源。

（三）自然垄断产业的特征

1. 垄断性

自然垄断产业一般都是规模经济效益显著的行业，而且均为一次性投资行业，规模愈大，生产成本愈低。例如，煤气公司要输送煤气，就必须铺设管道，而铺设管道的成本是非常高的，但一旦铺设完毕，向管道泵注入更多的煤气则不需要更多的资金注入，以至于边际成本趋向于零。如果多个企业之间进行竞争，势必导致重复建设，造成资源的大量浪费。因此，一般要求由一家企业进行垄断性经营。

2. 网络经济性

自然垄断产业一般具有网络经济的特征，依赖一定的产业网络为市场提供商品和服务。如果没有这些产业网络，企业的产品则无法流转到社会消费领域。网络经济性的存在给产业带来的好处，是规模经济效益突出，网络越庞大，边际成本越低、边际投资效益越大。

3. 资产专用性

自然垄断产业所投资的产业网络设施，折旧时间长、变现能力差，形成了巨量固定资产。这种固定资产往往具有专用性，很难用于其他用途，所以资金一旦投入就很难收回，大量转变为资本沉淀。

4. 公益性

自然垄断行业主要是为社会公众提供公共服务的行业，它所提供的私人边际效用小于其社会边际效用。比如电力产业所提供的效用，就不仅仅为电力消费者所享有，而且还对整个社会的生活和生产、整个社会的正常运转具有至关重要的作用。

二、自然垄断产业的规制

对自然垄断产业的规制，已经具有非常丰富的实践经验。总体上，对自然垄断产业的规制主要包括进入规制、价格规制、质量规制、联网规制、对企业内部业务交叉补贴行为的管制等。

（一）进入规制

出于维护自然垄断的需要，规制机构会对自然垄断产业的进入做出较强规制，以此保障一家或极少数几家企业获得经营权，承担产业的供给责任，且不能自由退出。进入规制的主要方式包括许可制、注册制、申报制。

1. 许可制

许可制指对在法律上被禁止的企业行为如卡特尔，规制机构根据其实际情况予以有限的解除，具体措施包括颁发许可证、政府特别的许可文件等。

2. 注册制

注册制是由规制机构先审查申请进入某产业或某领域的企业的资格，然后准许其进入，并在履行有关工商注册程序后进入。如果经审查发现企业不具备有关资格条件，则政府拒绝注册，不允许其进入。具体的措施，包括颁发工商营业执照等。比如，2015年12月9日，国务院常务会议审议通过了拟提请全国人大常委会审议的《关于授权国务院在实施股票发行注册制改革中调整适用有关规定的决定（草案）》，目的是让符合条件的优质企业不受排队限制尽快上市，以满足经济转型对资金的需要，从而达到金融资源的优化配置。

3. 申报制

申报制是指准备进入某产业的企业，必须按照一定的程序向规制机构提出申报，如果申报被接受即可进入，否则不准进入。具体的措施，主要有政府颁发的有特定格式的申报文件等。

（二）价格规制

自然垄断产业中如无外部的限制，为攫取垄断利润，企业必然会给产品定高价。对自然垄断产业的价格规制，通常采取公平报酬率规制。公平报酬率是以完全竞争条件下形成的均衡价格中所包含的正常利润为基础的概念，计算公式为

公平报酬率=（负债资本/资本总量）×负债资本率+（自有资本/资本总量）×自有资本的合理利润率

其中，负债资本率按长期资金的借入利率来确定，自有资本的合理利润率按长期资金的存款利率来确定。

确定公平报酬率后，规制机构根据其来对企业的定价进行规制。如果企业的实际报酬率高于公平报酬率，规制机构则要求企业修正价格。公平报酬率规制的弊端，是会产生所谓的“A-J效应”（阿巴契-约翰逊效应），即有保障的报酬率使得企业投入

资本越多所获得的报酬也越多，由此导致自然垄断企业过度资本化，降低资本资源的利用效率。

除公平报酬率规制，自然垄断企业价格规制的内容，还有规定成本核定方法、规定价格的上下限、规定价格变动的审批程序等。

（三）质量规制

随着对自然垄断产业的价格规制的实施，在确定的利润率水平下，垄断企业可能会想方设法降低产品质量以减少成本支出，因为需要对垄断企业实施质量规制。政府为促进垄断企业提高产品质量的管制措施是多方面的，例如：在价格管制中考虑服务质量因素，把企业的最高限价与质量水平挂钩；对低质量的服务进行经济惩罚；等等。例如，英国自来水服务办公室为维护自来水产业消费者利益，在 1997 年制定了一个“服务标准保证方案”，主要服务标准包括：遵守与顾客的约定、答复顾客的账单疑问、对顾客意见的反应、中断自来水供应、安装水表、排除溢水和处理自来水低压问题等许多方面。如果自来水公司不能满足这些标准，顾客有权要求经济赔偿。企业每次不能履行服务标准的赔偿额一般为 10 英镑，企业应主动向顾客提供赔偿。如果企业和顾客发生赔偿纠纷，双方可以要求自来水服务总监做出仲裁。英国的这种质量规制措施，对于提高英国自来水公司的服务质量产生了很大的作用。

（四）联网规制

具有网络经济特征的自然垄断产业，联网的范围越大越有利于提高资源的使用效率。但是，垄断因素的存在产生了阻碍联网的非市场化行为。如果是完全竞争的市场，为了使尽可能多的消费者通过自己的网络获得服务，以此占据更多市场份额，企业之间的联网行为是自发、主动的市场竞争行为。如果是完全垄断的市场，则联网行为只是垄断企业组织内部的事情。但当网络市场上是一种不完全竞争的状态时，具有垄断能力的企业，会采取非市场化措施排斥其他企业的联网要求，这时需要政府对其联网行为进行规制。新企业进入垄断性产业时，与产业内原有的主导性企业之间的竞争效果取决于企业之间的联网条件。拥有庞大网络的垄断企业完全有能力拒绝其他企业的联网，或者指定尽可能高的联网成本价格而排斥其他竞争者，这不利于社会资源优化配置，因此政府需要对垄断企业的联网条件进行规制。政府联网规制的主要措施是制定有关联网管制价格和联网条件，保证企业有同等权利并以合理的价格使用网络，使网络成为垄断型产业的公共通道。对于联网行为的规制，在电信行业中最为典型。

（五）对企业内部业务交叉补贴行为的管制

现实中，许多垄断性产业既存在垄断性业务，也存在竞争性业务，不少企业同时经营着这两类不同性质的业务。这些企业为了增强竞争性业务的优势，会通过内部转移各种业务的成本赢得竞争。这就是企业内部业务间交叉补贴（cross-subsidization），即企业以垄断性业务的高利润弥补竞争性业务的微利或者亏损。垄断性产业中，企业内部业务间交叉补贴的行为普遍存在。如在电力产业中，电网运营业务是垄断性的，但发电、电力设备供应、电力销售业务是竞争性的；在电信产业中，有线通信网络业务（指市内电话和长途电话）是垄断性的，而通信设施供应业务是竞争性的。如果允许有关企业对所有业务实行垂直一体化经营，这些企业就会采取内部业务间交叉补贴战略。这是一种不正当的竞争行为。并且，企业内部业务间交叉补贴行为还使接受垄断性服务的消费者承担过高的价格，而使接受竞争性服务的消费者享受过低的价格，由此造成的消费者之间收入再分配效应扭曲了社会分配效率。因此，政府应对这种行为进行规制。有效的规制措施，可以对垄断性业务和竞争性业务进行分离。根据垂直一体化经营的范围经济性，对垂直一体化经营企业可以采取不同业务间财务上的分离，也可以采取“经营权”的分离。

◇**案例**3.2

中国自然垄断产业的规制改革

我国处在经济转型期的特殊国情使我国的自然垄断产业的规制有很多与外国不同的约束特性，这些不同的特点决定了我国自然垄断产业规制改革的特殊性与复杂性。探索一条适合我国国情的自然垄断产业的规制改革之路，是我国进行规制改革的当务之急。

一、我国自然垄断产业的规制约束

中国自然垄断产业长期实行的是政府直接规制的体制，产业主管部门既是规制的制定者，又是规制执行的监督者与实际业务的经营者，规制立法机制、执法机构和被规制对象三位一体、政企同盟，行政性垄断特征十分明显。由于行政性垄断是通过各级政府或行业部门实施的，因此产生了地区性垄断、行业垄断以及混合垄断。虽然政府规制的初衷是限制垄断，可是，最后的结果却往往是以行政垄断代替了市场垄断。我国自然垄断产业的反垄断遇到了诸多的约束与困境。

（一）垄断经营与生产效率的约束

自然垄断产业由于生产技术和市场需求量的特殊要求，往往需要独家垄断经营。此时，其生产成本才最低。如果不对这种垄断进行规制，垄断厂商为了实现企业利润最大化，会根据 MC=MR 决定的产量进行生产，这样的产量水平就会低于社会的需求水平，社会福利达不到最优。但如果对其进行规制，引入竞争，市场需求的有限就会使每一个企业都达不到最优的生产规模，致使生产成本大幅增加，从而偏离生产效率。从生产效率来看，独家生产成本最低，企业数量越多，生产成本就越高。例如，在现实生活中，每家每户通常只有来自一个自来水公司的水管，对于自来水的消费者来说，自来水公司是个垄断者，消费者只能购买这家公司的产品。由于不存在竞争，生产者就有可能操纵价格以侵犯消费者的利益。但是，要用竞争的方法来取消垄断，社会将付出极高的代价，这意味着在同一个地区要有若干个足以能够形成相互竞争的自来水公司，每个公司都要有自己的供水管道，每个用户家中要有不同公司的供水管，以便让消费者进行选择。而这么多供水管道所完成的任务是一套供水管道就能完成的。

（二）公共定价与信息约束和道德约束

公共定价指的是，政府可以根据垄断企业的边际成本规定其产品的价格，只要这一规定能够得到切实的执行，垄断者为了实现利润的最大化就不得不增加产量，使它达到产品组合效率所要求达到的水平，从而消除垄断所造成的效率损失。但准确的公共定价的前提是政府清楚地知道企业的边际成本。如果垄断企业的边际成本能清楚地呈现出来，规定合理的价格就是一件轻而易举的事。但在现实中，这些信息必须通过详尽的调查才能取得。对垄断企业来说，政府规定怎样的价格对企业的利益影响巨大。如果能使政府将价格定得高于企业的边际生产成本，企业的垄断利润就可以得到法律的保护。因此，当政府试图了解企业成本情况时，企业会有意地夸大成本。在政府调查与企业反调查之间存在着信息不对称。这样政府所规定的价格就有可能高于实际的边际成本。

规制机构工作人员的道德问题也是一个重要的约束。能否保证他们在调查过程中遵循公平、公正的原则，能否使他们在客观地调查出了企业的边际成本后做出符合社会福利最大化的决策，这里存在一个道德风险的问题。按照西方经济学里的“经济人”假设，每个人都有实现个人利益最大化的动机。那么在缺乏相应监管的情况下，当规制人员在做出决策时，很难避免他们的“寻租”行为。而被规制对象也会很乐意地主动寻租，因为他要付出的经济租金只是他将要得到的经济收益的一小部分。在这种情况下，规制失灵就不可避免了。我国现在的自然垄断产业多是政府在经营，政府为了照顾垄断企业也会在公共定价上有所保留，主动地将价格定在边际成本以上。这时，公共定价就违背它消除垄断的初衷，反而使得垄断租金得以保留。在这方面典型的例子就是当年我国移动通信收费上的漫游费问题。

（三）垄断规制者自身的利益约束

在我国现阶段，由于规制机构大多并不独立，规制者也是垄断利益所得者的现象尤为突出，垄断的规制面临来自规制者自身的利益约束。原因之一是政府部门既是规制的制定者，又是具体业务的实际经营者。规制机构本身便是经营行业的主管部门，政企不分的现象较为严重，这种政企合一的体制使经营企业产权不清，部门内企业与部门外企业在进入市场发展经营业务等方面发生矛盾时，作为主管部门的政府机构难以公正地做出规制决策。20 世纪 90 年代中国联通成立初期一直难以生存，直到 1998 年信息产业部取代原邮电部履行电信产业的管理职能时联通才开始快速发展，这就是一个典型的例子。原因之二是政府规制缺乏社会监督。政府规制俘虏理论告诉我们，规制结果有利于受规制部门，虽然消费者利益集团由数以亿计的个体组成，但政府规制对其造成的影响由无数个消费者分散承担，对个人影响不大，消费者个体便存在一种“搭便车”现象，缺乏为本集团利益积极努力的动力。而我国各垄断产业并无社会监督组织，在缺乏社会监督的情况下，规制机构更容易侵害消费者利益，制定有利于生产部门的政策。

二、我国自然垄断产业的规制改革取向

从我国自然垄断产业规制情况看，在过去政企不分的计划体制下，优先发展生产，政府利益和企业利益是一致的，规制机构所考虑的社会福利是以企业利益为重的，这一点从过去电信产业所采取的收取高额电话初装费政策就可以很清楚地看出来。随着经济发展水平的提高和自然垄断产业的发展，再以企业利益为重而不考虑广大消费者的利益，将有悖于我国发展经济的最终目的。今后我国自然垄断产业的改革应以广大消费者的利益为重。

（一）保持规制机构的独立性，割断规制机构与被规制对象的利益联系

我国现阶段的规制机构由于本身仍与被规制对象有千丝万缕的利益关系，因此政府规制失灵的现象不时发生。规制机构为了维护被规制对象的利益而出现了大量的侵害消费者利益的行为，对相关产业的改革也造成了极大的负面影响。保持规制机构的独立性，建立一套使规制者以实现社会福利最大化的规范体系，实行政企分离的运营机制是必要的。实践证明，长期政企不分的经营体制导致了效率低下，只有实行政企分离，企业才能形成作为市场主体所必需的经营机制，提高政府规制的效率。20 世纪 90 年代以来，政企不分的体制有了较大改变。但国际经验表明，有效的政企分离不仅要把政府职能从企业中剥离出去，而且要求政府职能的进一步分离，主要是政府作为自然垄断产业规制者的政策制定权、调控权和作为这些产业中国有企业所有者代表享有的所有权三种职能的分离。成立独立的规制机构并实现企业的商业化运营已经成为垄断产业规制体制进一步改革的重要思路。

（二）关注规制失灵问题，克服改革过程中的隐性成本

在我国自然垄断产业的规制改革过程中，由于被规制企业过大的经济实力从而使其在与政府的讨价还价中拥有更大的话语权，而且由于现阶段的政企不分，自然垄断产业里可能有政府人员的交叉任职，这样更会增强其与政府讨价还价的能力。相反，消费者群体人数虽多，但过多过散会造成彼此之间利益相关度不高，“搭便车”现象严重，使得社会对垄断企业侵害消费者的行为缺乏应有的监督，造成消费者利益的损失，产生了大量的隐性改革成本。这种成本主要体现在自然垄断产业对我国快速发展的国民经济的制约作用上，以及改革方案的反复所带来的多方面损失，这些成本也是由整个社会承担的。

（三）消除信息不对称，实施激励性规制

由于现行的规制制度不能解决企业内部无效率的产生、规制关联费用的增加、规制滞后使企业损失产生、规制部门的自由裁决权和寻租成本的产生，我国自然垄断产业的行业特点和社会地位决定其实行垄断经营，在短期内无法改变，所以，结合中国国情的激励性规制是可以借鉴的。激励性规制方法主要包括：特许投标制度、价格上限规制、标尺竞争的规制方法和社会契约制度。

资料来源：马云泽. 我国自然垄断产业的规制约束与改革取向［J］. 桂海论丛，2009，25（2）：49-52.

【案例讨论】

结合上述材料中所提出的我国自然垄断产业的规制改革取向，分析如何对我国电网系统实施有效规制。

第三节 竞争性产业的规制

产业规制不仅仅应用于自然垄断产业，同时也被应用于竞争性产业。其原因是克服信息不对称导致的市场失灵，限制市场中的过度竞争，以及保障产品质量以维护消费者利益。不过，不同于自然垄断产业，对于竞争性产业的规制，一直处于实施规制与放松规制两种方向的争论与实践之中。

一、金融业

（一）金融业规制的必要性

首先，政府通过金融业规制可以纠正金融市场在市场失灵情况下出现的资源配置低效率和分配不公正等问题，以提高整体的社会福利水平。

其次，金融业存在着显著的规模经济性，导致企业有着无限度扩张的动力，现代金融企业往往想成为“巨无霸”式企业。这使其他企业进入障碍加大，竞争减少，带来金融从业人员素质下降、服务质量不高、运行效率低下等一系列不完全竞争带来的问题。政府的规制可以克服这些问题。

再次，金融业往往具有显著的外部性。比如，银行的破产会使相关企业和个人蒙受经济损失，并有可能引发社会恐慌，导致挤兑的发生；上市公司因为虚假信息披露被停牌和调查，会影响投资者对股票市场的预期，导致大盘指数下跌。因此，政府需要施加干预来限制金融业的负外部性。

最后，金融业存在着广泛的信息不对称问题。信息不对称，使得金融业中的道德风险和逆向选择现象严重，严重损害了消费者的利益。因此，政府需要施加干预来尽可能减少信息不对称带来的危害。

（二）金融业规制内容

1. 市场准入和合并规制

市场准入规制是有效规制金融业的首要环节，主要针对企业的开业审批和管理。各国金融法一般规定，银行或其他金融机构开业必须先向金融规制机构提出申请，经审核批准发给执照后，方可开业经营，否则不能作为合法金融机构经营。重要审核标准一般包括：资金是否充足；从业人员任职资格；资本结构；经营管理的专业化程度等。合并规制主要对带来集中度显著提高和不合理竞争的金融业合并行为进行限制。

2. 业务范围规制

各国对金融机构的业务范围进行了严格的限制，特别是对银行的非银行业务予以不同的限制。在美国，美联储负责制定银行的贷款政策，并严格划分了商业银行和投资银行及银行业与证券业、保险业的界限；在法国，法兰西银行（中央银行）受命于国家信贷委员会对一定时期各银行贷款数量加以控制，并根据银行法对金融机构之间或者外汇业务实施严格的监管。

3. 资本充足率和存款准备金规制

各国金融监管机构都通过立法或其他形式，规定了金融机构资本的构成和充足率标准。《巴塞尔协议》规定，凡经营国际业务的金融机构，总资本与风险资本比率最低为8%，其中核心资本要占全部资本的50%。由于资本充足率与银行的准备金存在着内在的联系，各国金融监管机构都制定了存款准备金制度，合理规定和允许适时调整商业银行和其他金融机构上缴中央银行的存款准备金率，并确保银行的准备金是在充分考虑谨慎经营和真实评价业务质量的基础上提取的。

4. 金融市场利率规制

利率规制通常由中央银行依法规定基准利率及其浮动区间，各银行可根据实际情况灵活调整利率水平。

二、高新技术产业

高新技术产业从生产投资到最终成果转化需要较长时间，这一过程中的各个环节都存在着信息不对称问题；高新技术产业一般拥有某些技术的专利权或某项知识产品的知识产权，从而在一定时间内拥有垄断权和排他性使用权；高新技术产业均具有不同程度的技术外溢性，即外部性。上述特征，使得政府有必要对高新技术产业实施规制。

第一，信息不对称规制。信息不对称主要存在于两个方面：一是研究机构与企业之间缺乏通畅的信息通道；二是企业与孵化器之间信息不对称，出现孵化器选择不当和孵化企业选择不当现象。对于前者，政府部分主要是推动建立产、学、研合作机制。对于后者，政府一方面要建立企业与孵化器之间的中介评估机构，减少双方的信息不对称；另一方面要加快相关法律的制定，规范孵化器市场，确保双方信息的真实性。

第二，外部性规制。高新技术具有较强的外部性，如果不加以合理规制，保障高新技术企业的合理利益，则会影响到企业研发技术的积极性。政府一般会对高新技术创新者的专利权、专有权、收益权施加保护，以此激励高新技术的研发。政府还会通过提供相关公共产品和服务，如建立研发基础设施、提供智力保障等，来支持高新技术的研发活动。此外，政府还会对高新技术企业提供税收优惠、给予适当的财政补助，以扶持高新技术企业的发展。

第三，法律规制。法律规制是政府运用法律手段对被规制产业进行限制、约束和规范以及督促经济行为主体符合这些限制、约束和规范的行为和措施。为保障、扶持高新技术产业的发展，很多国家都制定了相关法律法规。如我国，制定了《中华人民共和国促进科技成果转化法》《中华人民共和国专利法》《中华人民共和国科学技术进步奖励条例》等法规。

三、美国地面运输①

美国铁路在发展初期处于自由放任状态，在1865年以后逐渐确立了在运输业中的垄断地位，成为“铁老大”，由此导致价格歧视盛行，贿赂丑闻不断，这使得社会要求对铁路进行规制的呼声日益高涨。从19世纪70年代开始，几个农业州开始实施对铁路

① 唐·E瓦尔德曼，伊丽莎白·J詹森. 产业组织：理论与实践［M］. 4版. 李宝伟，等译. 北京：中国人民大学出版社，2014.

进行限价等规制措施。接着规制范围扩大到全国，联邦政府在 1887 年颁布州际商业法，设立州际贸易委员会（ICC），开始对铁路进行规制。随后联邦政府继续加强对铁路的管制，于 1890 年通过谢尔曼反托拉斯法，1906 年通过 Hepburn 法，1910 年通过 Mann-Elkins 法，使得 ICC 的权力越来越大，对铁路公司的要求越来越严格。ICC 制定最高限价，终止认为不合适的铁路公司定价措施，直至取消公司自由定价权。

但自第二次世界大战后开始，美国铁路行业的地位不断下降，由于受到高速公路网络发展和航空业成长的冲击，铁路举步维艰，旅客英里数从 1940 年的 500 亿下降到 1960 年的 220 亿和 1975 年的 100 亿。到 1960 年，美国铁路行业陷入严重的财务危机之中，虽然 ICC 制定了相关扶持措施如鼓励兼并、允许减少服务等，但由于并未改变长期以来限制铁路降价等的规制政策，上述措施并未给铁路行业带来立竿见影的效果。在此情况下，铁路行业极力要求 ICC 放松规制。在铁路行业反规制的压力下，1976 年美国国会通过了《振兴铁路和改善干预法》，放松了对铁路的管制，包括：①提高了价格的灵活性；②加快了批准合并的速度；③加速了低运输量路线的关闭。但 1976 年的法律做得并不彻底，1980 年美国国会进一步颁布实施《斯塔克斯铁路法》，给予铁路更多补助，取消反托拉斯豁免条款，并允许更高的价格灵活性。

美国政府取消对铁路的规制，立即导致了铁路行业的经济行为的改变。首先，铁路取消了许多不盈利的路线，1975—1982 年其抛弃了 17.2%的运输里程。其次，铁路在具有比较优势的市场如大宗商品的运输市场提高价格，同时在竞争性的市场降低价格，1975 年到 1983 年间铁路价格降低了 17.5%。这样做的最终结果，是提高了铁路行业的经济效率，增加了铁路行业的利润。

四、美国航空业[①]

美国对航空业的规制始于 20 世纪 20 年代，当时由美国邮政管理局对航空业进行确定邮政运输里程和确定价格两方面的规制。1934 年，ICC 接管了对航空业邮政运输线路的规制权力，并设定了一个竞争性竞价系统来分配路线。此一竞争性竞价系统的运用，导致航空业展开激烈的价格竞争，以低于成本的价格以获得邮政运输。美国国会及时对这一情况做出了反应，于 1938 年通过了《民用航空法》（*Civil Aeronautics Act*）建立了民用航空局，1940 年民用航空局变为民用航空委员会（CAB）。到 20 世纪 80 年代初期 CAB 一直控制着航空业，实施严格的价格、进入和退出规制。

CAB 设定了获得目标投资回报率的价格，避免了价格竞争，使得各航空公司的价格变化趋于全面一致。只有当进入不损害现有承运公司利益时，进入才会被允许。持续承受经济损失而陷入危机的无效率公司会给予新的、有利可图的运输路线，以避免它们因倒闭而退出。上述规制措施，使得 1949 年至 1969 年期间，航空业的旅客英里数以平均每年 14%的速度增加，而每英里的平均价格却下降了 2%（考虑到通货膨胀的影响，实际价格下降了 22%）。但随着规制的深入实施，到 20 世纪 60 年代末期美国航空业遇到了严重的问题。首先，未受规制的州内路线的价格大大低于类似的受规制的州

① 唐·E 瓦尔德曼，伊丽莎白·J 詹森. 产业组织：理论与实践［M］. 4 版. 李宝伟，等译. 北京：中国人民大学出版社，2014.

际路线的价格，对受规制公司带来了竞争上的不利。其次，由于不能进行价格竞争，航空公司转而采取各种非价格竞争形式，包括增加航班频率、提高舒适度等。随着航空公司持续增加航班，飞机载客量出现下降，1969 年载客率只有 50.3%。低载客率增加了平均成本，降低了利润。

1976 年 CAB 开始进行取消规制的尝试——主要是放松价格规制，允许包机经营商在最小停留期的要求下降低提前购买机票的收费。1977 年，CAB 允许在一定的条件下主要的经营商降低“超级节省”（Super Saver）跨州际航班收费的 45%。当经济学家艾尔弗雷德·卡恩在 1977 年 6 月成为 CAB 主席时，他宣称他的目标是消除对收费和进入的所有规制，实际允许收费减少多达 70%。其后，通过主要航空公司的抗争，美国国会在 1978 年 10 月通过了《航空解除规制法》（Airline Deregulation Act，ADA）。DAD 在 1980 年 12 月结束了 CAB 规定航线的权力，1983 年 1 月结束了 CAB 确定收费的权力，1984 年完全废除了 CAB，并将其在反托拉斯和国际事务方面的剩余权力移交给了运输局（DOT）。

航空业规制的取消，产生了很多积极的影响，收费有所降低，航班数量增加，效率得到改善，负载量也增加了。但是也带来了问题，主要是行业集中度提高了。因为尽管取消了进入规制，但 DOT 也并没有阻止相当数量的反竞争的合并。近年来美国航空业发生了三起强强联手的合并：达美航空公司与西北航空公司在 2008 年合并；联合航空公司和大陆航空公司在 2010 年合并；西南航空公司与穿越航空公司在 2011 年合并。同时，反托拉斯机构和 DOT 还允许几大主要航空公司加入一系列的联盟和伙伴组织，并且反托拉斯机构在打击进入壁垒方面表现得也不积极。由此可见，航空业的规制与放松规制都在解决一些问题的同时，带来一些新问题，对航空业规制与放松规制的争论会一直持续下去，政策的实施也会一直摇摆下去。

思考题

1. 试举例阐述产业规制的作用。
2. 试阐述我国政府对电信行业的规制实践。

【推荐阅读书目】

1. 马云泽. 规制经济学［M］. 北京：经济管理出版社，2008.
2. 王雅莉，毕乐强. 公共规制经济学［M］. 北京：清华大学出版社，2011.
3. 丹尼尔·F 史普博. 管制与市场［M］. 余晖，等译. 上海：上海人民出版社，1999.

【参考文献】

1. 王俊豪. 政府管制经济学导论：基本理论及其在政府管制实践中的应用［M］. 北京：商务印书馆，2001.

2. 乔治·J斯蒂格勒. 产业组织和政府管制［M］. 潘振民，译. 上海：上海三联书店，上海人民出版社，1989.

3. 唐·E瓦尔德曼，伊丽莎白·J詹森. 产业组织：理论与实践［M］. 4版. 李宝伟，等译. 北京：中国人民大学出版社，2014.

4. LI WAY LEE. A theory of Just Regulation［J］. The American Economic Review，1908（5）：848-862.

5. LAFFONT J-J，J TIROLE. The Politics of Government Decision-making：a Theory of Regulatory Capture［J］. Quarterly Journal of Economics，1991，106（4）：1089-1127.

6. LAFFONT J-J，J TIROLE. A Theory of Incentives in Procurement and Regulation［J］. Cambri-dge：MIT Press，1993.

第四章　产业结构

本章对于产业经济理论的阐述从产业内部转到产业外部，分析产业之间的结构关系。产业结构是经济结构的重要组成部分，产业结构的合理水平直接决定着一国产业发展水平的高低，进而影响一个国家经济发展水平的高低。本章首先阐述产业结构演变的一般规律，然后探讨产业结构优化的理论，最后分析政府在对产业结构演变实施干预时如何选择主导产业。

第一节　产业结构的概念及演变规律

随着社会分工的深化，产业体系不断趋向复杂、庞大，使得产业之间的结构不断衍化。产业结构的演变会呈现出一定的规律性。

一、产业结构的含义

（一）含义

狭义的产业结构是指在社会再生产过程中，国民经济各产业之间的生产、技术、经济联系和数量比例关系，即产业间的比例关系及其变化形态。产业之间的生产、技术、经济联系，主要反映产业间相互依赖、相互制约的程度和方式。产业之间的数量比例关系，主要反映各类经济资源在产业间的配置情况，比如资金、劳动力在各产业之间的分布。产业间比例关系反映国民经济总产出在各产业间的分布情况，如一定时期内的总产值、总产量在各产业间的分布。广义的产业结构，包括产业的质态关系即狭义的产业结构、产业数量关系即产业联系、产业空间关系即产业布局、产业内部关系即产业组织。本课程中的产业结构，主要取狭义的产业结构概念。

（二）类型

随着产业结构的不断演变，不同地区、不同时期的产业结构状况是不一样的，按不同的标准产业结构可以划分成不同的类型。这里主要介绍按照三次产业构成划分的产业结构类型。

按照第一、第二、第三次产业在国民经济中所占的比重、所处的地位不同进行排序（排在前面的产业所占的比重越大，地位越重要），产业结构可以划分为 1、2、3 型（1、2、3 分别代表第一、第二和第三产业），2、1、3 型，2、3、1 型，1、3、2 型，3、1、2 型和 3、2、1 型六种不同的类型。用图形表示，分别为金字塔型、鼓型（橄榄型）、哑铃型（工字型）和倒金字塔型等四大类型。如图 4-1 所示。

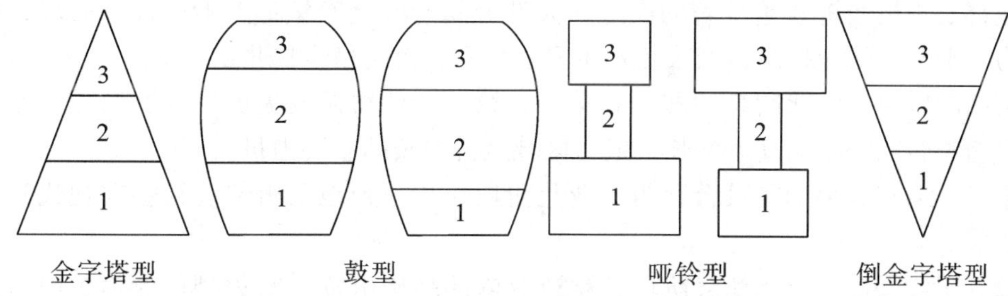

图 4-1 三次产业构成不同的产业结构类型

图 4-1 中，金字塔型结构是指 1、2、3 型产业结构，即第一次产业在国民经济中所占的比重最大、工业（主要是手工业）和服务业所占的比重很小、以第一次产业为主的产业结构。金字塔型产业结构是农业社会的典型产业结构。鼓型结构（橄榄型结构）包括 2、1、3 型和 2、3、1 型两种产业结构，是指第二次产业在国民经济中所占的比重最大、第一和第三次产业所占的比重比较小（又分第一次产业比重比第三次产业大、第一次产业比重比第三次产业小两种情况）、以第二次产业为主的产业结构。这是工业社会的产业结构。哑铃型（工字型）结构包括 1、3、2 型和 3、1、2 型产业结构，是指第二次产业在国民经济中所占的比重比较小，第一、第三次产业所占的比重比较大（又分第一次产业比重比第三次产业大、第一次产业比重比第三次产业小两种情况）的特殊型产业结构。这是部分发展中国家和地区在特定条件下形成的产业结构，如依赖资源出口和依赖旅游、工业比较落后的国家和地区。所谓倒金字塔型结构，是指 3、2、1 型产业结构，即第三次产业在国民经济中所占的比重最大、第二次产业次之、第三次产业最小、以服务业为主的产业结构。这是后工业社会或发达的工业化国家的产业结构。

二、产业结构演变的一般趋势

钱纳里通过对 34 个准工业国的经济发展进行的实证研究，发现这些国家和地区的工业化进程一般可以归纳为六个阶段：传统社会时期、工业化初期、工业化中期、工业化后期、后工业化社会时期和现代化社会阶段。上述程式化的工业化进程，主要由程式化的产业结构演变来推进的。这种程式化的产业结构演变，就是产业结构演变的一般趋势。

（一）工业化进程阶段

第一阶段是传统社会时期：产业结构以农业为主，绝大部分人口从事农业生产活动，没有或极少有现代化工业，生产力水平很低。

第二阶段是工业化初期阶段：产业结构由以落后农业为主的传统结构逐步向以现代化工业为主的工业化结构转变，工业中则以食品、烟草、采掘、建材等初级产品的生产为主。在这一阶段，开始走上工业化的发展道路，人民生活水平逐步提高。

第三阶段是工业化中期阶段：工业内部由轻工业的迅速增长转向重工业的迅速增

长，非农业劳动力开始占主体，第三产业迅速发展，这就是所谓的重化工业阶段。重化工业都是规模经济效益显著的产业，大部分属于资金密集型产业。此一阶段，社会生产力水平开始快速提高，城市化水平显著提升，市场稳步扩张。

第四阶段是工业化后期阶段：在第一、第二产业协调发展的同时，第三产业开始由平稳增长转入持续的高速增长，成为区域经济增长的主要力量。

第二、第三、第四阶段合称为工业化阶段，是一个地区由传统社会向现代社会过渡的阶段。

第五阶段是后工业化社会阶段：制造业内部结构由资本密集型产业为主向以技术密集型产业为主转换，同时生活方式现代化，高档耐用消费品得到推广普及。技术密集型产业的迅速发展，是这一阶段的主要特征。此一阶段，生产的专业化和社会分工已经广泛发展，企业可以在全世界范围内进行生产的组织活动。

第六阶段是现代化社会阶段：第三产业开始分化，知识密集型产业开始从服务业中分离出来，并占据主导地位，人们的消费呈现出多样性和多变性，人们开始追求个性。现代化社会是一个用知识和智能来满足个性发展的社会，投资的领域主要是知识密集型产业和现代化的生产、生活服务业。

（二）产业结构演变一般趋势

考察工业化进程中产业结构的演变，可以总结出其一般趋势。从三次产业内部看，产业结构的演变体现为从低级不断向高级发展的趋势。从产业发展的资源结构看，产业结构的演变经历了从以劳动密集型产业为主到以资本密集型产业为主，再到以技术知识密集型产业为主的演变历程。从产业发展的市场方向看，产业结构的演变经历了从封闭型到进口替代型，再到出口导向型，最后到全球化开放的演变历程。从产业结构演变的顺序看，产业结构的演变是从低级阶段不断向高级阶段发展的历程，前一阶段是后一阶段的基础，后一阶段是前一阶段的内在要求和自然逻辑。

三、产业结构演变规律

诸多研究，深入分析了经济发展过程中产业结构的演变现象，涌现出如下反映产业结构演变规律的理论。

（一）配第—克拉克定理

英国经济学家克拉克在分析了20个国家的各部门劳动投入和总产出的时间序列数据后，提出了有关经济发展中就业人口在三次产业中分布变化的配第—克拉克定理，反映了劳动力在三次产业中的分布规律。所谓配第—克拉克定理，是指：随着经济的发展、人均国民收入水平的提高，劳动力首先由第一产业向第二产业转移；当人均国民收入水平进一步提高时，劳动力便向第三产业转移；劳动力在产业间的分布状况为第一产业较少，第二、三产业较多。

克拉克认为，劳动力从第一产业转向第二、三产业，是由经济发展中各产业间出现收入（附加价值）的相对差异造成的。人们理性选择的结果，总是由低收入的产业向高收入的产业移动。人均收入水平越高的国家，第一产业劳动力在全部劳动力中所占的比重就越小，而第二、三产业中劳动力所占的比重就越大；反之，人均收入水平越低的国家，第一产业劳动力所占的比重相对越大，而第二、三产业劳动力所占比重相对越小。

（二）库兹涅茨法则

库兹涅茨在1971年由于其在研究产业结构理论方面的成就，获得了诺贝尔经济学奖。库兹涅茨在继承克拉克研究成果的基础上，研究了劳动力和国民收入在产业间分布结构演变的一般趋势。根据各产业相对国民收入（即比较劳动生产率，某产业的比较劳动生产率=该产业的国民收入的相对比重/该产业的劳动力的相对比重）的变化趋势，库兹涅茨在其1941年的著作《国民收入及其构成》中阐述了以下结论：

第一，农业部门实现的国民收入，随着年代的延续，在整个国民收入中的比重以及农业劳动力在总劳动力中的比重均不断下降。

第二，工业部门国民收入的相对比重大体上是上升的，但综合各国的情况看，工业部门中劳动力的相对比重是大体不变或略有上升。在工业内部，一些新兴产业部门增长最快，无论是收入相对比重还是劳动力相对比重都处于上升阶段。

第三，服务部门的劳动力相对比重呈现上升趋势，但国民收入的相对比重，却并不必然与劳动力的相对比重的上升趋势同步，综合起来看是大体不变或略有上升。

（三）霍夫曼定理

霍夫曼在其1931年出版的《工业化的阶段和类型》一书中，阐述了其对工业化演进规律的开拓性研究，尤其是详尽分析了工业化进程之中的重工业化问题。霍夫曼采集了近20个国家的时间序列数据，分析了消费工业和资本资料工业的比例关系，得出了著名的霍夫曼定理。

消费资料工业净产值与资本资料工业净产值之比为霍夫曼系数。霍夫曼定理表明，随着工业化进程的加深，霍夫曼系数是不断下降的。霍夫曼根据霍夫曼系数的变化趋势，把工业化的过程分成4个阶段，如表4-1所示。霍夫曼认为，在工业化的第一阶段，消费资料工业的生产占据着统治地位；在第二阶段，虽然消费资料工业生产的规模仍然远远大于资本资料工业，但就发展水平而言，资本资料工业开始加速；在工业化的第三阶段，资本资料工业在规模上已经与消费资料工业并驾齐驱了；到了第四阶段，资本资料工业的规模已经超过了消费资料工业。

表4-1　霍夫曼对工业化阶段的划分

工业化阶段	霍夫曼系数
第一阶段	5（±1）
第二阶段	2.5（±1）
第三阶段	1（±0.5）
第四阶段	1以下

资料来源：杨治. 产业经济学导论［M］. 北京：中国人民大学出版社，1985.

（四）罗斯托理论

罗斯托（Walt Whitman Rostow）是美国经济史学家、发展经济学先驱之一，其在1960年出版的《经济成长的阶段》一书中，提出人类社会发展共分为6个经济成长阶段，较好地解释了西方国家的经济发展历程。

第一，传统社会阶段。此阶段没有现代科学技术；资源过多配置在农业，而非工业，农业在国民经济中占绝对优势；生产力水平很低，人均实际收入仅够维持生存。

第二，起飞准备阶段。这是从传统社会阶段向起飞阶段转变的过渡阶段。此阶段，近代科学知识开始在工业生产和农业革命中发挥作用；金融业开始发展，并为新的投资提供资金；商业也随着交通运输业的改进而正在扩大。农业的发展具有基础性的作用，它既要提供更多的粮食来养活迅速增长的城市人口，又要为工业的发展提供资金积累和销售市场。

第三，起飞阶段。此阶段阻碍经济增长的问题得到解决，增长成为各部门的正常现象。农业劳动力逐渐从农业中解脱出来，进入城市，人均收入大大提高。实现起飞需要三个条件：①较高的积累率，即积累占国民收入的10%以上；②要有起飞的主导部门；③建立能保证起飞的制度，如建立能代替私人资本进行巨额投资的政府机构等。一国只要具备上述三个条件，经济就可实现起飞，一旦起飞经济就可以自动持续增长。起飞阶段大致为30年。

第四，成熟阶段。此阶段，经济中已经有效地吸收了当时技术的先进成果，并有能力生产自己想要生产的产品。新的主导部门逐步建立，代替旧的主导部门，国民收入中有10%~20%稳定地用于投资。一般来说，铁路建筑、钢铁工业以及大量使用钢铁的通用机械、采矿设备、化工设备、电力工业和造船工业等部门的发展，是一国经济“成熟”的标志。

第五，高额群众消费阶段。此阶段工业高度发达，经济的主导部门转向耐用消费品的生产，社会对高额耐用消费品的使用普遍化。技术工人和城市人口的比重比前阶段有一定提高，用来供社会福利和保障之用的一部分资源逐渐增大，人们的生活方式发生了较大变化。

第六，追求生活质量阶段。此阶段以服务业为代表的提高居民生活质量的有关部门成为主导部门。这些部门的特点是提供劳务，而非生产物质产品。居民追求时尚与个性，消费呈现出多样性和多变性，人类社会将不再只以物质产量的多少来衡量社会的成就，而还包括以劳务形式、环境状况、自我实现的程度所反映的“生活质量”的高低程度。

（五）主导产业转换规律

主导产业是在产业结构中处于主导地位，发挥对其他产业的引导和支撑作用，对国民经济增长贡献较大的产业。在不同的经济发展阶段，产业结构中的主导产业不同。

根据钱纳里的工业化[①]阶段理论，随着工业化进程的推进，产业结构中的主导产业转换会经历六个阶段。

第一阶段，是传统农业社会阶段，农业在国民经济中占据主导地位，制造业和服务业都很落后，产业结构是以农业为主的结构。

第二阶段，是工业化初期阶段。以纺织机、蒸汽机的发明和大规模应用为标志的第一次产业革命发生，工业化进程开始，轻纺工业（如食品、烟草）得到快速发展，重工业（主要是采掘业）和服务业也有一定程度的发展，农业比重减少，产业结构转变为以轻纺工业为主导的结构。这一时期的产业主要是以劳动密集型产业为主。

第三阶段，是工业化中期阶段。以内燃机、电力的发明和应用为主要标志的第二次产业革命发生，轻纺工业继续得到发展，以原材料、燃料、动力、交通运输等基础工业为主要内容的重工业加快发展，并取代轻纺工业成为主导产业，农业比重继续下降，产业结构转换成以重工业（主要是基础工业）为主的结构。此一阶段也就是所谓的重化工业阶段，产业大部分属于资本密集型产业。

第四阶段，是工业化后期阶段。以电子计算机、原子能、新材料、航空航天业发展为主要标志的第三次产业革命发生，飞机、汽车、精密机械、电子计算机、机器人制造、石油化工等加工制造业迅速发展，产业结构转换成以高加工度重工业为主的结构。技术密集型产业的迅速发展是这一时期的主要特征。

第五阶段，是后工业化社会阶段。在高加工度重工业趋向自动化、劳动生产率大幅度提高的同时，社会需求结构发生重大变化，高层次、多样化需求迅速增长，使得现代商业、金融保险、房地产、通信、物流、交通、旅游服务业在内的第三产业高速发展，取代工业成为主导产业，产业结构转换为以第三产业为主的结构。

第六阶段，是现代社会阶段。以信息产业为核心的高新技术产业快速发展，形成所谓的“第四产业”——知识密集型产业，信息产业成为国民经济的主导产业和支柱产业，社会由工业经济时代向知识经济、信息经济时代迈进，产业结构演变成以“第四产业”为主的结构。

◇**案例** 4.1

改革开放以来我国产业结构的演变

改革开放以来，我国产业结构经历了比较大的变化，如表 4-2 所示。从后面的分析可知，此段时期内我国三次产业之间的比例关系有了极大的改善，产业结构不断趋向合理化。

① 所谓工业化，是指工业在国民收入和劳动人口中所占的比重持续上升的过程。衡量工业化水平，一般运用工业化率（工业 GDP/总 GDP，或工业劳动力/总劳动力）、农业比重（农业 GDP/总 GDP，或农业劳动力/总劳动力）、人均收入水平（按照世界银行根据各国 2007 年的人均 GNI 划分标准，人均 GNI 在 935 美元以下为低收入国家，在 936~3 705 美元为中下等收入国家，在 3 706~11 455 美元为中上等收入国家，在 11 456 美元以上为高收入国家）等。

表 4-2　1978—2018 年部分年份中国的三次产业结构　　单位:%

年份	1978	1979	1980	1981	1982	1983	1984	1985
第一产业	28.19	21.27	30.17	31.88	33.39	33.18	32.13	28.44
第二产业	47.88	47.10	48.22	46.11	44.77	44.38	43.09	42.89
第三产业	23.94	21.63	21.60	22.01	21.85	22.44	24.78	28.67
年份	1990	1995	2005	2010	2011	2012	2013	2014
第一产业	27.12	19.96	12.12	10.10	10.12	9.10	8.90	8.70
第二产业	41.34	47.18	47.37	46.67	46.78	45.40	44.20	43.30
第三产业	31.54	32.86	40.51	43.24	43.10	45.50	46.90	48.0
年份	2015	2016	2017	2018	2019			
第一产业	8.40	8.10	7.60	7.20	7.10			
第二产业	41.10	40.10	40.50	40.70	39.0			
第三产业	50.50	51.80	51.90	52.2	53.90			

根据表 4-2 所列数据，我们可以将改革开放以来我国产业结构的演变划分为 3 个阶段。

1. 第二产业占主导的“二、一、三”阶段（1978—1984 年）

1978 年是中国改革开放的起始年，长期计划经济实施导致的我国产业结构的畸形状况，使得产业结构的调整升级成为亟待解决的主要问题。为此，政府采取一系列积极的经济政策并同步开展经济体制改革，取得了显著成效，产业结构逐渐优化。改革首先从农村展开，家庭联产承包责任制的推广解放了农村生产力，逐步放开农产品价格权限使得农民的劳动热情日益高涨。在各种有利条件的支持下，农业发展态势良好，农产值不断提高，其占 GDP 的比重到 1984 年达到 32.13%，相较改革开放之初有近 4 个百分点的提升。紧接着，我国在沿海地区开放 4 个经济特区以及 14 个沿海开放城市，进一步的开放空间给沿海地区的经济发展注入了较大活力，极大地刺激了人们的消费和投资需求，给区域产业布局平衡带来了积极影响。第三产业利用得天独厚的发展空间和发展条件形成高速发展的态势，其在 GDP 中的占比经历了短暂下滑后又快速回升、增长。由此可见，我国产业结构在改革开放时期得以有效调整，计划经济时代形成的“二、一、三”式产业结构得到改观。

2. 第三产业快速发展的“二、三、一”阶段（1985—2011 年）

改革开放政策的持续深入实施，为国民经济的稳步高质量发展创造了良好的条件。随着城市化进程加快，人们消费水平和消费质量明显提高，第三产业获得了巨大的发展空间，进入快速发展时期，其在 GDP 中的占比于 1985 年超过第一产业，成为国民经济的第二大支柱产业。此阶段，第二产业作为国民经济的主导产业的地位始终未发生变化，其增加值基本保持在 40%~50%，增长较为稳定，远远超过第一产业增长值。

3. 后工业化结构特征的“三、二、一”阶段（2012年至今）

进入2012年，我国经济形势呈现出“新常态”特征，中国劳动力市场供给逐渐减少和资本投入增长速度日趋放缓，传统发展动力不断减弱，粗放型的经济增长方式已经不合时宜。此时，我国必须依靠科技进步来打造发展新引擎，为新的经济增长点提供动力。产业结构由此进一步优化升级，进入第二个转折点。该阶段最为显著的特征是第三产业的急速发展，尤其在互联网等高新技术产业的带动下，第三产业对国民经济的影响力逐步扩大，占国内生产总值的比重持续上升，逐步实现对第二产业的超越。到2016年，三大产业增加值比重发生重要改变，第三产业占比持续走高，上升到51.8%，超过了第一产业和第二产业的总和。截至2019年年底，一、二产业占GDP的比重则呈现不同程度的下降趋势，占比仅为至7.10%和39.0%。由此，我国产业结构整体进入具有后工业化特征 的“三、二、一”阶段。

综合来看，改革开放以来我国的产业结构不断优化调整，产业结构沿着“二、一、三→二、三、一→三、二、一”的规律演进。改革开放初期释放了各行各业的生产积极性，三大产业均有较快的发展，第二产业发展速度尤为突出，产业结构由计划经济时期的以第一产业为主导演进为以第二产业为主导；随着改革的深入，经济体制由计划经济转型为市场经济，推动资源配置效率提高，产业结构逐渐调整为以第三产业为主导，产业结构得到进一步优化。

资料来源：种国双，段珺，高振，等.中国三大产业结构演进规律与发展趋势研究［J］.科学管理研究，2020，38（2）：84-90.

第二节　产业结构优化

经济的可持续发展，需要具有完善、科学的产业结构，实现产业结构的优化是经济发展的题中之义。但在经济发展的历程中，产业结构的演变虽具有一定的规律性，但并不必然会趋向优化，而是往往存在着这样或那样的结构问题。各国经济发展的历史已经表明，依靠市场机制的自发作用是很难单独实现产业结构的优化的。

一、产业结构优化的内涵

产业结构优化是指产业体系结构完整、配套协调，产业整体层次、发展水平较高，产业综合效益较好的产业结构状况。首先，产业结构优化是一个相对的概念，即在现有地理环境、资源条件、发展阶段、科技水平、人口规模、对外合作等环境与条件下，产业结构所能实现的一种最优状况，而不是产业结构水平的绝对高低。其次，产业结构优化是一个动态的概念，在不同的发展阶段和时点上有不同的优化要求、优化水平，因而产业结构优化总处在一个不断达到最优的过程之中。产业结构优化的实质，是指资源在各个产业之间实现优化配置与高效利用，推动产业整体协调、稳定和高效发展。

根据产业结构优化概念，产业结构优化的内容包括产业结构合理化、高级化和高效化[①]三个方面。产业结构合理表明各个产业之间的资源配置合理、优化，产业结构高级表明资源在各个产业部门内得到高效利用，产业结构高效化表明产业结构整体实现较好的效益，包括经济效益、社会效益、生态效益等。产业结构合理化、高级化和高效化之间存在紧密的内在关联：合理化、高级化是高效化的基础，产业结构只有实现了合理化、高级化才有可能达到高效化；高效化是合理化、高级化的结果和最终目的，高效化反过来会促进产业结构的合理化和高级化。因此，在产业结构优化过程中，政府应该把合理化、高级化和高效化有机结合起来，以产业合理化、高级化促进产业结构高效化，以产业结构高效化带动合理化、高级化。

产业机构的上述三个方面的内容分别有相应的衡量标准，并由此共同构成产业结构优化的评价体系。

二、产业结构合理化

（一）产业结构合理化的内涵

产业结构合理化是指资源在产业间配置合理，各产业发展协调配套，形成超越各产业能力之和的整体发展能力的产业结构状态。产业结构合理化同样是一个相对和动态的概念。从相对的角度说，产业结构的绝对合理是不可能的，只是在一定范围和条件下的相对合理。从动态的角度讲，随着经济社会发展水平的不断提升，产业结构合理化水平总处于一个不断提升的过程中，即由不合理向合理发展的过程。

总体上，产业结构合理化涉及三个方面的问题：一是供给结构和需求结构的相互适应问题，二是三次产业间以及各产业内部部门之间的协调问题，三是产业结构效应如何充分发挥的问题。社会供需结构越适应，产业之间的相互作用越是协调，产业结构的整体运行质量越高，产业结构就越合理。

（二）产业结构合理化的衡量方法

第一，比较法。比较法是指选定一个参照标准（国家或地区），通过比较来说明被衡量对象产业结构是否合理的方法。运用此方法，参照标准的选择十分关键。一般而言，我们应选择与被衡量对象大体情况相同、具有较强可比性的国家或地区作为参照物；同时，应选择较被衡量对象产业结构合理化化水平要高的国家或地区作为比较的参照对象。例如，发展中国家或地区产业结构合理化水平的衡量，主要是选择条件大体相同的发达国家或地区来进行对比分析，以此判断产业结构的合理化水平。

第二，影子价格法。所谓影子价格，是指每增加一单位稀缺资源所能增加的收益，即边际收益（边际产量）。这是通过线性规划方法对有限资源进行最合理分配时所得出的一种价格，反映某种资源合理利用的经济效果价格。如果经济系统中各产业利用同种资源的影子价格即边际收益（边际产量）相等，则说明该经济系统中的产业结构是合理的；反之，则不合理。

---

① 产业结构高效化的概念由惠宁在其主编的《产业经济学》（高等教育出版社，2012 年 12 月第 1 版）中第一次提出。

（三）产业结构合理化的评价指标

产业结构趋于合理化的标准是：能够充分有效地利用本国资源（自然资源、人力资源、物力资源、财力资源）以及技术资源和国际分工的好处；产业协调发展，实现国民经济各部门协调互动、社会扩大再生产顺利进行，使国民经济持续稳定增长；经济效益不断提高；社会需要得以满足。基于此，我们可以确定产业结构合理化的评价指标。

第一，自然资源利用状况指标：包括各种矿藏资源的开采率、水能的开发率、土地资源的利用率等。

第二，劳动力结构指标：主要是劳动力的产业结构、文化素质结构、职称技能结构等指标。

第三，结构效益指标。人们通常采用劳动力生产率指标、投入产出比率来说明产业结构的结构效益状况。

第四，满足社会需要的指标。这是评价产业结构合理化的关键指标，可以使用需求结构、各种需求满足程度指标来进行评价。

三、产业结构高级化

（一）产业结构高级化的内涵

产业结构高级化是指高加工度、高附加值与知识技术集约产业占据主体地位，产业整体发展水平较高的产业结构状态。产业结构的高级化，体现在几个方面：从三大产业发展的方向看，是由第一产业占优势向第二、第三产业占优势的方向演进；从产业的资源结构发展方向看，是由劳动密集型产业占优势依次向资本密集型、知识技术密集型产业占优势发展；从产品结构来看，是由初级产品占优势向中间产品、最终产品占优势方向发展。产业结构高级化同样是一个相对和动态的概念。

（二）产业结构高级化的标准

第一，高加工度化：是指产业结构由以加工程度较低的产业如资源型产业、原材料产业为主，发展成为以加工程度高、深的制造业为主的结构。

第二，高附加值化：是指附加价值更大的产业，在产业结构中占的比重较大、具有优势地位。

第三，技术集约化：是指产业结构的技术水平较高、技术密集型产业成为主导产业。

第四，知识化：是指知识越来越成为决定产业发展的最重要因素，生产和传播知识的产业在产业结构中越来越成为主导产业。

第五，服务化：是指服务业在国民经济中所占的比重较大，取代第二产业成为主导产业。

上述标准分别从五个方面衡量产业结构的高级化。一般而言，随着经济发展水平的提高，对于大的经济系统而言，产业结构会同时从这五个方面趋向高级化；但对于较小型的经济系统而言，产业结构可能不是全部而是在某一个或几个方面表现得更加明显。

（三）产业结构高级化的评价

本书主要介绍三种评价方法。

1. 标准结构法

库兹涅茨提出了经济发展不同阶段的产业“标准结构”，据此可以判断一国经济发展的阶段以及产业结构高级化的程度，此办法称为标准结构法。库兹涅茨的“标准结构”具体如表 4-3 所示。

表 4-3　产业发展的“标准结构”

—	1964 年币值的人均国民生产总值的基准水平/美元								
—	<100	100	200	300	400	500	800	1 000	>1 000
产值部门构成（部门产值占国内生产总值的比例）/%									
第一次产业	52.5	45.2	32.7	26.6	22.8	20.2	15.6	13.8	12.7
制造业	12.5	14.9	21.5	25.1	27.6	29.4	33.1	34.7	37.9
基础设施	5.3	6.1	7.2	7.9	8.5	8.9	9.8	10.2	10.9
服务业	30.0	33.8	38.5	40.3	41.1	41.5	41.6	41.3	38.6
劳动力部门构成/%									
初级产业	71.2	65.8	55.7	48.9	43.8	39.5	30.0	25.2	15.9
制造业	7.8	9.1	16.4	20.6	23.5	25.8	30.3	32.5	36.8
服务业	21.0	25.1	27.9	30.4	32.7	34.7	39.6	42.3	47.3

资料来源：周振华. 产业结构优化论［M］. 上海：上海人民出版社，1992.

2. 相似系数法

相似系数法是以某一参照国的产业结构为标准，通过相似系数的计算，将本国的产业结构与参照国产业结构进行比较，以确定本国产业结构高度化程度的一种方法。

设 A 是被比较的产业结构，B 是参照系，X_{Ai}、X_{Bi} 分别是产业 i 在 A 和 B 中的比重，则产业结构 A 和参照系 B 之间的结构相似系数 S_{AB} 为

$$S_{AB} = \frac{\left(\sum_{i=1}^{n} X_{Ai} X_{Bi}\right)}{\left(\sum_{i=1}^{n} X_{Ai}^2 X_{Bi}^2\right)}$$

我国曾有学者利用相似系数法，以日本为参照系，对我国的产业结构高度化进行估计，认为中国 1992 年产业结构中的劳动力结构与日本 1930 年的结构高度相似（相似系数达到 0.984 6），1989 年的产值结构与日本 1925 年的水平基本相等（相似系数为 0.926 8）①。

3. 高新技术产业比重法②

在工业内部衡量产业结构高度化程度，我们可以用高新技术产业比重法。因为产

① 刘伟. 工业化进程中的产业结构研究［M］. 北京：中国人民大学出版社，1995.

② 惠宁. 产业经济学［M］. 北京：高等教育出版社，2012.

业结构高度化的过程，也是传统产业比重不断降低、高新技术产业比重不断提升的过程。我们通过计算和比较不同年代高新技术产业（产值、销售收入等）在全部工业中的比重，可以衡量产业结构高度化的程度。发展中国家也可以以发达国家为参照物，通过比较高新技术产业比重来评价发展中国家产业结构高度化的水平和与发达国家的差距。

四、产业结构高效化

（一）产业结构高效化的内涵

产业结构高效化是指实现良好宏观效益包括宏观经济效益、社会效益、生态效益等的产业结构状态。良好的经济效益，要求产业结构系统以最小的投入，获得尽可能大的产出；良好的社会效益，要求产业结构系统有利于推进就业、税收等民生事业，并有利于收入的公平分配；良好的生态效益，要求产业结构系统实现与人口、资源、环境的良性循环。产业结构优化的最终目标是实现产业结构高效化，产业结构合理化和高级化可以看作是实现产业结构高效化的基础与途径。产业结构合理了，虽然有利于提高产业结构效益，但不一定能实现高效化；产业结构达到高级化了，也不一定能实现高效化，比如一些发达国家由于竞争力的衰退，虽然产业结构高级化了但也没能带来良好的经济效益。因此，产业结构合理化、高级化是高效化的必要条件，而非充分条件。

（二）产业结构高效化的评价

评价产业结构高效化一般有下述两种方法，或单独或两者结合使用。

1. 横向比较法

横向比较法是指在相同的技术经济水平条件下（比如相同的人均国民收入），通过比较不同国家之间的相关宏观效益指标（如资金利税率、劳动生产率、就业弹性系数、能源消耗强度等），来判断一个国家或地区产业结构高效化的相对水平。

2. 纵向比较法

纵向比较法是指对同一国家在不同发展阶段下产业结构效率水平的比较。例如，可以分别求出人均国民收入 1 000 元、3 000 元、10 000 元时的产业结构效率水平（如资金利税率、劳动生产率、就业弹性系数、能源消耗强度等），通过比较不同时期产业结构效率水平的变化，来衡量产业结构高效化的程度。

五、产业结构成长模式

在市场经济和政府干预双重力量的作用下，产业结构不断朝着优化目标演进、成长。产业结构的成长模式，主要分为均衡发展模式、非均衡发展模式、产品循环发展模式、雁行发展模式。

（一）均衡发展模式

均衡发展模式认为，经济的发展和投资的流向应使各产业保持平衡，不能因某一产业的停滞而阻碍其他产业的发展，因而，各产业应同时进行大规模的投资，使产业得到全面发展，从而使产业结构实现均衡的成长。均衡发展模式有两种代表性理论：

罗森斯坦·罗丹的大推进理论和纳克斯的贫困恶性循环理论。

1. 大推进理论

罗森斯坦·罗丹在 1943 年发表的《东欧和东南欧国家的工业化问题》一文中指出，发展中国家要从根本上解决贫穷与落后的问题，关键在于实现国家的工业化，而实现工业化的首要障碍是资本形成不足。在资本形成的过程中，由于资本的供给、储蓄和市场需求具有“不可分性”[①]，小规模的、个别部门的投资不能从根本上解决问题，必须对各个工业部门进行大规模投资，实行“大推进”式的经济发展战略，使各个工业部门一起发展，才能保证形成各工业部门的产品相互依赖、互为市场的局面，克服“不可分性”，最终取得工业化的成功。并且，在进行投资时应按同一投资率投向各个工业部门，只有这样才能避免某些部门发展过快、某些部门发展滞后导致的供给大于需求的情况，以此保证各部门之间的发展协调和平衡。“这意味着现有资源应……均等地分配于一切工业，以便实现投资的最优格局。”[②]

2. 贫困恶性循环理论

纳克斯在 1957 年出版的《欠发达国家的资本形成问题》一书中，认为发展中国家之所以不易摆脱贫穷的原因在于陷入了一个恶性循环的圈子：一方面，从供给的角度看，低收入导致了低储蓄，而低储蓄引起了资金的短缺，资本的短缺又造成只能发展生产率不高的产业，而这样的产业发展带来的又只能是较低的收入；另一方面，从需求的角度看，低收入使人们的购买力十分有限，而有限的购买力又使得投资引诱不足、资本数量过小，从而导致生产率低下，最终的结果又回到了较低的收入。要突破这一困境，政府只有对国民经济各部门进行大量投资，使经济增长率迅速地上升到一定高度，这样，才能形成广大而充足的市场，产生足够的投资刺激，为投资规模的进一步扩大，经济的进一步增长创造条件。

不过，虽然纳克斯主张同时全面投资和发展一切部门，但并不认为各部门都要按同一比率发展，而主张按不同的比率来投资和发展各部门。如何确定这一比率呢？纳克斯认为，应该以各部门产品的需求价格弹性和收入弹性的大小作为确定其投资比率的依据。需求和收入弹性大的部门投资的比率应较大，因为需求和收入弹性大表示这个部门发展不足，是经济发展中的瓶颈，但生产的扩大却有潜力，对这种部门多投资不仅投资回报高，重要的是能消除发展的瓶颈，以获得经济的协调发展，实现供求均衡。

（二）非均衡发展模式

非均衡发展模式的主要理论思想是：由于资金短缺等方面的原因，发展中国家不可能对所有的产业部门进行投资，而应当选择合适的重点产业进行投资，然后通过关

① 资本供给的不可分性：资本供给特别是基础设施的资本供给必须要有一个最小规模才能形成生产能力，否则资本就不能大规模和实际形成。储蓄的不可分性：储蓄不是随收入增长而增长，发展规模必须大到足以保证收入增长超过一定限度，否则储蓄将不够充分。需求的不可分性：必须广泛、大规模地在各部门各行业投资，才能使各部门同时发展和相互吸收、互为市场，使各部门产品都有有效需求。

② ROSENSTEIN RODAN. Problems of industrialization of Eastern and South - Eastern Europe [J]. Economic Journal, 1943, 53: 202-211.

联效应和诱发性投资等作用，带动其他产业发展，最后达到经济发展和产业结构升级的目标。非均衡发展模式包括两种代表性理论：赫希曼的理论和罗斯托的理论。

1. 赫希曼的非均衡发展理论

赫希曼在1958年出版的《经济发展战略》中提出：发展中国家应当集中有限的资源，首先发展一部分重点产业，然后以此为动力，逐步扩大对其他产业的投资，带动其他产业的发展。赫希曼认为，“诱发性投资最大化”是选择重点产业的一个重要基准，投资的“有效顺序”是按照各备选产业的“诱发投资”大小进行。同时，由于“直接生产活动”的“诱发投资”相对更大，发展中国家在选择投资的“有效顺序”时，应首先投资于“直接生产活动”产业，而非一些服务业、基础性产业。而在众多的“直接生产活动”产业中，发展中国家又可以按照产业关联效应的大小来确定产业投资的顺序。因为产业无论是后向关联还是前向关联，都能诱发投资。

2. 罗斯托的非均衡发展理论

罗斯托关于非平衡发展的理论，与其主导产业的理论相关联。罗斯托认为，“近代经济增长实质上是一个部门增长的过程”，就是充当“领头羊”的主导产业部门首先获得增长，再通过回顾影响、旁侧影响和前向影响，对其他产业部门施加诱发作用，以此带动整个经济的增长和产业结构的优化。因此，发展中国家应该首先扶持主导产业率先成长，使主导产业在整个产业结构系统中占据优势地位。

对发展中国家而言，其是采取均衡发展模式还是非均衡发展模式，在20世纪50年代曾引起理论界的激烈争论。从现实的情况看，发展中国家在发展的初期，还是适宜采取非均衡发展模式，以此实现发展的突破，尽管由此会带来产业结构的不合理问题。但是，发展中国家在渡过起飞阶段之后，就应该有意识地采取均衡发展模式，以此促进产业结构实现优化目标。

（三）产品循环发展模式

产品循环发展模式描述的是欧美工业发达国家的产业发展模式，由美国经济学家雷蒙德·弗农（Raymond Vernon）1966年在其《产品周期中的国际投资与国际贸易》一文中提出。产品的生命周期，分为“导入期”“成熟期”和“标准化期”。一些工业先行国家率先对新产品进行开发和生产，进入产品“导入期”，占领国内市场。随着生产规模的扩大和生产技术的成熟，该产品逐渐进入“成熟期”。此时，国内市场趋于饱和，产品逐渐向国际市场销售，出口到工业后发国家。随着技术的不断扩散，竞争越来越激烈，工业先行国家为了维持在国外的市场份额，开始从出口产品转向出口技术，在工业后发国家就地进行生产（通过建立独资或合资企业），发挥本地化优势进行销售。当该产品从“成熟期”进入“标准化期”后，由于在国外生产该产品具有显著的成本优势，工业先行国家就逐步放弃在国内的生产，转而从工业后发国家进口产品来满足本国需求，自己则研制更新和更高技术的产品，进入新一轮的产品循环。就这样，通过一轮又一轮的产品循环，工业先行国家的产品不断升级，推动产业结构不断高级化、高效化，最终实现优化目标。

（四）雁行发展模式

雁行发展模式揭示了工业后发国家通过参与国际分工实现产业结构升级的路径。

20 世纪 60 年代日本经济学家赤松要考察了日本棉纺工业贸易的发展轨迹后提出了该理论，然后经小岛清、山泽逸平等人对日本纺织工业、钢铁工业和汽车工业的研究，对该理论进行了验证和拓展。

由于工业起步较晚，后发国家对一些工业产品的需求不得不依赖进口解决，这是第一个阶段；然后，后发国家开始引进技术和设备自己进行产品的生产，在国内形成新的产业，通过产品国产化替代进口，这是第二个阶段；随着对引进技术的消化、吸收和再创新，后发国家该产品的生产质量不断得到提高、产品成本不断下降（基于后发国家的廉价劳动力或资源优势），市场竞争力提高，最终得以出口到国际市场，这是第三个阶段。后发国家正是通过上述进口、国内生产和出口三个阶段，实现了新产业的形成、成长和成熟。最终，通过一轮一轮的上述过程循环，后发国家的产业依次发展成熟，从而推动产业结构不断升级和优化。由于上述“进口→国内生产→出口”三个阶段，就像三只展翅飞翔的大雁，故被称为产业结构雁行发展模式，如图 4-2 所示。小岛清和山泽逸平进一步对雁行理论进行了拓展，提出“引进→进口→替代→出口→产业成熟→逆进口”六个发展阶段，更加全面地诠释了工业后发国家这一产业结构升级之路。

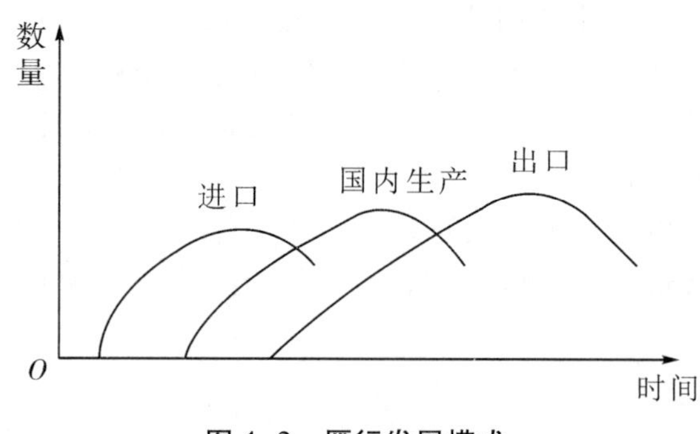

图 4-2　雁行发展模式

本质上，产品循环发展模式、雁型发展模式也属于产业结构成长的非均衡发展模式。

第三节　主导产业的选择

对国民经济发展起举足轻重作用的主导产业，其形成既是一个市场经济自发作用的过程，也是一个政府干预的过程。特别是对于实施追赶型发展战略的发展中国家而言，主导产业的产生是一个在政府精心选择的基础上加以大力扶持发展的结果。对于主导产业及其选择理论的研究，罗斯托发挥了先驱者的作用。

一、主导产业与产业发展

（一）主导产业的特征

主导产业具有四个典型特征：第一，技术先进，引入了新技术，或获得了创新性成果；第二，高成长率，具有大大超过国民经济总增长率的持续高增长速度；第三，拥有巨大的市场潜力和光明的发展前景；第四，显著的关联带动效应，对其他产业具有极大的引导和带动作用。

（二）主导产业与产业发展

主导产业与其他产业之间存在着密切的技术经济联系，主导产业具有对其他产业强烈的引导和带动作用，同时也受到其他产业的影响，彼此相互促进、相互影响、相互制约。主导产业的性质和发展水平，决定着整个产业体系的性质和发展水平；主导产业的变化发展，决定着整个产业体系的变化发展，进而影响着国民经济的总体发展；主导产业的发展，离不开产业结构体系中其他产业的支持，其必须与其他产业部门保持协调发展。

主导产业对经济发展和其他产业的引导和带动作用，主要通过其带动和扩散效应实现的。主导产业的带动和扩散效应，包括三方面内容：一是回顾效应，即主导部门的增长对那些向自己供应投入品的供应部门产生的影响；二是前向效应，即主导部门的增长对新技术、新产业产生的诱导作用影响；三是旁侧效应，即主导产业的增长对地区经济社会发展的影响、对其他产业引起的一系列变革的影响。图 4-3 揭示了汽车工业的扩散效应。

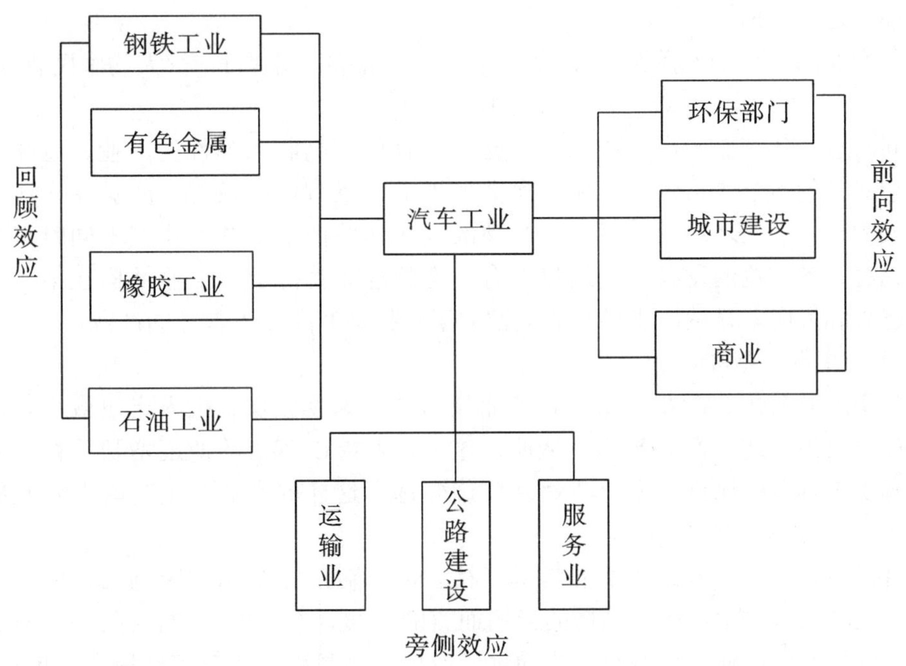

图 4-3　汽车工业的扩散效应

二、主导产业的选择基准

选准主导产业，对于促进产业升级和结构优化，保障经济稳定持续增长，实现经济发展战略目标具有十分重要的意义。科学选择主导产业，应坚持下述基准。

（一）赫希曼基准

赫希曼在其专著《经济发展战略》中，依据投入产出的基本原理，对产业间关联度与工业化的关系做了深入研究。他认为对资本相对不足和国内市场相对狭小的发展中国家而言，应当优先发展后向关联度较高的最终产品产业，并提出了依据后向联系水平确定主导产业的基准。其理由是：①在发展中国家经济不发达，资本投资能力差，产业间相互依存度低的情况下，必须采取不均衡发展战略；②前向关联不能独立形成发展的诱导机能，后向关联的效果则要强得多，因此在初级产品、中间产品产业未充分发展的情况下，优先建立从国外进口原件进行组装的最终产品加工业，既可以积累资本，又可以对其他产业产生关联诱发作用，为中间产品制造业规模经济的发展提供市场需求。现实中，很多国家的工业化正是从发展“最后加工”阶段开始的，继而从事中间产品制造，最后发展基本原料工业。

（二）筱原基准

日本产业经济学家筱原三代平在20世纪50年代中期为日本规划产业结构时，提出了规划日本产业结构的两个基准：收入弹性基准和生产率上升基准。

1. 收入弹性基准

产品收入弹性是指在价格不变的前提下，产业的产品需求的增加率和人均国民收入的增加率之比。即：

某一产业的产品收入弹性系数=某一产业的产品的需求增长率/人均国民收入的增加率

不同时点，各产业的产品收入弹性是不一样的。高收入弹性的产业，意味着该时点上社会对其的需求增长较快，从而产业发展的前景和空间较好，能够在产业结构中占据更大的比重。反之则反。因此，产品的收入弹性揭示了各产业在不同时点上的发展变化趋势，各产业的发展变化趋势综合，也就意味着揭示了工业结构在某一时点上变化的趋势和方向。显然，主导产业应偏向于选择高产品收入弹性的产业。

2. 生产率上升基准

生产率上升较快的产业，意味着产业技术进步速度较快，投入产出效率较高，因而需要社会资源向这个产业转移。从而，这个产业能以较快的速度增长，在产业结构中会占有越来越大的比重。主导产业需要优先选择这样的产业，生产率上升基准是主导产业选择的另一个重要基准。

综合而言，产品收入弹性基准是基于社会需求对产业结构的影响而言的，生产率上升基准是从社会供给对产业结构的影响而言的，两者不是孤立的，存在着内在联系。产品收入弹性高的产业，需要有较快的生产率增长为基础，才能实现快速发展；同样，生产率上升速度快的产业，需要有较高的产品收入弹性即较快的市场需求增长为基础，才能实现快速发展。因此，高产品收入弹性和高生产率上升速度并重，才能使产业实现快速增长成为可能。一般情况下，两个基准往往结合使用，共同构成主导产业选择的依据。

（三）过密环境基准和丰富劳动内容基准

此标准是日本产业结构审议会在20世纪70年代提出来的。过密环境基准要求选择能满足提高能源的利用效率、强化社会福利和改善公共服务的能力，并具有扩充社会资本能力的产业作为主导产业。其出发点是实现经济发展与社会利益之间的协调。丰富劳动内容基准要求在选择主导产业时，要考虑到发展能为劳动者提供舒适安全和稳定的劳动场所的产业。其出发点是认识到经济发展的最终目的是提高社会成员的满足度，是促进人的全面发展。

（四）动态比较优势标准

各国由于资源禀赋和经济发展状况的不同，具有不同的比较优势。而且随着经济发展阶段的不同和对资源禀赋的开发利用，比较优势是动态地变化的。经济学理论已经指出，各国需要发展能充分利用本国比较优势的产业，才能实现产业的快速持续发展。主导产业的选择也应坚持这一原则，尽可能选择更能发挥本国比较优势的产业，并且随着比较优势的变化进行调整。

（五）短缺替代弹性基准、增长后劲基准和“瓶颈效应”基准

根据中国的主导产业选择与发展实际情况，学者周振华提出了适合发展中国家选择主导产业的三个标准。第一，短缺替代弹性基准，即重点选择和扶植那些短缺情况下需求替代弹性小（需求替代的灵活度小）的产业，也就是无法替代的短缺性产业，以满足社会最迫切而又必不可少的需求。第二，增长后劲基准，即重点选择和支持那些对整个产业体系的发展具有深刻和长远影响的产业，也就是增长潜力大、后劲足的产业，以保持整个经济的持续稳定的增长后劲。第三，“瓶颈效应”基准，即重点选择和发展那些“瓶颈效应”大的产业，也就是其短缺影响整个国民经济发展的产业，以减少因“瓶颈”而造成的妨碍效应。

◇ **案例**4.2

大湘西地区主导产业选择与评价

近年来，湖南省经济发展逐步形成了四大区域经济板块——长株潭、洞庭湖、大湘南、大湘西。其中，大湘西是一个相对独立的地理单元，地形地貌相似，地缘关系紧密，人文习俗相近，发展水平相当，是在自然环境和社会发展特征方面具有较强同一性的多民族省际边界区域。大湘西地区包括邵阳市、张家界市、怀化市、娄底市及湘西自治州。近年来，尽管大湘西地区经济总量不断提升，产业结构不断调整，但仍存在着工业薄弱，服务业质量不高，农产品特色不突出等问题。具体情况是：①产业结构不合理，工业实力较弱。2016年大湘西地区第二产业（二产）的生产总值为2 030.03亿元，仅占湖南省二产生产总值的15.40%；规模以上工业企业数为2 934个，接近长株潭地区的55.75%，但其生产总值为仅为长株潭地区的28.73%，全省的12.9%。大湘西地区的二产基础比较薄弱，且比重逐年下降，产业结构不合理。②旅游业基础设施配套仍不完善，未形成全域旅游。③特色种养未形成具有竞争力的产业链。该区域农畜产品丰富，如水果和奶类产量分别占全省38.16%和61.36%。由于区域内

特色种养以初级产品为主，易受自然灾害影响，且位于山地、丘陵地区，无法大规模实施机械化，加上交通不便，物流滞后导致销售成本高，未能形成具有竞争能力的产业链。上述问题的根源，与大湘西地理位置、经济基础、生产要素等密切相关，但更为重要的是，与主导产业的选择有关。根据罗斯托的阐述，只有少数同时兼备创新和较强扩散效应的高增长产业才能成为主导产业。为利于今后大湘西地区的快速发展，其需要选择好主导产业。

根据大湘西地区的实际，以 2017 年产业产值在 GDP 的占比大于 10%作为选择阈值，则特色种养业（14.17%）、工业（30%）、旅游业（33.38%）、商贸流通业（13.63%）为其主导产业，且各产业产值之和占 GDP 的 91.19%。因此，其可以选择特色种养业、工业、旅游业和商贸流通业作为大湘西地区的主导产业代表。其中，工业属二产，旅游业、商贸流通同属第三产业（三产），特色种养业属第一产业（一产）。接下来，我们运用 TOPSIS 方法——多准则决策方法①，计算 4 个主导产业的接近度，对 4 个主导产业的选择进行综合评价。

此处，TOPSIS 方法选择的准则可确定为 5 个：区位商基准、增长量基准、生产率上升基准（具体可操作指标为人均产出）、技术密集度基准和丰富劳动内容基准（具体可操作指标为就业带动力）。考虑到各准则的重要性程度不同，通过专家打分，区位商②、增长量③、人均产出、技术密集度和就业带动力的指标权重分别为 0.20、0.15、0.30、0.25、0.10。运用 TOPSIS 方法，计算出 4 个主导产业的接近度数值如表 4-4 所示。

表 4-4　运用 TOPSIS 方法的大湘西地区 4 个主导产业综合评价结果

主导产业	工业	旅游业	特种种养业	商贸流通业
接近度	0.75	0.66	0.60	0.44

据此，我们可以选择大湘西主导产业发展序列，为工业、旅游业、特色种养业、商贸流通业。第一，工业作是主导产业的第一选择（接近度为 0.75）。尽管大湘西地区工业发展水平低于全省水平，发展质量不高，发展基础相对薄弱，但大湘西地区拥有大量特色的农副产品、中药材、有色金属资源等，应在创新、协调、绿色、开放和共享的发展理念指引下，依托当地资源禀赋发展工业，大力培育壮大区域特色工业，改造升级区域传统工业，大幅提升大湘西地区经济发展质量和水平。第二，旅游业是主

① TOPSIS（Technique for Order Preference by Similarity to Ideal Solution）是一种多准则决策方法。其基本思路是定义决策问题的理想方案和负理想方案，然后计算可行方案到理想方案的接近度。理想方案一般是最佳方案，它所对应的各准则至少达到各方案中的最好值；负理想方案是最差方案，其对应的各准则至少不优于各个方案中的最劣值。该方法是把实际可行方案和理想方案与负理想方案作比较，若某个可行方案最靠近理想方案，同时又最远离负理想方案，则此方案是方案集的满意方案。

② 区位商是某一个地区某种产业生产产值在该地区所有产业产值中所占的比重与高一层级区域内该产业产值占高一层级区域内所有产业该指标的比重之比。利用区位商可以排除区域规模差异因素，有助于找到区域内优势产业，能精确地反映出地理要素的空间分布、主导产业的专业化程度、主导产业的作用及其变化特点。

③ 增长量为运用偏离—份额方法计算所得。偏离—份额方法用来解释区域经济发展和衰退的原因，评价区域经济结构与自身竞争力，是区域内优势产业的一种评价方法。可参阅相关资料。

导产业的第二选择（接近度为0.66）。大湘西旅游业具有天然地理优势，其经济规模已位居各产业之首，对区域经济发展贡献较大，且旅游业的发展还能带动建筑、商贸流通和金融的繁荣与壮大，因此应作为大湘西主导产业的第二选择。第三，特色种养是第三选择（接近度为0.60）。大湘西地区的粮食、水果、肉类和奶类等特色种养业，位居湖南四大区域的前三，特色种养业对大湘西地区经济发展具有不可替代的作用。第四，商贸流通业作为第四选择（接近度为0.44）。得益于交通的快速发展，大湘西的商贸流通业规模逐步扩大，对拉动区域经济持续健康发展发挥了基础支撑作用，可将其作为主导产业的第四选择。

资料来源：周向红，周震虹，高阳．大湘西地区主导产业评价与选择研究［J］．经济地理，2020，40（7）：133-142.

【案例讨论】

大湘西地区的主导产业选择与评价，对于我国主导产业的选择有何启示？

思考题

1．收集相关资料，分析某地区的产业结构演变是否与配第—克拉克定理、库兹涅茨法则、霍夫曼定理以及主导产业转换规律相吻合？

2．试分析现阶段我国的产业结构是否实现了优化？

3．试阐述改革开放以来我国的主导产业选择历程。

【推荐阅读书目】

1．赫希曼．经济发展战略［M］．曹征海，潘照东，译．成都：四川人民出版社，1998.

2．纳克斯．欠发达国家的资本形成问题［M］．牛津：牛津大学出版社，1953.

3．罗森斯坦·罗丹．东欧和东南欧国家的工业化问题［J］．经济学杂志，1943（6-9）.

【参考资料】

1．惠宁．产业经济学［M］．北京：高等教育出版社，2012.

2．刘伟．工业化进程中的产业结构研究［M］．北京：中国人民大学出版社，1995.

3．刘树林．产业经济学［M］．北京：清华大学出版社，2012.

4．周振华．产业结构优化论［M］．上海：上海人民出版社，1992.

5．张锐，郭涛．日本主导产业演进及其对我国主导产业选择的启示［J］．当代经济，2005（11）：26-27.

6．中国网，http:china.com.cn，2008年11月18日.

第五章　产业布局与集群

广义的产业结构包括产业的空间结构，即产业在地域空间上的分布结构。产业的空间结构是产业布局的结果，产业布局理论是产业结构理论的重要组成部分。合理的产业布局，有助于改善产业结构和产业关联状况。产业集群（industry cluster）是一种典型的产业布局形式，推动产业集聚发展，是产业布局的主要取向。

第一节　产业布局

本节主要阐述产业布局的基本理论，产业布局理论是研究产业空间分布规律的理论。

一、产业布局的内涵

产业布局是指产业在一定地域空间上的分布与组合。具体而言，产业布局是通过市场机制和政府干预的作用，推动产业发展要素在地域空间上的优化分布、合理组合，形成产业体系互促互动、协调配套、持续高效发展的良性格局。产业布局的概念有狭义和广义之分[①]。狭义的产业布局是指工业布局，广义的产业布局是指包括农业、工业、服务业在内的所有产业在地域空间上的分布与组合。

产业布局的内涵可以从两方面进行考察。一方面，是从纵向和横向的角度进行考察：从纵向看，产业布局是指同一产业发展要素、价值环节在各地区的配置与关联；从横向看，产业布局是指聚集于同一地域空间的各产业发展要素、价值环节的关联与组合。另一方面，是从静态与动态的角度进行考察：从静态方面看，产业布局是指一定时期内产业发展要素在一定地域空间内的分布状态；从动态方面看，产业布局是指产业发展要素在空间上的不断调整的过程，主要是政府对产业在空间上的规划、部署、协调和组织[②]。

产业布局的实质，是确定资源的空间分布。产业布局合理与否，决定着资源能否实现地理空间上的优化配置与高效利用，也决定了国民经济能否实现协调持续发展。

---

① 简新华，杨艳琳. 产业经济学［M］. 武汉：武汉大学出版社，2009.

② 江曼琪. 城市空间结构优化的经济分析［M］. 北京：人民出版社，2001.

二、产业布局的理论基础

产业布局理论在欧洲被称为经济区位理论（Economic Locational Theory）或空间经济学（Spatial Economics），在日本被称为国土规划和立地论，在苏联被称为生产力配置学。区位理论是产业布局的核心理论基础，其发展经历了古典区位论、近代区位论和现代区位论三个阶段。

（一）古典区位论

古典区位论主要指德国经济学家杜能（Johann Heinrich Vhunen）在1826年提出的农业区位论以及韦伯（Alfred Weber）在1909年提出的工业区位论。

1. 农业区位论

杜能于1826年出版了《孤立国同农业和国民经济之关系》一书，首次系统地阐述了农业区位理论的思想，奠定了农业区位理论的基础。杜能农业区位理论是19世纪德国（普鲁士）特殊社会经济背景下的产物。19世纪初普鲁士进行了农业制度改革，取缔了所有依附于土地所有者的隶属关系，所有的国民都可拥有动产，并可自由分割及买卖，农民在法律上成了自由农民。这次农业制度改革，取消了贵族阶级的许多特权，但也促使贵族成为大的土地所有者和独立的农业企业家。同时，大量获得了人身自由的农民成为能够自由出卖劳动力的农业劳动者。于是，出现了由农业企业家和农业劳动者构成的农业企业式经营。杜能的“孤立国”正是试图解释企业型农业时代的农业生产方式问题。

在构建其农业区位理论体系时，杜能采用科学抽象法，设定了“孤立国”这样一个假想空间。这种假想的“孤立国”，有六个假定条件：第一，肥沃的平原中央只有一个城市；第二，不存在可用于航运的河流与运河，马车是唯一的交通工具；第三，土质条件一样，任何地点都可以耕作；第四，距城市50英里之外是荒野，与其他地区隔绝；第五，人工产品供应只来源于中央城市，而城市的食品供应则只来源于周围平原；第六，矿山和食盐坑都在城市附近。在上述假定条件下，“孤立国”的农业生产需要解决两个问题：第一，在这样一种关系下，农业将呈现怎样的状态；第二，合理经营农业时，距离城市的远近将对农业产生怎样的影响。换句话说，即为了从土地取得最大的纯收益，农场的经营随着离城市距离的增加将如何变化。

杜能认为，企业经营型农业是追求利益最大化（即合理的）的农业，企业纯收益最大主要是指地租收入最大。为此，杜能设定一般地租收入的公式如下：

$$R=PQ-CQ-KtQ=(P-C-Kt)Q$$

式中：R为地租收入；P为农产品的市场价格；C为农产品的生产费；Q为农产品的生产量（等同于销售量）；K为距城市（市场）的距离；t为农产品的运费率。

上式揭示了地租收入和农业生产点距城市距离、运费率的关系。地租收入R对同样的作物而言，随离市场距离增加的运费增多而减少。当地租收入为零时，即使耕作技术可能但经济上也不合理，因而成为某种作物的耕作极限。市场运费为零点的地租收入和耕作极限连结的曲线被称为地租曲线。每种作物都有一条地租曲线，其斜率大小由运费率所决定，不容易运输的农作物一般斜率较大，相反则较小。杜能运用上述公式进行计算，得出各种方式的地租曲线的高度及斜率（如图 5-1 的上部）。由于农产品的生产是追求地租收入最大化的合理活动，所以农场主选择能获得最大的地租收入的农作物进行生产，从而形成了农业土地利用的杜能圈结构。如图 5-1 所示，以城市为中心，在城市的周围形成在某一圈层以某一种农作物为主的同心圆结构，由里向外依次为自由式农业、林业、轮作式农业、谷草式农业、三圃式农业、畜牧业同心圆结构。

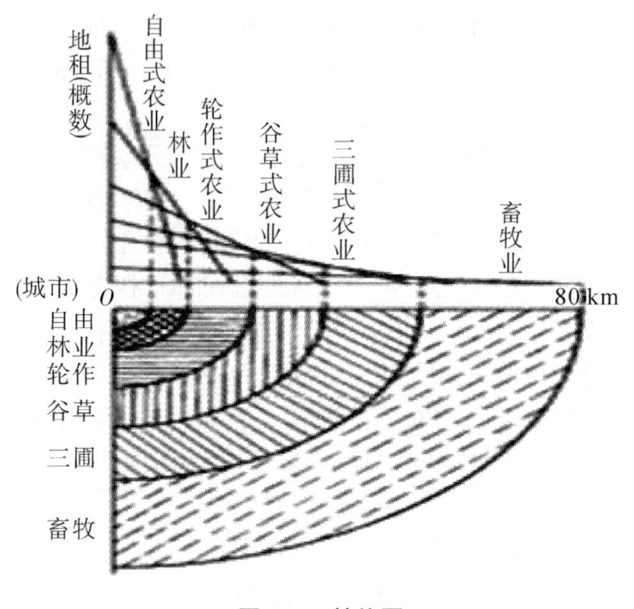

图 5-1　杜能圈

第一圈——自由式农业圈：为最近的城市农业地带，主要生产易腐难运的产品，如蔬菜、鲜奶。由于运输工具为马车，速度慢，且又缺乏冷藏技术，因此需要新鲜时消费的蔬菜，不便运输的果品（如草莓等）以及易腐产品（如鲜奶等）等就在离城市最近处生产，形成自由式农业圈。

第二圈——林业圈：供给城市用的薪材、建筑用材、木炭等，由于重量和体积均较大，从经济角度考虑必须在城市近处（第二圈）种植和生产。

第三圈——轮作式农业圈：此圈内没有休闲地，在所有耕地上种植农作物，以谷物（麦类）和饲料作物（马铃薯、豌豆等）的轮作为主要特色。杜能提出每一块地进行六区轮作，第一区为马铃薯，第二区为大麦，第三区为苜蓿，第四区为黑麦，第五区为豌豆，第六区为黑麦。其中耕地的 50%种植谷物。

第四圈——谷草式农业圈：为谷物（麦类）、牧草、休耕轮作地带。杜能提出每一块地进行七区轮作。同第三圈不同的是总有一区为休闲地，七区轮作为第一区黑麦，第二区大麦，第三区燕麦，第四区、五区、六区为牧草，而第七区为荒芜休闲地。全耕地的 43%为谷物种植面积。

第五圈——三圃式农业圈：离城市最远的谷作农业圈，也是最粗放的谷作农业圈。

三圃式农业将农家近处的每一块地分为三区，第一区黑麦，第二区大麦，第三区休闲，三区轮作，即为三圃式轮作制度。远离农家的地方则作为永久牧场。本圈内全部耕地中仅有 24%为谷物种植面积。

第六圈——畜牧业圈：杜能圈的最外圈，生产谷麦作物仅用于自给，而生产牧草用于养畜，以畜产品如黄油、奶酪等供应城市市场。本圈层位于离城市 51km ~ 80km 处，主要分布在城市郊外，为城市提供日常所需的肉类和奶类制品。此圈之外，地租为零，为无人利用的荒地。

总体而言，农业生产方式的空间配置，一般在城市近处种植相对于其价格而言笨重而体积大的作物，或者是生产易于腐烂或必须在新鲜时消费的产品。而随着离城市距离的增加，则种植相对于农产品的价格而言运费小的作物。

2. 工业区位论

韦伯 1909 年出版《工业区位理论：区位的纯粹理论》一书，提出了工业区位论的最基本理论。此后他又于 1914 年出版了《工业区位理论：区位的一般理论及资本主义的理论》，对工业区位问题和资本主义国家人口、工业分布进行了综合分析。工业区位论的中心思想，是区位因子决定生产区位，应将工业生产吸引到生产费用最低的地点。

如同杜能，韦伯将复杂的社会简化为一个“孤立国”，假设条件为：第一，探讨这一孤立的国家或地区的工业区位时，只探讨其经济因素；第二，孤立国的气候、地质、民族、工人技能都相同；第三，主要的生产条件固定不变；第四，只分析同一类产品；第五，运输费用是重量和距离的函数，且唯一的运输方式是火车。在这个“孤立国”中，影响工业区位选择的经济因素——区位因子，主要是劳动力费用、运输费用和集聚。在上述假设条件下，根据区位因子就可以进行合理的工业区位定位，具体的定位过程包括三个步骤：

第一步，根据运输费用因子，运用运输区位法则确定工厂的最小运输费用点，以此为基础勾画出地区工业的区位网络（基本格局）；

第二步，根据劳动力因子，运用劳动力区位法则修改上述结果，使工业由运费最低点引向劳动费用最低点，产生工业区位网络的第一次变形；

第三步，根据集聚因子，运用集聚法则进一步修改上述区位网络，使工业集中（分散）于其他地点，产生工业区位网络的第二次变形，并最终确定合理的工业区位定位。

通过上述三个步骤确定的工业区，位于运输费用最低、劳动力费用最低和集聚效果最好的地点。上述过程中的三个定位法则，具体如下：

（1）运输区位法则。

为了确定最小运输费用点，韦伯将原料、燃料和消费地的分布情况作为决定工厂区位的基本要素。当多个原料、燃料产地和消费地不重合时，区位图形为一多边形，据此多边形可以推定最小运费点，如图 5-2 所示。

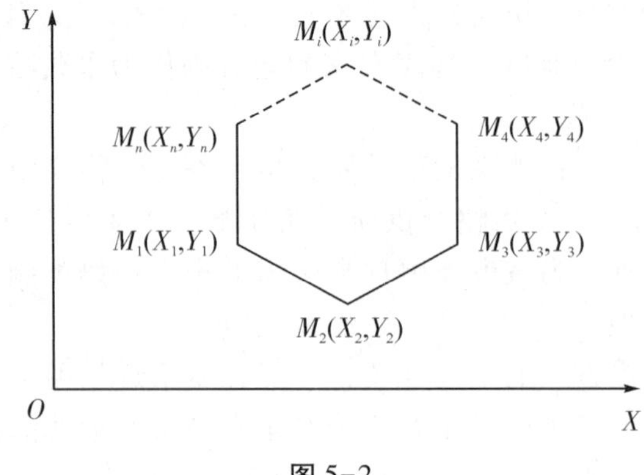

图 5-2

假设原料、燃料和市场有 M_1、M_2，…，M_n个，运量分别为 m_1，$m_{2,}$，…，m_n，距最小运费点的距离分别为 r_1，r_2，…，r_n，总费用（总吨千米）为 S，则总运费的计算公式为

$$S = \sum_{i=1}^{n} m_i r_i = \sum_{i=1}^{n} m_i \sqrt{(X - X_i)^2 + (Y - Y_i)^2}$$

欲使 S 达到最小值，只需对 X 和 Y 分别求导并令其等于 0，通过求解方程组，就可求得最小运费点。

（2）劳动力区位法则。

当原材料和成本的追加运费小于节省下来的劳动力费用时，一个工厂可能选择离开或放弃运费最小的地点，转向有廉价劳动力的地区。

（3）集聚法则。

如果企业因集聚所节省的费用，大于因离开运费最小或劳动力费用最小的位置需追加的费用，则其区位由集聚因素决定。集聚往往是在集聚效应最为显著的地区。

杜能的农业区位理论和韦伯的工业区位理论，均是从成本最低的角度来探讨产业区位问题，均没有考虑市场销售因素和消费因素，故又被称为西方产业区位理论的最低成本学派。

（二）近代区位论

20 世纪 30~60 年代，是西方第二次产业革命成熟时期，第二、三产业先后取代第一产业成为国民经济的主导产业，市场因素成为决定产业发展的关键因素。这使得工业区位由立足单一的产业中心转变为立足于城市或地区，工业区位分析由主要进行生产成本和运输费用因子分析，转变为进行生产成本、运输费用和市场因子分析，从而古典工业区位理论发展成为以市场学派为代表的工业区位理论，以及以地理区位学派为代表的商业区位理论，统称为近代区位理论。

1. 市场区位学派理论

20 世纪 30 年代，随着工业的大发展市场已经由卖方市场转变为买方市场，商品销售问题成为决定企业生死的最突出问题。这要求工业企业在布局时，在考虑生产成本和运输费用的同时充分考虑市场因子的因素。市场区位学派针对这一新情况，认识到工业区位理论最根本的问题是找到能产生最大利润的市场区位。德国经济学家奥古斯特·廖什（August Losch）1939年出版《经济的空间分析》一书，建立了最为系统的市场区位理论。廖什认为大多数最佳区位不是费用最小点，也不是收入最大点，而是收入和费用的差最大点即利润最大点，工业区位选择在能够获取最大利润的市场地域。

廖什区位理论的假设条件是：第一，在均质的平原上，沿任何方向运输条件都相同，生产所必要的原料充足，且均等分布；第二，在平原中均等地分布着农业人口，最初他们的生产是自给自足，且消费者的行为相同；第三，在整个平原中居民都具有相同的技术知识，所有的农民都可能得到生产机会；第四，除经济方面的作用外，其他因素都可不考虑。在上述假设条件所设定的区域中，各个工业企业积极开展生产和市场销售活动。对每一个企业而言，产品销售范围最初是以产地为圆心、最大销售距离为半径的圆形。随着更多工厂的介入，每个企业都有自己的销售范围，由此形成了圆外空当，即圆外有很多潜在的消费者不能得到市场的供给。但是这种圆形市场仅仅是短期的，因为通过自由竞争，每个企业都想扩大自己的市场范围，因此圆与圆之间的空当会被新的竞争者所占领，圆形市场被挤压，最后形成了六边形产业市场区，构成整个区域以六边形地域细胞为单位的市场网络。此网络在竞争中不断调整，最终会产生两种地域变异：

第一种，在各种市场区的集结点，随着总需求的滚动增大，逐步成长为一个大城市，而且所有市场网络都交织在大城市周围。

第二种，大城市形成后，交通线将发挥重要作用。距离交通线近的扇面条件有利，距离交通线远的扇面条件不利，工商业配置大为减少。如此形成了近郊经济密度的稠密区和稀疏区，构成一个广阔的地域范围内经济景观。

2. 地理区位学派理论

产业布局区位理论产生于农业区位理论，然后随工业区位理论的发展而发展，并派生出商业区位理论。德国地理学家克里斯塔勒（W. Christaller）1933年发表《德国南部的中心地》一书，系统地阐明了中心地的数量、规模和分布模式，建立起了中心地理论，成为商业区位理论的代表性理论。

中心地理论的具体内容如下①：

第一，中心地模式存在的假定条件。克里斯塔勒继承了“孤立国”的均质、封闭区域假设，并提出了一些新的假设条件：该地域是一个均质平原，各处自然条件、资源都一样；该地域上经济活动的移动不受时间、方向的限制，可以常年在任何一个方向进行；该地域人口均匀分布，人们在生产技能和经济收入上均无差异，对消费品的需求及消费方式是一致的；生产者和消费者都是具有经济行为理性的人，生产者为了获得最大利润而寻求占有尽可能大的市场区，消费者根据最短距离原则即购物最近原则寻求消费行为在空间上的合理性。

第二，中心地被划分为不同等级，并具有特定的排列规律。克里斯塔勒界定了中心地、中心地功能和中心度的概念，提出了不同等级的中心度划分的基本依据。中心

① 苏东水. 产业经济学［M］. 2版. 北京：高等教育出版社，2006.

地的功能就是向周围提供商品和服务，中心地提供服务时应维持在空间上的销售范围（最大距离）和市场规模上的需求门槛（最低利润值），这样，销售利润与需求门槛和销售范围之间存在着盈亏关系。也就是说，中心地的生产规模取决于两个主要因素：一是"门槛人口"或需求门槛，这是保证经营者取得正常利润的前提条件；二是能提供最大距离的服务（以"服务半径"表示），在此范围内居民愿意前往该中心地购买商品或享受服务，这是保证经营者获得正常利润的基本条件。

一个区域的发展必须有若干大小不同的中心地（城镇），中心地的大小与排列有一定规律：高级中心地只有一个，次一级的中心地较多，等级越低的中心地数目越多、规模越小。一般来说，中心地规模越大、级别越高、服务半径越大，其数目越少，就越有能力提高种类齐全、档次较高的商品和服务。此外，中心地排列规律还表明，同一等级中心地的市场区是完全相等的，两个相邻的同一等级中心地之间的距离是相等的，中心地级别越低，相邻两个中心地之间的距离就越短。

第三，中心地模式体现了六边形销售服务区的经济合理性。根据假定，一个区域内的每个中心地的理想服务范围应该是圆形服务面，但是当一个区域内存在着多个同等级的圆形服务面的中心地之间的竞争时，圆形服务面之间就会出现空当，处于空当区的居民就得不到最佳服务。这样，在空当地区的中心会产生次一级的中心。从大到小的中心地共有五级，并形成相应等级中心区域界线。由于同等级中心地之间都以同等强度向外扩张，因此每个中心地与周围其他中心地市场区之间有重叠地区；根据消费者行为的最短距离原则，重叠地区内的消费者将选择最近的中心地，使相邻两中心地的重叠地区被两个中心地平分。其结果是，各中心地圆形市场就变为具有最稳定空间结构的六边形。每一级中心地六边形市场区的六个顶角处分布着次一级的中心地，依此类推，就形成一个多级中心地及其市场区域相互有规律地重叠组合的复杂的空间结构，参见图5-3所示四级中心地空间结构（略去第五级中心地）。此即克里斯塔勒所谓的均衡状态下的中心地模式，它能充分体现六边形销售服务区的经济合理性。需要指出的是，廖什的市场区位理论借鉴了这一中心地模式框架思想。

第四，中心地体系不同形成机制下的结构形态。不同等级的中心地可以按三种不同的功能控制关系（市场原则、交通原则和行政原则）构成不同的等级体系，在空间分布上也具有不同的结构形态。这实际上是中心地分布的三种变化模式：一是按照市场原则形成的中心地体系。在市场作用较突出的地区，中心地分布要以最有利交通原则形成的产品销售为原则，即应根据市场原则形成合理市场区。二是根据交通原则形成中心地体系。在交通作用较突出的地区（如公路、铁路、水运交通枢纽地区），中心地分布要以最有利于交通为原则，即各级中心地均应分布在上一级中心地六边形市场根据行政原则形成的中心地体系。三是根据行政原则形成的中心地体系。在行政职能较突出的地区，任何次一级中心地必须在上一级中心地势力范围内，而不允许同时接受两个或多个高一级中心地的控制。

克里斯塔勒中心地理论的基本内容，是将商业服务区的布局区位和中心城镇聚落地分布进行了有机的统一探讨，并推导出一定区域内中心地（或城市）职能等级、数量和空间分布的系统理论，故它也称为城市区位论。

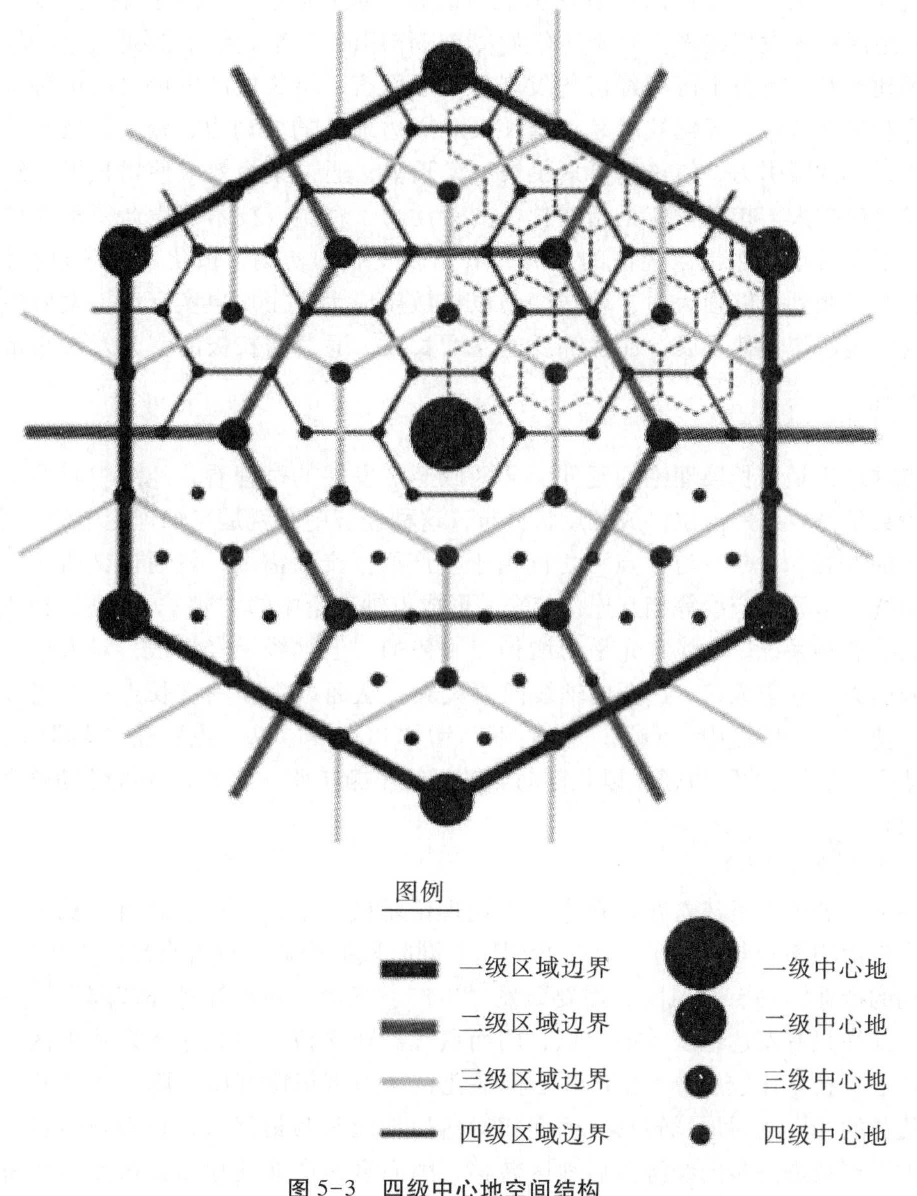

图 5-3　四级中心地空间结构

（三）现代区位论

20 世纪 60 年代以来，随着工业化、城市化和全球化趋势的加强，西方区位理论进一步得到修正和发展，形成了主要包括成本—市场学派、修正的地理学派和发展经济学学派在内的现代区位理论。特别是发展经济学的兴起和发展，如增长极理论和点轴布局理论等，为西方区位理论提供了新的理论基础。

1. 增长极理论

增长极（development pole）理论由法国经济学家佩鲁（Francois Perroux）于 1955 年首先提出来，然后也经过了其他学者的完善。增长极理论的核心内容，是指在经济增长过程中，某些主导部门或有创新能力的企业或行业在区域某些特定的地区聚集，使这些地区率先发展起来，形成具有强大辐射作用的“增长极”，再通过这些增长极带动相邻地区乃至于整个区域经济的发展。一般而言，增长极的发展具有两种效应：极化效应和扩散效应。极化效应是指增长极对周边地区的劳动力、资金、技术等生产要素产生强大的吸引力，使这些要素集聚到增长极，通过集聚效应使增长极的经济实力和规模迅速扩大。扩散效应是指增长极的劳动力、资金、技术等生产要素向周边地区扩散，以此带动周边地区经济的发展。增长极发展的初期，极化效应超过扩散效应，当增长极扩张到足够强大时，就转变为以扩散效应为主了。事实证明，发展中国家和地区要实现经济快速发展，往往都要建立增长极，通过增长极的率先发展来带动整个经济的起飞。

2. 点轴理论

点轴理论是增长极理论的延伸。从区域经济发展的过程看，经济中心总是首先集中在少数条件较好的区位，成斑点状分布，这种经济中心就是点轴理论中的“点”。随着经济的发展，“点”与“点”之间由于生产要素交换需要，就通过交通线路以及动力供应线、水源供应线等相互连接起来，形成点轴理论中的“轴”。由此，构成区域经济增长的点轴系统。轴线首先是为增长点服务的，但轴线一经形成，对人口、产业也具有吸引力，吸引人口、产业向轴线两侧集聚，从而产生新的增长点。上述过程不断进行，使得整个区域中“点”“轴”不断增加和充实，以“点”带“轴”、以“轴”促“点”“点”“轴”贯通，以此推动点轴系统不断扩张、膨胀，最终带动整个区域的经济增长。

3. 梯度发展理论

梯度发展理论是建立在产业生命周期理论基础之上的。产业具有成长、成熟和衰退三个生命周期阶段，处于产业生命周期不同阶段的产业，有着自己的最优发展区位。成长期的产业，具有高风险，需要研发、生产、营销、融资等各环节配套体系的完善支持，往往只有发达地区才能提供，因而最优产业区位一般集中于发达地区。成熟阶段的产业，技术比较成熟，生产开始标准化，知识密集度开始下降，往往开始向具有成本优势的相对落后地区转移，因而相对落后地区是其最优区位所在。随着产业进入衰退期，产业进一步向经济落后地区转移，因而衰退产业往往需要选择在经济落后地区存在。

三、产业布局的影响因素

区位理论为产业布局提供了理论指引，但是对于理论不能机械地照搬，而应结合各地的实际情况来做出科学的决策。影响产业布局的实际情况，需要考虑地理、资源、经济、技术、社会等主要方面的因素。

（一）地理位置

地理位置对于产业的发展具有十分重要的影响。一个特定地区的农业生产条件，对于该地区农业起着关键性的作用，很大程度上决定着是否发展现代农业、种植何种农业作物、采取何种种植技术。地理位置对于工业的发展也有至关重要的影响，其影响着工业的发展速度、状况。工业化的历史表明，率先发展、实现工业化的地区，往往都是交通便利、临近区域功能性中心、具有某种地理优势的地区，如港口、交通中心、经济中心等。改革开放以来我国工业化进程最快的地区，一是沿海地区，二是传统工业底蕴深厚的地区，三是拥有毗邻港澳台地区这一特殊地缘优势的珠三角地区。美国工业化最早的地区，也是类似的大西洋沿岸地区、五大湖地区。因此，产业布局时应充分考虑各地区的地理位置，考察该地区是否适宜以及适合哪些产业的发展。

（二）资源

归根究底，任何产业活动所必需的劳动对象和劳动资料都是直接、间接地来自自然。大自然以自然资源的形式提供给人类社会。因此产业活动开展的状况，与资源状况紧密相关。毋庸置疑，农业的发展依赖于水、土、光、热等自然资源条件。最早的工业，都是诞生在资源地区，依靠资源发展起来的。现代工业中的很多产业，仍然高度依赖于资源的存在，如依赖于工业资源的采掘业、材料工业、重型机械业，以及依赖于农业资源的轻工业和食品工业。第三产业中，越来越具有战略意义的旅游业，依靠旅游资源而存在。因此，政府应根据产业对于资源的依赖、使用状况，考虑相关产业的布局。

（三）经济因素

区域经济、社会系统中的诸多因素，对于产业布局具有非常重要的影响。

第一，产业发展基础对产业布局的影响。产业的发展往往需要建立在一定的前期发展基础之上，包括本产业和协作配套产业前期发展基础，而且产业的发展也一般具有路径依赖性，这要求区域产业布局应充分考虑前期的产业发展基础，尽量利用好前期的发展积累。同时，前期的产业布局也往往存在不适应时代发展变化要求的情况，在新的产业布局时也应考虑对既有的产业布局不良状况进行调整和优化。

第二，区域分工对产业布局的影响。社会化大生产体系，就是一个区域分工协作体系。在市场机制以及政府干预的作用下，各个区域在空间上进行分工，共同组成社会化大生产体系。所谓区域分工，是指各地区利用自身优势，发展专业化产业部门，开展地区间协作和交换，由此而形成的技术分工和社会分工在地域空间的表现形式。根据区域之间存在的产业梯度和经济交换关系的不同，区域分工可以分为三种类型：垂直型分工、水平型分工和混合型分工。垂直型分工是在产业梯度存在一定差距的区域的一种分工，分工建立在双方经济发展和产业结构存在较大差距的基础上，发达地区主要发展技术密集、资金密集的高附加值产业，不发达地区主要发展原材料和初级加工产业。水平型分工是在基本不存在产业梯度的区域之间的分工，分工方经济发展和产业结构基本处于同一水平上，所分工的产业的生产技术水平基本接近。混合型分工是指一个区域的区域分工中，既有与其他发达地区之间的分工合作，也有与不发达地区之间的分工合作，即既有垂直型分工成分也有水平分工成分。在现有国际层面的分工中，发达国家一般为混合型分工：与发达国家之间为水平型分工，与发展中国家为垂直型分工。

区域分工是区域产业发展的前提，区域产业既是区域分工发展的必然结果，也是进一步促进区域分工发展与变化的条件。因此在既有的区域分工格局下，产业布局需要尽量遵循既有的产业布局状况，以此推进区域产业的继续发展。同时政府也应与时俱进，把准新的经济发展状况下区域间由于实力此消彼长而导致的产业布局不协调情况，通过新的产业布局予以调整和完善。

第三，经济发展水平对产业布局的影响。经济发展水平是生产力发展水平的直接体现，生产力发展水平的高低决定着经济发展的水平。在生产力发展水平较低的农业社会，农业主要按照自然资源状况进行分布，少量的手工业主要按照地理位置进行分布，一般分布在沿江沿河地区。进入工业社会以来，第一次产业革命时期随着蒸汽机的出现，工业开始摆脱依水而设的格局而趋向燃料指向，使各主要煤炭产地和交通枢纽成为产业分布中心。在以内燃机、电力的应用为主要标志的第二次产业革命时期，生产力水平得到显著提高，产业得以摆脱对于燃煤动力的依赖从而可以分布于远离燃料产地的大城市，工业生产趋向集中，城市成为产业中心。在以电子计算机等高新技术应用为主要特征的第三次产业革命时期，生产力高度发展，产业布局主要向具有比较优势的最适宜地区集中。在以信息技术的应用为典型表现的知识经济时代，产业布局则主要向知识密集地区集中。

第四，生产要素禀赋对产业布局的影响。生产要素禀赋主要指劳动力要素和资本要素，对产业布局具有不同的影响。劳动力要素的数量、质量、价格、结构（如年龄、性别结构）对于产业布局具有综合影响，比如：劳动力要素充裕、质量和价格较低的地区，适宜布局劳动密集型产业；劳动力质量较高的地区，适宜布局技术密集和知识密集型产业；劳动力平均年龄较小、质量较高的地区，适宜布局创新型较强、满足个性化需求的新兴产业；如此等等。

第五，市场因素对产业布局的影响。距离市场的远近、市场规模、市场结构、市场竞争、市场体系等市场相关因素，都会对产业布局产生影响。对于运输成本占比较大、市场反应时间要求快的产业，尽量配置在距离市场较近的地区。市场规模大的地区，应作为产业布局的主要集中地。市场结构主要指商品和服务的种类结构，显然，产业的布局应有针对性地趋向商品和服务的主要需求地区。市场竞争可以促进生产的专业化协作和产业的合理集聚，使产业布局趋向更有利于商品流通的合理区位，地区政府可以基于本地的经济、产业发展战略目标，为市场竞争程度不同的地区配置相应产业。市场体系建设的完善程度，对于产业发展至关重要，产业结构成长好且快的地区一定是市场体系建设完备的地区。其中，资本市场对产业布局的影响在现代社会特别突出。资本市场发达、体系完备、融资渠道畅通的地区，适宜配置风险高、对资金要求高的现代产业。

第六，基础设施条件对产业布局的影响。基础设施主要包括道路、机场、港口、桥梁、通信、供电、供水等设施，以及提供无形产品或服务于科教文卫等部门所需的固定资产，是一切经济、社会活动所需的共同物质基础。显然，基础设施的完备程度直接关系到产业活动能否顺利开展。对欠发达地区而言，基础设施水平普遍较低，而且区域建设不均衡。为了实现产业的顺利发展，产业应优先布局于基础设施水平较高的地区，以此保障产业顺利、快速发展，带动形成地区的增长点、增长极。

（四）技术因素

技术是指生产过程中所运用的各种操作方法、工具设备、工艺流程、生产技能和管理水平。科技是第一生产力。自产业革命爆发以来，技术的进步推动着产业实现了一波波发展高潮。产业技术进步状况成为了决定产业生死存亡的关键。技术因素对产业布局的影响，主要来自产业本身技术进步状况以及产业技术进步所要求的外部技术环境与条件状况。不同技术水平的产业，对于布局要求的重点不一样。劳动密集型、部分资金密集型等技术水平相对较低的产业，布局时应更多考虑劳动力和资金要素禀赋丰裕、综合成本较低的地区；技术密集型、知识密集型产业，布局时应更多考虑区域创新环境较好、能力较强的地区，比如靠近研究中心、高等学校的地区。当然，在如今的信息化、智能化时代，传统产业、劳动密集型产业对于技术进步的要求也日趋提高，因此政府在进行产业布局时也应越来越多地考虑地区对其技术进步的支撑度。

（五）政策因素

中央政府和各级政府制定的相关政策，也对产业布局发挥着重要的影响作用。一般而言，这些政策主要包括三类：直接的产业布局政策、隐性的产业布局政策和导出的产业布局政策①。

政府直接制定的产业布局政策，是指为刺激特定区域经济发展，政府制定的以某种方式引导产业布局于该区域的政策。激励手段一般包括政府直接投资、许可证制度、配额制、优惠的财税政策等。很多国家包括美国、英国等西方国家也经常制定类似政策，以期影响产业布局的走向，尤其是20世纪50年代到70年代，为吸引快速发展的跨国公司在特定地区设厂，各国竞相推出相关政策。政府政策往往会有重要的隐性空间布局影响，这类政策称为隐性的产业布局政策，具体包括贸易与关税政策、国防政策、融资支持政策等。例如，加拿大的关税政策被用于保护安大略省和魁北克省；美国的国防政策，使得大部分军费开支都花到了位于加利福尼亚州以及东北部制造产业带的企业身上；英国军费开支的流向也在某种程度上与特定地区相联系。当各级地方政府制定不同的产业政策时，会形成所谓导出的空间布局政策。各级地方政府对于吸引投资，开发本地经济的意愿、方法和政策往往不同，这种差异实际上产生了类似产业布局政策的效果，因而被称为导出的产业布局政策。

四、产业布局的基本原则

对产业布局的影响因素进行分析，是科学决策产业布局的前提和基础。合理的产业布局，应契合地理、资源、经济、技术、社会等因素对产业布局的影响，并遵循一定的原则。

（一）经济效益优先原则

产业布局的首要原则是经济效益优先原则。市场经济社会中，一切生产活动均应

① 杨公朴，夏大慰，龚仰军. 产业经济学教程［M］. 3版. 上海：上海财经大学出版社，2008.

以经济效益第一为原则，“效率优先、兼顾公平”。产业布局关系到能否实现资源配置的优化与高效利用，能否以最小的投入获得最大的产出，因此政府在进行产业布局时需要秉持经济效益优先原则，将经济效益放在首位。

（二）比较优势原则

遵循比较优势原则，针对各个地区的比较优势进行产业布局配置，有利于发挥各地优势，降低产业发展的不确定性，促使产业获得较快的发展速度，并形成错位发展、互促互动的良性格局，从而保障产业实现较好的发展效益，拥有良好的发展前景。

（三）分工协作原则

产业布局应坚持分工协作原则，立足于区域资源禀赋及差异，体现劳动地域分工与地区综合发展相结合、地区生产专门化与多样化相结合的关系。根据分工协作进行产业布局，不仅能充分发挥各地区优势，最大限度地节约社会劳动，促进商品的流通和交换，而且可以加速各地区经济一体化的进程，促进整个经济的快速发展。

（四）全局性与长远性结合原则

产业布局需要从全局、长远的角度来进行。产业布局的全局性视角，要求充分发挥各地区的比较优势，同时协调地区发展与全局发展的关系，处理好局部利益与全局利益的矛盾与冲突。产业布局的长远性视角，要求政府协调好当前与长远的关系，根据各个发展时期、阶段的要求来进行产业布局，同时又要兼顾长远的发展需要，在当前利益与长远利益存在矛盾时做到前者服从后者。

（五）可持续发展原则

产业的可持续发展是经济可持续发展的基础，合理的产业布局有利于产业实现可持续发展。这要求产业布局在坚持经济效益优先原则的前提下，实现经济效益、生态效益和社会效益的统一。也就是说，产业布局不仅应追求最佳经济效益，而且还要重视对生态环境的保护与治理，重视产业发展的社会效益。

五、地区主导产业的选择

相对于全国性意义上庞大、复杂的产业体系的布局，地区（包括一些小型经济体）产业布局相对简单。对一个地区而言，往往一个或几个主要产业就构成其经济的主体，决定着地区经济的发展方向、速度、性质和规模。所以地区产业布局的核心工作，是在合理选择主导产业的基础上，围绕主导产业及其产前服务、协作配套和产后深度加工、资源综合利用来进行产业链的空间布局，以此形成高效率的产业经济有机体。主导产业选择是地区产业布局的重中之重。

（一）选择基准

第四章阐述了主导产业选择的一般基准，这更多适用于全国层面的主导产业选择。对地区而言，基于主导产业选择的一般基准结合地区层面经济的特点，其可以应用如下主导产业选择的指标体系：

第一，市场潜力，选取的指标有需求收入弹性、市场占有率、产品净调出能力；

第二，相对优势度，是指由地区的区位优势所产生的相对优势的大小，包括比较劳动生产率、年技术进步速度、创汇能力、产业经济效益等衡量指标；

第三，产业规模，主要是指以专门化率表示的产业规模指标，专门化率是某一产业在区域产业结构中所占的比重与该产业在上一层区域产业结构中所占的比重之比；

第四，产业关联度，主要是指影响力系数和感应度系数，下一章将述及。

（二）选择步骤

地区主导产业的选择是一个定性分析与定量分析结合、地区分布与全国布局相结合的过程，具体的步骤包括：①确定经济区划的层次与方案，作为地区主导产业分析的空间基础；②以综合经济区为单元，分别计算出各地区不同产业的上述评价指标，用几何平均法汇总，求出各综合经济区的综合评价值；③根据地区经济所处的阶段及地区具体条件，按各行业综合评价值的顺序，选出靠前的若干个行业；④进行区间评比筛选，根据国家产业政策、产业布局指向以及地区的有关条件，选择本地区发展条件最好的产业，列为主导产业；⑤做进一步分类调整，在更细的产业分类层次上，明确入选的主导产业。

各地区在确定地区主导产业后，可以缜密分析地区的产业布局影响因素，运用前述产业布局的规律、原则，对主导产业以及其关联配套产业进行合理的布局。

◇**案例** 5.1

中国的区域经济与产业布局

中国经济已经进入一个新的发展阶段，但生产要素空间结构安排不合理的情况也越来越突出，对中国工业化、城市化的进程形成极大阻碍。如何认识中国经济空间结构的特点，找出符合国情与客观规律的区域经济战略思路，是当前经济发展的一个重要问题。

1. 我国区域经济的历史沿革与现状

在西方列强撬开中国大门之前，中国是一个自给自足的农业社会，鸦片战争以后，中国近代工业开始形成并发展。但直到 1949 年中华人民共和国成立以前，中国经济的绝大部分还停留在古代水平，属于现代工业的不到 10%，这些现代工业又有 70%集中在面积不到全国 12%的东部沿海地带。

新中国成立 70 多年来，中国工业经济的空间布局发生了很大变化。“一五”时期，国家建设重点放在以东北为主的三北地区。“二五”时期，由于大跃进打乱了原定的加强沿海发展的战略部署，加上国家要求各大协作区和各省市都建立起各自独立完整的工业体系，因此沿海地区优先发展战略未能得以实施。“三五”和“四五”时期，工业布局以备战为中心展开，重点是开展“大三线”建设。这样，建设重点还是内地。改革开放以来，国家制定了沿海地区加快发展的战略，使整个经济发展呈现出由东向西逐步推进的态势。由于改革开放依赖的时期是中国工业发展最快的时期之一，因此很大程度上决定了目前中国工业总量的布局，即明显表现出自东向西逐级衰减的梯度分布格局。概括起来，每平方千米的工业产值，全国平均为 38.6 万元，东部为 515 万元，中部为 53 万元，西部为 5.7 万元，即大约每个梯度相差 10 倍。

此外，这种情况的一个最显著的特点，是我国工业区域分布具有“南轻北重”“东轻西重”的特征。如果以长江为界将我国划分为南北区域，则北方大部分省区的重工业比重均超过全国平均值，南方大部分省区尤其是沿海地区的轻工业比重大大超过全国平均值。如果将我国划分为东、中、西三区，则超过全国重工业平均比重的省区，四分之三以上是中、西部省区。东、西、南、北地区间产业结构存在明显差别，说明以省为单位的产业结构并不独立，而是在省区间展开分工。

2. 中国经济地理的总体格局

中国面积与美国、欧洲差不多，但可耕地面积只有美国或欧洲的一半，其原因是第四纪以来“阿尔卑斯—喜马拉雅造山运动”在我国形成了世界第三极——青藏高原，整个西部的隆起使我国成为山地和丘陵占全部国土面积的2/3的国家。青藏高原及其向东部延伸的几条山地决定了我国的地势西高东低，“一江春水向东流”，这不仅规定了东亚季风的形成和地理范围，而且规定了我国雨热同期的气候特征和降水量从东南向西北递减的趋势。青藏高原的高高隆起彻底阻碍了印度洋湿润气流对我国西北地区的影响，使那里形成了干旱、半干旱气候以及这种气候条件下相当脆弱的生态环境；与隆起过程相符合，第四纪以来的全球气候变暖、亚洲大陆中心地带的荒漠化使其与青藏高原交接的边缘地带沉积了厚重的黄土，形成了环境同样脆弱的黄土高原。

工业革命以来，虽然人类的技术手段越来越先进，但大自然自身的规律无法改变。即使拥有了现代手段，地形和水分条件的地理格局依然是制约人类活动的基本因素，因此，区域性的地理环境在某种程度上可以限定一个地区的人口和产业发展的规模。

根据上述对我国地理环境基本格局的分析，对照古代文明的时空进程，我们可以发现一个中国经济地理格局演变的基本规律。中国古老的农业文明几乎同时起源于黄河和长江流域，但随着人口的不断增长，经济中心逐渐向南移。其根本原因，是气候变暖使北方的水分条件恶化，限制了该地区的农作物产量，从而限制了中国北部的人口增长。

青藏高原和西部地区严酷的自然环境，则将该地区少数民族人口长期限制在很低的数量级上。明清以来，由于美洲高产作物（玉米、薯类）的引入，中国东部地区人口迅速增加，但是在自然灾害年份，东部的国土承载力仍然无法支持相对增加的人口规模，于是产生了下南洋、闯关东、走西口等近代人口流动现象。传统农业继续向中国所有适宜于农业垦殖的地区扩散，同时也使东北、西北和西南等地区的原生态环境遭到不断的破坏。农业文明的地理扩散至此基本宣告结束，这个在自然地理环境的规定下所形成的农业文明的地理格局，也奠定了以后中国工业化和城市化的基本格局。

3. 影响中国区域经济的基本要素

首先是地理环境因素。幅员辽阔和人口密集，使得中国东部很多地区都有可能形成相对独立的区域市场和产业群体。沿青藏高原的横断山脉，经秦岭、太行山、燕山、辽西山地到大兴安岭可以画一条线，即所谓的“胡惟庸线”。此线以东，除云贵高原以外，大都是适合工农业发展的平原地区，产业选择的余地很大。山地和丘陵构成了天然的边界市场，河川则成为区域市场之间的自然纽带。此线以西，除大河流域附近的少数地区，大都只适合发展畜牧业。尽管矿产资源丰富，但城市位置和人口规模的选择余地却很小。地理环境条件、自然资源禀赋上的差异，不仅决定了不同地区城市人口密度和区域市场规模上的差异，而且强化了各地区之间的相互依赖。

其次是人口迁移。历史上多次的人口向东南迁移，使江南地区聚集了深厚的华夏文明遗存。其中包括细作农业技术、精湛的手工技能和勤俭、执着的经商传统。近代以来，西方的工业文明通过海洋向世界各地扩散，中国东部地区的农业文明积淀和有利的地理位置使之最早受到西方文明的影响。这种历史上所形成的地理格局至今对长三角、珠三角地区经济的率先发展，依然发挥着重要的作用。

第三，外部力量的推动。外部推动成为我国东北地区工业化的重要因素。从 19 世纪末开始，日本和俄罗斯就开始了对东北地区的争夺，并启动了那里的工业化。到 20 世纪 40 年代，东北地区已经成为中国重工业最为发达的地区。新中国成立以后，苏联工业化对中国产生最直接的作用的地区仍然是东北，东北因此成为中国工业化的基地。另一个决定中国区域经济格局的因素是我国内在的因素——计划经济对地区公平和全国一盘棋的要求。这种制度性要求与后来国际政治地理格局对我国东部沿海、东北地区产生的外部威胁相结合，使得我们大力建设中部地区和三线建设成为必然，并成为中西部省份今天工业发展的决定性因素，为那里创造了技术和人员方面的条件。

最后，政府政策。改革开放以来，由于我国实行了多种形式的财政“分级包干”，放松了中央对经济生活的管制，调动了地方发展经济的积极性，沿海地区的区位优势也得到了充分的发挥。特别是加入 WTO 以来，东部地区的经济越来越深地卷入了国际经济大循环中，进一步拉大了与中西部地区的差距。另外，家庭农作制大大提高了农业效率，农村劳动力过剩的问题逐渐显露出来。大量中西部农村青年源源不断地流入东部地区打工，使这些地区外向型经济的低成本优势得以长期保持，延缓了出口加工业向内陆地区的梯度转移。因此，中国已经从产业分均衡（重工业优先）的经济发展模式，转变为区域非均衡的经济发展模式。

【案例评析】

资本主义的发展给传统经济学提出了许多区位方面的问题，由此产生了多种多样的区位与运输方式的比较与选择问题。自 19 世纪起，先后形成了四个有代表性的理论：杜能的农业区位理论、韦伯的工业区位理论、克里斯泰勒的中心地理论以及廖什的市场区位论。对这些理论的学习，有助于我们了解区域经济问题的几个基本要素：寻求最低成本的合理布局问题、集聚效果与集聚规模问题、居民点体系的空间形态及以城市为中心的土地利用空间结构问题、社会经济发展各阶段空间演变的特点问题；等等。

对于中国来说，农业过熟、城市化不足，是长期以来中国的一个老问题。那时的政策出现在历朝、历代皇帝的“重本抑末”上。改革开放以来，没有人再反对发展工商业了，但是在如何选择城市化道路上，却存在两种截然不同的意见：

一些人希望中国能够避免西方国家工业化过程中出现的大都市病，设计出一条“离土不离乡”、以中小城镇为主的城市化发展道路。但是，这种思路不符合西方各国现代化的历史经验，也被改革开放以来我国的社会实践所否定。实行家庭承包制以后解放出来的农村劳动力，毫不犹豫地流入东部大城市找工作，完全不理会乡村学者们“离土不离乡”的理性召唤。

中国是一个人均耕地不足的国家，城市化又不可能不占用耕地，问题是如何尽可能少占用。根据中小城市战略家们的设计，一个乡镇的城区规划面积为2~9平方千米。中国有约5万个乡镇，如果其中的一半变成中小城市，则需要至少占用一个江苏省那么大的面积。主张都市化发展的学者们指出，只有大城市产生的集聚效应，才有可能减少耕地的占用。因地制宜、规划得当的都市化方案，至少比中小城镇方案节约一半左右的耕地。

此外，我国在环境保护上的方式与乡村学者的设想也不一样。工业废料和生活垃圾并不因为城市规模小而少产生。大城市虽然污染集中，但由于污染治理设施同样存在规模经济问题，治理起来反而具有明显的优势。

现代工业文明的一个显著特点是生产的集约化。这一点决定了城市化的方向。中小城镇方案满足不了生产集约化的要求。只有大城市才能产生现代产业发展所需要的集聚效应，带动整个产业链以及整个地区经济的发展。都市化并不是要消灭中小城镇，而是根据区域经济发展的规律，帮助各个地区的增长极成长为大城市，并利用快速交通线将大中小城市连接起来，形成联系紧密、分工明确的产业链和城市带。要防止出现西方式的大城市病，根本出路是在城市带的规划中，明确城市间的分工，同时对大城市实现功能分区。如果能在珠三角、长三角、环渤海等地区形成若干城市带和城市圈，聚集全国三分之一的人口，中国的现代化问题就好办多了。

另外，中国人口增长先于经济增长，使得中国在现代化的初级阶段，就面临西方后工业化才遇到的种种问题。为了缓解人口与资源之间的矛盾，我国除了更多地采用国际大循环的方式来利用国外资源外，合理利用本国的资源也非常重要。根据以上分析，考虑中国的自然地理特征和整体发展的需要，我国必须采取地区非均衡发展战略，鼓励生态脆弱的地区人口向东部地区流动，根据江河流域特点进行国土规划和整治。所有这些，都需要中央政府明确承担起自己的责任来。

需要指出的是，改革开放以来，大家在批评政府过多地干预经济的同时，往往忽略了中央政府在协调区域发展方面所起的作用和承担的责任。例如，首钢的搬迁问题，不应由北京去和各个省市谈判，如果中央政府出面解决问题，问题会解决得更快。振兴东北老工业区问题，也不是省一级的层次能解决的。总之，区域经济的布局问题，无论是战略规划、利益协调还是组织实施，很大程度上都是中央政府的责任。忽视了这一点，整体发展就要付出沉重的代价。

【案例讨论】

经济发展能否消除区域经济发展不平衡的问题？如能，给出理由。如不能，如何才能更快更好地促进区域经济的协调发展？

第二节　产业集群

产业体系自发运行的结果，往往会趋向于发展要素的集聚，形成一个个产业集群。合理的产业布局，也必须顺应这一规律，有利于或推动产业集聚的发生。所谓产业集群，是以某一特定产业（主导或优势产业）中的大量企业及相关企业高度集群为中心，企业、行业协会、金融机构、培训机构、科研机构以及地方政府之间相互作用的空间集合。

一、产业集群的基本理论

针对产业集群的研究是一个跨学科的研究，包括经济地理、产业组织、技术创新以及社会学等多领域。现有研究主要集中在三个方面：第一，探讨集群内涵；第二，探讨集群的形成机理；第三，探讨集群的发展问题。下面主要介绍三种代表性理论。

（一）“新工业区”（NID）研究

“新工业区”（NID）理论起源于马歇尔的产业区位理论，研究主要对诸如美国硅谷等产业集聚地区的持续增长现象进行了解释。首先，新技术的引入使得生产柔性化。尤其是信息技术的引入，降低了资产的专用性，提高了资产的灵活性，使得生产柔性化能够生产多规格产品以满足顾客的多种需求，企业能够快速灵活应对市场变化，根据顾客的需要组织生产。其次，集群促进劳动分工，使得不同企业可以从事产品价值链上不同环节的生产，形成外部经济、范围经济。最后，集群可以产生“集体效率”，即通过区域合作和共同行动获取额外好处。上述三方面，使得产业集群能够实现持续发展。

（二）保罗·克鲁格曼的观点

20 世纪 90 年代以克鲁格曼为代表的新经济地理学，揭示了产业集群的形成原因。克鲁格曼强调，密切的经济联系而非比较优势导致集群的产生，并且认为技术外溢是产生集群的次要因素，因为低技术产业也能形成集群。集群的产生有三个方面的主要原因：第一，市场需求。有最大需求的地方会吸引大公司的到来，形成规模经济，也会吸引其他公司，从而提高集聚程度。规模经济潜力越大，运输费用越低，形成集群的可能性也越大。这种现象一般出现在有大型经济单位的地区内部。第二，外部经济。外部经济来源于三个方面：劳动力市场的共享、专业化投入与服务、知识和信息的流动。外部经济的这三方面来源，形成了空间集聚的向心力。第三，产业地方化。地方专业化可能只是历史的偶然结果，但一旦形成，就会由于累积循环的自我实现机制而被锁定。所谓累积循环自我实现机制，指生产活动集中于市场大的地方，而市场会因为生产活动的集中进一步扩大，由此形成一种累积循环因果关系。最终，地区会把所有的资源集中于单一的产业之上。

当然，克鲁格曼认为产业集群不是在任何情况下都能产生。当贸易成本很低、接近自由贸易时，各个地区因素价格区域均等化，因而集群不可能出现；当贸易成本很高，各个地区只服务于本地消费者，集群也不会发生；只有在中等贸易成本下，一方面存在较大的因素价格差，另一方面服务面向全部地区，互有投入产出联系的厂商之间前后向联系效应最强、最紧密。这种前后向联系产生强大的向心力，集群才得以发生。

（三）波特的新竞争优势理论

1990 年，迈克尔·波特在《国家竞争优势》一书中，首次提到产业集群（Industrial

Cluster）一词，并在后来的研究中分析了集群现象。他认为，“集群是特定产业中互有联系的公司或机构聚集在特定地理位置的一种现象”。集群包括一连串上、中、下游产业以及其他企业或机构，涵括了零件、设备、服务等特殊原料品的供应商以及特殊基础建设的提供者。集群通常会向下延伸到下游的通路和顾客上，也会延伸到互补性产品的制造商以及和本产业有关的技能、科技，或是共同原料等方面的公司上。另外，集群还包括了政府和其他机构，如大学、职业培训中心、贸易组织等，为之提供专业的训练、教育、资讯、研究以及技术支援。

波特对产业集群的研究是结合其对国家竞争优势的研究展开的。波特认为，创新是企业竞争优势获得的根本途径，也是企业保持持续竞争能力和国家保持竞争优势的核心，而产业集群正是企业实现创新的一种有效途径，因为产业集群本身就是一种良好的创新环境。在这个意义上，波特认为国家竞争优势主要不是体现在比较优势上而是体现在产业集群上，产业集群是国家竞争优势的主要来源，国与国在经济上的竞争主要表现在产业集群的竞争上。有三个原因可以解释为什么产业集群对竞争优势至关重要。第一，产业集群能够提高集群内企业的生产率，使每个企业在不牺牲大规模企业所缺少的韧性的条件下从集群中获益，集群内企业之间的竞争及相互模仿推动了成本的下降与操作方法的优化；第二，产业集群能够提高集群内企业的持续创新能力，并日益成为创新的中心；第三，产业集群能够降低企业进入的风险，促进企业的产生与发展。

二、产业集群的基本特征及形成类型

作为一种产业发展的空间地理现象，各国各地的产业集群具有一些共同的显著特征，形成了几种典型的模式。

（一）产业集群的基本特征

产业集群的核心是企业之间及企业与其他机构之间的联系及互补性，这种关系既有利于规模经济的获得，也比垂直一体化的大企业具有更大的灵活性，而且有利于互动式学习过程的进行，加速了创新过程的实现。具体来看，产业集群主要表现为四个方面的特征。

1. 空间集聚性

产业集群是大量企业、机构在特定地理区域内聚集的经济过程和现象，空间上的集聚是产业集群的外在表现形式和首要特征。

2. 柔性专业化

集群也是柔性生产的地域系统，即集群内企业对市场需求、产品结构和产品设计方面的快速变化具有较强的适应能力。这种柔性专业化主要表现在两个方面：第一是集群内企业间的柔性关系，产业链上下游企业之间的协作具有高度的灵活性，能够实现生产的柔性，满足市场需求的变化；第二是集群内企业具有柔性的劳动过程，学习的存在、劳动力使用的柔性机制，使员工能与企业外部进行快速的知识、信息、技术交流，加快了企业的创新速度，也增大了企业创新的可能性，使生产能适应市场的多变。

3. 社会网络化

产业集群是一种产业网络体系，包括企业之间、企业与政府部门之间、企业与各类中介服务组织之间的各种正式和非正式网络。网络的存在，有利于扩散和传播默示知识，加速知识、技术、管理的创新速度，保持和提高集群的总体竞争力。

4. 植根性

产业集群是一种积极参与全球分工又与本地社会文化高度融合的本地化产业集群。集群内企业不仅在地理上靠近，还具有很强的本地联系，包括经济、政治、社会和文化的联系。这使得集群内企业的行为深深植根于相互熟悉的社会文化环境下，产生信任、理解与相互合作。这是集群内最有价值的资源。

（二）产业集群的形成类型

目前，在世界各主要国家的产业发展中均形成了一些具有较大影响的产业集群，如美国的硅谷、德国斯图加特的机床产业群、法国巴黎森迪尔区的网络产业群、印度旁遮普邦德海阿那的金属加工和纺织产业群等。这些集群并无固定的模式，大致可以分为三类。

1. 纵向集聚

纵向集聚指由产业纵向关联形成的集群。集群内企业属于一个产业的上中下游，彼此间存在投入产出关系，产业链成为集群生存与发展的动力，每个企业占据产业链上合适的位置，形成一种合理的分工与协作状态。

2. 横向集聚

横向集聚指由产业横向关联形成的集群，通常以区域内某一主导产业为核心，通过企业间的横向联系，外部形成多层次的产业群体。例如美国加州的葡萄酒业集群，该集群以酿酒为主导产业，外围形成第二层次的辅助性产业如葡萄种植业、酿酒设备加工业，第三层次的服务型产业，如科研、教育机构，最外围是旅游业、中介服务、金融服务业。

3. 区位指向集聚

区位指向集聚是由同一产业或不同产业的众多中小企业组成，充分利用区位优势如地理环境、资源禀赋等，形成各种专业化的小型产业集群。如意大利，长期以来一直是小农形态，农民从事副业生产并形成了手工业传统，产生大量的企业群。这些企业群分布于工业区，涉及的行业领域十分广泛，包括汽车及零部件产业区、纺织服装专业区、制革皮鞋专业区、家具专业区、眼镜专业区等，显示出“一区一业”“一镇一品”的特色。

三、产业集群的集聚效应

通过产业发展要素的不断集聚，产业集群从孕育到形成再到成熟，最终形成一个个具有强烈集聚效应的产业集群。产业集群的集聚效应，彼此糅合、相互作用，产生一种“1+1>2”的力量倍增效应，促使整个集群形成超越于单个产业发展力量之和的整体能力，推动产业、企业快速发展。

（一）规模经济效应

产业集群具有良好的规模经济效应。产业集群的形成，不仅能够扩大相关产业的规模，也有利于扩大相应企业的规模，从而使产业和企业实现规模经济，降低成本，享受到单独发展难以实现的规模经济效益。

（二）关联效应

产业集群的本质，就是关联性强的各个行业通过专业化分工协作共同促进、共同发展，从而获取规模经济效益。由于集群内的企业都属于相关产业或者支持性产业，这使得企业之间会因为生产、销售或服务关系而形成一种网络。这种网络相当于一种有组织的市场，并有一套相对固定的规则，企业间的经济、技术等交流活动都会在这个网络里进行。这样一种全方位的体系使得集聚区整体效应大于部分之和，企业可以赢得更及时、更集中、更方便、更低廉的生产要素供给，减少获得信息的成本，加速配套产业的发展从而完善集聚区的配套服务体系。

（三）知识外溢效应

知识包括技术知识、需求信息、供给信息、经营经验等，具有公共物品属性，一旦被创造并经扩散，对产业、企业的发展具有正的外部性。但是很多知识是凭经验累积起来的，没有人际间的频繁接触和耳濡目染很难传播或者传播速度慢。在产业集群里，同行业的生产人员、供应商、重要的客户、相关辅助和服务业人员集中生活在一起，人际间的频繁接触和交流，增加了经营的透明度，行业的秘密不再是秘密，“空气中弥漫着产业的气味”（马歇尔语），从而极大地有利于知识的传播和扩散，使得集群中的企业很容易获得研发、人力资源、信息等方面的外溢知识。

（四）创新带动效应

创新资源越容易获取，创新越有优势。创新资源主要包括人才、资金和技术。产业集群的形成，极大地促进了人才、资金和技术资源的聚集，为处于其中的企业获得各种创新要素提供了一个便利的专业化供应源。例如对于创新最重要的风险投资，由于产业集聚能使风险投资者便捷地了解产业发展的动态，判断拟投资企业的发展前景，很大程度上降低投资的风险，因而越是产业集聚的地区风险投资越多，越是能为创新提供资金保障。

（五）模仿效应

产业集群内企业的接近和了解，使它们之间的相互影响加强。由于竞争的需要，某个企业一旦采用某种新技术、管理新方法或销售新方式，就很有可能在集群内产生连锁反应，引发其他企业纷纷跟进学习、模仿。这也意味着产业集群是一个典型的学习型组织，集群内企业能够通过相互学习和模仿，实现新知识、新技术的快速推广与普及，从而始终维持较高的竞争力。

（六）集聚扩散效应

产业集群犹如一个磁场，对生产要素产生强大的吸引力，使企业向集群聚集，促进集聚地区的发展。集聚地区的发展，又会引起地域扩张，产生强大的扩散效应，辐射和带动周围地区的发展。

◇**案例** 5.2

浙江永康五金产业集群的形成与发展①

浙江省是中国块状经济最活跃的省份，也是产业集群最为集中的地区。据统计，浙江省2010年销售收入10亿元以上的块状经济达到312个，年销售收入100亿元以上的块状经济共有72个，占据全省经济总量的半壁江山。2010年销售收入超过100亿元以上的产业集群数量有5个，分别是杭州装备制造、绍兴纺织、萧山化纤纺织、永康五金及宁波服装产业集群，另有4个产业集群年收入超过500亿元。其中，永康五金产业集群是历史最悠久，并且保持较强竞争力的产业集群之一。

永康有“五金之乡”的美誉，素有“打铜打铁走四方、府府县县不离康”的说法。永康五金冶炼历史源远流长，“皇帝铸鼎”被认为是永康五金冶炼的起点，春秋时代的青铜器制作，汉代的铁刀以及“五代”时期的锡器工艺表明，永康有着悠久的五金冶炼文化与技术渊源。

改革开放以来，在一些具有企业家意识的能工巧匠的带领下，永康涌现了一批家族式企业，个体私营经济迅猛发展，企业数量快速增加，企业规模不断扩大，逐渐形成了颇具特色的五金产业集群。目前，永康是中国最大的五金产品集散地，有五金企业1万多家，从业人员约30万人，已形成以五金为核心的八大支柱行业：汽车摩托车整车及配件、休闲运动车、金属安全门、电动工具、金属冶炼压延、不锈钢制品、小家电、衡器等。主导产品有五金机械、电动工具、保温杯、防盗门、滑板车、化工、建材等，其中电动工具、保温杯、防盗门、休闲运动车等的产量占全国总产量的70%左右。同时，永康打造了中国最大的五金专业市场“中国科技五金城”，云集全国4 600多家五金商户。永康还是中国最大的五金出口供货基地、最大的电动工具生产基地等。

“十五”以来，以汽车整车、轮毂、电机为代表的汽车及汽车零部件生产为标志，永康开始不断升级产业，由传统五金、小五金向大五金转变。众泰汽车于2005年投产并热销，2008年泰龙集团、郑泰集团等公司生产轮毂分别达到80万只、60万只，2008年全市汽车及汽摩配生产企业达720多家，产值117亿元，占全市工业产值的12%。

为进一步推动永康五金产业集群升级，永康着手打造“总部经济”，实现企业价值链与区域资源的最优空间耦合。永康建设服务于五金产业发展的区域性总部、产业特色总部，将生产加工基地向武义、缙云等地转移，同时吸收众多在武义、缙云周边地区的企业在永康设立总部，享受永康总部中心各种配套服务，弥补企业在人才、技术、信息等方面资源供应的不足，实现区域间互惠互利的合作局面。

2008年全球金融危机爆发以来，尽管浙江省不少产业集群遭遇困境，但永康五金产业集群表现良好。2009年年初，永康统计公布数据显示，八大五金行业的产品产量都有10%左右的增长，全市实现总产值257.36亿元，按可比价增长9.5%。2010年，实现总产值307.43亿元，按可比价增长12.7%。

但是，永康五金产业集群仍面临一些制约因素：①集群企业生产成本上升，利润

① 卫龙宝，阮建青，傅昌銮. 产业集群升级、区域经济转型与中小企业成长［M］. 杭州：浙江大学出版社，2011.

空间缩小。②土地要素制约严重，部分集群企业外迁。土地价格不断上涨，企业经营成本随之上涨，据调查永康60%的五金企业存在用地紧张的问题，一些永康五金制造企业逐步将生产基地外迁至武义、缙云、东阳等周边县市。③集群内企业主要是劳动密集型和粗放型经营，多数企业以产品模仿和技术模仿为主，许多产品是同类产品或竞争性很强的替代产品，而且产品加工工艺简单、科技含量低、附加值低。另外，集群内许多企业缺乏创新意识，缺乏独立开展产品开发和工艺设计的能力，加上创新风险大，导致一般企业没有动力进行自主创新，只是停留在低水平的来料加工和代工生产阶段，缺乏自主生产核心部件的能力。

资料来源：王俊豪. 产业经济学［M］. 2版. 北京：高等教育出版社，2012.

【案例讨论】

1. 永康五金产业集群有哪些特征？
2. 结合相关区位理论，论述永康打造“总部经济”的现实意义。
3. 政府、企业应如何克服永康五金产业集群面临的制约。

思考题

1. 试搜集相关资料，分析某地区的产业布局现状、问题与改进对策。

2. 我国产业集群发展现状如何？存在什么问题？如何进一步推进我国的产业集群发展？

【推荐阅读】

1. 保罗·R克鲁格曼，安东尼·J维纳布尔斯，藤田昌久. 空间经济学：城市、区域与国际贸易［M］. 北京：人民大学出版社，2013.

2. 迈克尔·波特. 国家竞争优势［M］. 李明轩，邱如美，译. 北京：华夏出版社，2002.

【参考文献】

1. 江曼琪. 城市空间结构优化的经济分析［M］. 北京：人民出版社，2001.

2. 简新华，杨艳琳. 产业经济学［M］. 2版. 武汉：武汉大学出版社，2009.

3. 苏东水. 产业经济学［M］. 2版. 北京：高等教育出版社，2006.

4. 王俊豪. 产业经济学［M］. 2版. 北京：高等教育出版社，2012.

5. 邬义钧，胡立君. 产业经济学［M］. 北京：中国财政经济出版社，2002.

6. 卫龙宝，阮建青，傅昌銮. 产业集群升级、区域经济转型与中小企业成长［M］. 杭州：浙江大学出版社，2011.

第六章　产业关联

产业结构理论侧重于运用定性分析方法，从“质”上阐述产业之间的相互联系和变化发展的规律，产业关联理论则侧重于采用定量分析方法，从“量”上说明产业之间的数量联系关系。本章首先对产业关联理论进行一个概述，然后分析产业关联分析的主要方法——投入产出表及其数学模型，最后运用投入产出表及其数学模型来进行产业关联分析。

第一节　产业关联概述

一、产业关联的含义

产业关联又称为产业联系，是指产业之间在经济技术上的数量比例关系，主要包括投入产出、供给需求的数量关系。产业关联理论描述了国民经济活动中各个产业之间广泛、复杂和密切的经济技术联系，其揭示了如何在数量上对各个产业进行优化配置资源的问题。通过产业关联分析确定了国民经济中各个产业间的投入产出数量，也就决定了各个产业应该配置的资源数量。

二、产业关联的种类

按照不同的分类方法，产业关联可以划分若干不同的种类。

（一）按联系的内容分

按照各个产业之间联系的内容，产业关联可以分为产品或劳务联系、生产技术联系、价格联系、劳动就业联系和投资联系。

1. 产品或劳务联系

国民经济活动中，各个产业之间必须相互提供产品或劳务，才能维持社会再生产的进行，这种联系就是产品或劳务联系，是产业关联中最基本、最广泛的联系形式。例如煤炭业向电力业提供煤，电力业向钢铁业提供电，钢铁业向机械制造业提供钢材，机械业又为煤炭业、电力业、钢铁业提供各种机械设备，如此等等。

2. 生产技术联系

国民经济活动中，各个产业都有自己特定的生产技术要求和标准，这使得为某个产业提供产品或劳务的相关产业需要满足这个产业的生产技术要求和标准，以这个产业的产品或劳务为投入品的相关产业也要适应这一生产技术要求和标准，这种联系就是生产技术联系。某一产业生产技术的变化，必然引致其与相关产业的投入产出比例的变化。

3. 价格联系

市场经济中，各个产业间的投入产业联系表现为以货币为媒介的等价交换关系，即产业间的价格联系。产业之间的价格联系使不同产业之间不同质的产品或劳务相互联系，用价格这种中介形式进行统一度量和比较，从而为价值型投入产出模型（见后文）的建立打下了基础。此外，某个产业的价格发生变动，必然会引发相关产业发生连锁反应，带来产业比例关系的变化。

4. 劳动就业联系

国民经济活动中的各个产业，彼此存在着相互促进而又相互制约的关系，一个产业发展或衰退了，必然带来相关产业（主要指替代产业而非互补产业）的衰退或发展。表现在劳动就业上，一个产业发展或衰退会带来就业的增加或减少，伴随的是相关产业就业的减少或增加。这种联系就是劳动就业联系。

5. 投资联系

产业的发展，很大程度上依靠增加投资来实现。但在投资总量一定的情况下，一个产业的投资增加，必定带来其他产业投资的减少。产业之间投资此消彼长、此长彼消的联系，就是投资联系。

上述产业关联的各种联系中，产品或劳务联系是最基本的一种联系，其他联系都是在其基础之上派生而来的。

（二）按联系的方向分

按照产业之间联系的方向，产业关联可以分为前向联系、后向联系和环向联系。前向联系是指一个产业向其他产业提供产品或劳务而发生的关联。当 A 产业向 B 产业提供产品时，A 产业与 B 产业的关联就是前向关联关系，B 产业就是 A 产业的前向产业或下游产业。相应，后向联系是指一个产业需要其他产业的产品或劳务而发生的关联。当 A 产业需要 B 产业提供产品时，A 产业与 B 产业的关联就是后向关联关系，B 产业就是 A 产业的后向产业或上游产业。经济活动中，各产业通过前向、后向关联关系组成了产业链，很多产业通过复杂的技术经济联系会形成一个“环”，这种“环”状的产业关联，称之为产业的环向关联关系。如煤炭采掘业→钢铁冶炼业→采矿设备制造业→煤炭采掘业。

（三）按照联系的特点分

按照产业之间联系的特点，产业关联可以分为单向联系、双向联系和多向联系。

1. 单向联系

单向联系是指 A 产业为 B 产业提供产品或劳务参与其生产过程，但 B 产业的产品或劳务不再返回 A 产业的生产过程的产业之间的联系。例如，棉花→棉纱→棉布→服装，这种产业间的联系就是单向联系。

2. 双向联系

双向联系是指 A 产业为 B 产业提供产品或劳务参与其生产过程，B 产业也为 A 产业生产过程提供产品或劳务的产业之间的联系。例如，煤炭业←→电力业，这种产业间的联系就是双向联系。

3. 多向联系

在一系列的产业间，先行产业为后续产业提供产品或劳务，参与其生产过程，同时后续产业的产品或劳务通过一系列的产业链条又返回相关先行产业的生产过程，这种产业间的联系就是多向联系。例如，煤炭业←→钢铁业←→机械制造业←→煤炭业，煤炭业为钢铁业、机械制造业提供能源，钢铁业又为机械制造业、煤炭业提供钢材，机械制造部门则为煤炭业、钢铁业提供机械设备，这种产业间的联系就是多向联系。

三、产业关联分析的方法

产业关联分析的主要方法是投入产出分析方法，由里昂惕夫在20世纪30年代提出。1936年里昂惕夫发表“美国经济制度中的投入产出数量关系”论文，标志着投入产出理论的诞生。下一节将详细介绍投入产出分析法。

投入产出分析方法的理论基础是瓦尔拉斯的一般均衡理论。里昂惕夫曾说过，“投入产出法是用新古典学派的一般均衡理论，对错综复杂的经济活动之间在数量上的相互依赖关系进行经验研究”①。在一般均衡理论中，瓦尔拉斯用联立方程组来描述一般均衡状态，方程组的解就是均衡价格体系。但是，瓦尔拉斯一般均衡模型是一种纯粹的理论抽象，无法对实际的经济活动进行实证分析。里昂惕夫通过一些假定，将瓦尔拉斯一般均衡模型进行简化，从联立方程组中推导出比较简单的线性方程组，并以此为基础建立投入产出分析方法。因此有人说，里昂惕夫的最大贡献在于把一般均衡模型成功地应用于实证分析。

由于投入产出分析法具有很强的解决现实问题的实用性，能精准度量国民经济内部各个产业之间的数量比例关系，为经济计划、经济管理提供良好的参考价值，因而受到了各国的普遍重视。20世纪50年代，西方世界曾出现过编制投入产出表的热潮，包括美国、日本、英国等在内的许多国家都编制了投入产出表，定时、按需进行投入产出分析。1968年，联合国在普及推广国民经济计算体系的新标准中，将投入产出表作为其重要的组成部分。至今，除少数经济不发达、与国际市场联系较少的小国外，各国基本上编制了投入产出表。中国对于投入产出分析方法的研究，始于20世纪60年代，到70年代末和80年代初，投入产出分析开始被应用于实践。中国第一个投入产出表是在1974年至1976年间，由原国家计划委员会编制的1973年全国61种产品的实物型投入产出表。1982年，国家统计局和原国家计划委员会一起，会同国务院有关部门编制了1981年全国价值形态的投入产出表。

① 里昂惕夫. 投入产出经济学［M］. 崔书香，等译. 北京：商务印书馆，1980.

第二节 投入产出表与数学模型

投入产出分析中的投入，是指产业从事某种经济活动所必须耗用的物质资料和必须使用的劳动力，产出是指产业从事某种经济活动所得到的成果，即产品和劳务。国民经济活动中，一个产业的产出就是另一个或一些产业的投入，一个产业的投入就是另一个或一些产业的产出。投入产出方法就是运用投入产出表，从数量上分析产业之间在投入产出上的相互依存关系，其分析结果是一国制定经济计划、制定产业政策和进行经济预测的重要依据。

一、投入产出表的结构

国民经济活动中，各产业部门之间在投入与产出、生产和分配上存在着极密切的生产技术联系和经济联系，形成一个非常复杂的网络系统。在一张表格中将各产业的投入来源及其产品去向概括进去，从中分析各产业投入与产出之间数量的规律性，这张表就称为投入产出表。其中，投入是生产性的消费，产出是产品的生产及其分配和使用。投入产出表有两种类别，按各种产品的实物单位来进行计量的就是实物型投入产出表，按货币为计量单位的就是价值型投入产出表。由于价值型投入产出表的应用更为广泛，这里重点介绍价值型投入产出表。如表 6-1 所示。

表 6-1 投入产出综合平衡表（价值型）

消耗物资来源（投入）		产品分配去向（产出）									
		物质生产部门（中间产品）				中间产品	最终产品（最终需求）				总产品
—		1	2	…	N	合计	积累	消费	净出口	合计	—
物质生产部门（中间投入）	1	X_{11}	X_{12}	…	X_{1n}	$\sum X_{1j}$	Inv_1	CS_1	TS_1	Y_1	X_1
	2	X_{21}	X_{22}	…	X_{2n}	$\sum X_{2j}$	Inv_2	CS_2	TS_2	Y_2	X_2
	…	…	…	…	…	…	…	…	…	…	…
	N	X_{n1}	X_{n2}	…	X_{nn}	$\sum X_{nj}$	Inv_2	CS_n	TS_n	Y_n	X_n
物耗合计		$\sum X_{i1}$	$\sum X_{i2}$	…	$\sum X_{in}$	—	$\sum Inv_n$	$\sum CS_i$	$\sum TS_i$	$\sum Y_i$	$\sum X_i$
折旧大修		D_1	D_2	…	D_n						
净产值	工资	W_1	W_2	…	W_n						
	税金+利润+其他	M_1	M_2	…	M_n						
	合计	W_1+M_1	W_2+M_2	…	W_n+M_n						
总产值		X_1	X_2	…	X_n						

表6-1给出了投入产出表的一般格式。表6-1中，X_i（$i=1，2，\cdots，n$）表示国民经济第i个物质生产部门的年产品总量或总值，即第i个部门的年产出总量；Y_i表示国民经济中第i个物质生产部门的年最终产品数量。从表中可知，Y_i是从第i个部门的年总产品中扣除生产性消耗后不参加本期生产周转的那部分年产品数量。X_{ij}（i、$j=1，2，\cdots，n$）表示第i部门在一年内分配给部门j的产品数量，也就是生产过程中所消耗的第i个部门产品的数量，称为部门间流量。

从表6-1的水平方向各行看，可以建立产品按用途分配的联立方程组：

$$\begin{cases}X_{11}+X_{12}+X_{13}+\cdots+X_{1k}+\cdots+X_{1n}+Y_1=X_1\\X_{21}+X_{22}+X_{23}+\cdots+X_{2k}+\cdots+X_{2n}+Y_2=X_2\\\cdots\cdots\cdots\cdots\cdots\cdots\cdots\cdots\cdots\cdots\cdots\cdots\\X_{n1}+X_{n2}+X_{n3}+\cdots+X_{nk}+\cdots+X_{nn}+Y_n=X_n\end{cases}$$

或：

$$\sum_{j=1}^{n}X_{ij}+Y_i=X_i\quad(i=1，2，3，\cdots，n)\tag{6.2.1}$$

式（6.2.1）称作分配方程，表示每一个生产部门分配给各个部门的中间产品加上该部门的最终需求产品，等于该部门的总产品。

在表6-1中，D_j（$j=1，2，3，\cdots，n$）是第j部门的折旧额，W_j（$j=1，2，3，\cdots，n$）是第j部门劳动者在一年内的劳动报酬，M_j（$j=1，2，3，\cdots，n$）是第j部门的纯收入（利润+税金+其他）。

从表6-1的垂直方向各纵列看，其表示了纵列各物质生产部门对横向诸种产品和劳动的投入，可建立如下联立方程：

$$\begin{cases}X_{11}+X_{21}+\cdots+X_{k1}+\cdots+X_{n1}+V_1=X_1\\X_{12}+X_{22}+\cdots+X_{k2}+\cdots+X_{n2}+V_2=X_2\\\cdots\cdots\cdots\cdots\cdots\cdots\cdots\cdots\cdots\cdots\cdots\cdots\\X_{1n}+X_{2n}+\cdots+X_{kn}+\cdots+X_{nn}+V_n=X_n\end{cases}$$

或：

$$\sum_{i=1}^{n}X_{ij}+V_j=X_j\tag{6.2.2}$$

式中：

$$V_j=D_j+M_j+W_j\tag{6.2.3}$$

V_j为第j个生产部门折旧额和劳动新创造价值之和。

式（6.2.2）称为生产方程，表示对每一个生产部门来说，各个部门为其投入的产品（物耗价值）加上该部门新创造的价值（净产值），等于该部门的总投入量价值。式（6.2.3）反映了社会产品在社会再生产中的实物运动过程，即社会产品在社会再生产过程中的价值形成和价值增值过程。

考察投入产出表（表6-1）的结构，我们可以将其分成三个组成部分。如表6-1中的粗实线框住的三个部分，按照左上、右上、左下的顺序，分别称为第Ⅰ、第Ⅱ、第Ⅲ象限。

1. 第Ⅰ象限

第Ⅰ象限主要反映了各部门之间的技术经济联系，故称之为部门交易象限。它由n

个物质生产部门纵横交叉组成一个正方矩阵，横行和纵列由同名称同顺序的生产部门组成。在该象限，从水平方向看，表明各个部门的产品除了自用之外还要分配给其他部门作为中间产品的情况；从垂直方向看，其表明各个部门为生产一定的产品而消耗其他部门（包括本部门）产品的情况。第Ⅰ象限主要反映国民经济各物质生产部门之间的生产与分配的联系，这种联系主要是由国民经济的生产技术结构决定的，但也与部门的划分及各部门产品的价格变动有关系。借助本象限的有关资料，通过计算各部门之间的消耗系数进而计算完全消耗系数，可以反映部门之间的直接和完全的生产技术系数。

2. 第Ⅱ象限

第Ⅱ象限反映了各物质生产部门的年总产品中可供社会最终消费或使用的产品，故称为最终产品象限。该象限从水平方向看，表明各部门的生产品作为最终产品的使用去向，或用于消费、或用于积累、或用于出口等。从垂直方向看，表明不同类型产品最终使用的规模及其实物构成。第Ⅱ象限除了取决于社会产品总规模及其构成外，在一定程度上是与国家经济政策联系在一起的。因此，该矩阵反映的不是部门间的生产技术联系，而是部门间的社会经济联系，体现国民收入的实物构成。

3. 第Ⅲ象限

第Ⅲ象限主要反映各物质生产部门净产出价值，说明增加值是由哪一个部门提供的，以及各部门所提供的增加值的构成，故又称为增值象限。增值象限揭示了国民收入的初次分配以及各部门的固定资产的价值补偿情况，同时揭示了必要劳动与剩余劳动比例的情况。

将投入产出表的水平方向与垂直方向结合起来，可以得到下述平衡关系：

第一，横行各物质生产部门的总产量与对应同名称的纵列物质生产部门的总产品价值相等，用公式表示为

$$\sum_{i=1}^{n} X_{ij} + V_j = \sum_{j=1}^{n} X_{ij} + Y_i,\ j = i$$

第二，对整个国民经济来讲，第Ⅱ象限与第Ⅲ象限在总量上相等，用公式表示为

$$\sum_{j=1}^{n} V_j = \sum_{i=1}^{n} Y_i$$

第三，从某一个部门流向其他部门的产品流出量加上最终产品等于该部门从别的部门得到的产品加上增值。

二、投入产出数学模型①

投入产出模型是指用数学方法来表示投入产出表中所反映的经济部门内在联系的数学模型。现结合表 6-2 所示的五个部门的投入产出关系，介绍如何将投入产出表转化为实用的数学模型。

（一）价值型投入产出模型

价值型投入产出模型可以用上述分配方程和生产方程，转化为实用的数学模型。

① 刘志迎. 现代产业经济学教程［M］. 2 版. 北京：科学出版社，2014.

1. 分配方程

根据表 6-2 和分配方程式（6.2.1），可以得出五个部门的分配方程的一般形式：

$$\begin{cases} x_1 = x_{11} + x_{12} + x_{13} + x_{14} + x_{15} + y_1 \\ x_2 = x_{21} + x_{22} + x_{23} + x_{24} + x_{25} + y_2 \\ x_3 = x_{31} + x_{32} + x_{33} + x_{34} + x_{35} + y_3 \\ x_4 = x_{41} + x_{42} + x_{43} + x_{44} + x_{45} + y_4 \\ x_5 = x_{51} + x_{52} + x_{53} + x_{54} + x_{55} + y_5 \end{cases}$$

上式简写为：$x_i = \sum_{j=1}^{5} x_{ij} + y_i$，$i$、$j$=1，2，3，4，5

代入五个部门的实际数据，可得数据形式的分配方程：

$$\begin{cases} 125 = 15 + 0 + 20 + 0 + 10 + 80 \\ 40 = 0 + 0 + 0 + 0 + 0 + 40 \\ 100 = 10 + 0 + 25 + 15 + 5 + 45 \\ 75 = 5 + 15 + 15 + 0 + 15 + 25 \\ 50 = 5 + 10 + 15 + 0 + 5 + 15 \end{cases}$$

表 6-2　五个部门的投入产出表

产出		投入											
		物质生产部门（中间产品）					中间产品	最终产品（最终需求）					总产品
		农业	采矿业	制造业	电力业	运输业	合计	投资	非投资性开发	消费	出口	合计	—
物质生产部门（中间投入）	农业	15	0	20	0	10	45	10	5	35	30	80	125
	采矿业	0	0	0	0	0	0	10	0	0	30	40	40
	制造业	10	0	25	15	5	55	20	5	15	5	45	100
	电力业	5	15	15	0	15	50	10	10	5	0	25	75
	运输业	5	10	15	0	5	35	8	2	5	0	15	50
物耗合计		35	25	75	15	35	185	58	22	60	65	205	390
净产值	进口	15	0	10	30	5	60	5	0	5	0	10	70
	纳税	20	5	3	7	2	37	0	0	(35)	(20)	(55)	92
	工资	40	5	6	5	2	58	0	12	1	0	13	71
	投资消耗	5	3	5	12	4	29	0	0	0	0	0	29
	自然资源	10	2	1	6	2	21	0	0	0	0	0	21
	合计	90	15	25	60	15	205	5	12	1	0	13	218
总产值		125	40	100	75	50	390	63	34	66	65	218	608

注：此表与表 6-1 的差别是：①净产值中增加了进口项目，减少了折旧项目。②积累被分成了两个部分：一部分是投资，一部分是非投资性开发。

2. 生产方程

根据表6-2和生产方程式（6.2.2），可以得出五个部门的生产方程的一般形式：

$$\begin{cases} x_1 = x_{11} + x_{21} + x_{31} + x_{41} + x_{51} + v_1 \\ x_2 = x_{12} + x_{22} + x_{32} + x_{42} + x_{52} + v_2 \\ x_3 = x_{13} + x_{23} + x_{33} + x_{43} + x_{53} + v_3 \\ x_4 = x_{14} + x_{24} + x_{34} + x_{44} + x_{54} + v_4 \\ x_5 = x_{15} + x_{25} + x_{35} + x_{45} + x_{55} + v_5 \end{cases}$$

上式简写为：$x_j = \sum_{i=1}^{5} x_{ij} + v_j$， i、j=1，2，3，4，5

代入五个部门的实际数据，可得数据形式的生产方程：

$$\begin{cases} 125 = 15 + 0 + 10 + 5 + 5 + 90 \\ 40 = 0 + 0 + 0 + 15 + 10 + 15 \\ 100 = 20 + 0 + 25 + 15 + 15 + 25 \\ 75 = 0 + 0 + 15 + 0 + 0 + 60 \\ 50 = 10 + 0 + 5 + 15 + 5 + 15 \end{cases}$$

（二）直接消耗系数投入产出模型

直接消耗系数又叫投入系数，是指j部门生产1单位产品所消耗的i部门的产品量。直接消耗系数可以从投入产出表中直接求出，即：

$$a_{ij} = \frac{x_{ij}}{x_j}，i、j=1，2，3，\cdots，n \qquad (6.2.4)$$

其中：a_{ij}表示直接消耗系数（称j部门对i部门的直接消耗系数），x_{ij}表示j部门实际投入i部门产品的数量，即位于投入产出表第i行第j列的数字；x_j表示第j部门的总投入量（总产值），即投入产出表中第j列最后一个数字。根据上式（6.2.4），可以计算出各个部门的直接消耗系数。

根据上式（6.2.4）可得$x_{ij} = a_{ij}x_j$，将其代入分配方程式（6.2.1），可得到直接消耗系数分配方程：

$$\begin{cases} x_1 = a_{11}x_1 + a_{12}x_2 + a_{13}x_3 + \cdots + a_{1n}x_n + y_1 \\ x_2 = a_{21}x_1 + a_{22}x_2 + a_{23}x_3 + \cdots + a_{2n}x_n + y_2 \\ x_3 = a_{31}x_1 + a_{32}x_2 + a_{33}x_3 + \cdots + a_{3n}x_n + y_3 \\ \cdots\cdots\cdots\cdots\cdots\cdots\cdots\cdots\cdots\cdots \\ x_n = a_{n1}x_1 + a_{n2}x_2 + a_{n3}x_3 + \cdots + a_{nn}x_n + y_n \end{cases}$$

简写为：
$$x_i = \sum_{j=1}^{n} a_{ij}x_j + y_i，i=1，2，3，\cdots，n \qquad (6.2.5)$$

设A表示直接消耗系数矩阵，X表示总产品列向量，Y表示最终需求列向量，它们分别为

$$A=\begin{bmatrix} a_{11}a_{12}a_{13}\cdots a_{1n} \\ a_{21}a_{22}a_{23}\cdots a_{2n} \\ a_{31}a_{32}a_{33}\cdots a_{3n} \\ \cdots\cdots\cdots\cdots\cdots\cdots \\ a_{n1}a_{n2}a_{n3}\cdots a_{nn} \end{bmatrix},\ X=\begin{bmatrix} x_1 \\ x_2 \\ x_3 \\ \cdots \\ x_n \end{bmatrix},\ Y=\begin{bmatrix} y_1 \\ y_2 \\ y_3 \\ \cdots \\ y_n \end{bmatrix}$$

则可以得到矩阵形式：

$$X=A\cdot X+Y \text{ 或 } (E-A)\cdot X=Y \tag{6.2.6}$$

此即最常用的矩阵形式投入产出模型，即用直接消耗系数表示的矩阵形式投入产出模型。矩阵（$E-A$）称为里昂惕夫矩阵。

式（$E-A$）$\cdot X=Y$ 两边同除（$E-A$），可得

$$X=(E-A)^{-1}\cdot Y \tag{6.2.7}$$

此式中，$(E-A)^{-1}$称为里昂惕夫逆矩阵。求出里昂惕夫逆矩阵，即可进行经济预测和经济计划制订。

【例 6.1】运用表 6-2 所示五个部门的投入产出数据，已知 A 矩阵、Y 矩阵，求 X 矩阵，以此验证矩阵形式的直接消耗系数投入产出模型。

第一步：求 A、X、Y 矩阵。

由表 6-2，可以得出 A、X、Y 矩阵分别为

$$A=\begin{bmatrix} 0.12 & 0 & 0.2 & 0 & 0.2 \\ 0 & 0 & 0 & 0 & 0 \\ 0.08 & 0 & 0.25 & 0.20 & 0.1 \\ 0.04 & 0.375 & 0.15 & 0 & 0.3 \\ 0.04 & 0.25 & 0.15 & 0 & 0.1 \end{bmatrix},\ X=\begin{bmatrix} x_1 \\ x_2 \\ x_3 \\ x_4 \\ x_5 \end{bmatrix}=\begin{bmatrix} 125 \\ 40 \\ 100 \\ 75 \\ 50 \end{bmatrix},\ Y=\begin{bmatrix} y_1 \\ y_2 \\ y_3 \\ y_4 \\ y_5 \end{bmatrix}=\begin{bmatrix} 80 \\ 40 \\ 45 \\ 25 \\ 15 \end{bmatrix}$$

第二步：求里昂惕夫矩阵（$E-A$）。

$$E-A=\begin{bmatrix} 0.88 & 0 & -0.2 & 0 & -0.2 \\ 0 & 1 & 0 & 0 & 0 \\ -0.88 & 0 & 0.75 & -0.2 & -0.1 \\ -0.04 & -0.375 & -0.15 & 1 & -0.3 \\ -0.04 & -0.25 & -0.15 & 0 & 0.9 \end{bmatrix}$$

第三步：求里昂惕夫逆矩阵 $(E-A)^{-1}$。

$$(E-A)^{-1}=\begin{bmatrix} 1.19 & 0.11 & 0.4 & 0.08 & 0.34 \\ 0 & 1 & 0 & 0 & 0 \\ 0.16 & 0.19 & 1.5 & 0.3 & 0.3 \\ 0.1 & 0.5 & 0.32 & 1.06 & 0.41 \\ 0.08 & 0.31 & 0.27 & 0.05 & 1.18 \end{bmatrix}$$

第四步：求总产出矩阵 X。

运用式（6.2.7），可求出：

$$X=(E-A)^{-1}\cdot Y=\begin{bmatrix}1.19 & 0.11 & 0.4 & 0.08 & 0.34\\0 & 1 & 0 & 0 & 0\\0.16 & 0.19 & 1.5 & 0.3 & 0.3\\0.1 & 0.5 & 0.32 & 1.06 & 0.41\\0.08 & 0.31 & 0.27 & 0.05 & 1.18\end{bmatrix}\times\begin{bmatrix}80\\40\\45\\25\\15\end{bmatrix}=\begin{bmatrix}124.7\\40\\99.9\\75\\49.9\end{bmatrix}$$

由此得到的矩阵 X，与由表6-2直接列示的矩阵 X 相等，表明直接消耗系数投入产出模型合理，可以应用于投入产出分析。

【例6.2】如表6-2，已知 A 矩阵，假设 $\Delta y_1=0$、$\Delta y_2=0$、$\Delta y_3=10$、$\Delta y_4=0$、$\Delta y_5=0$（即制造业最终需求增加10个单位），那么五个部门的总产出量各增加多少（Δx）?

由于 A 矩阵已知，同前例前三步，可以求出里昂惕夫逆矩阵 $(E-A)^{-1}$。运用式（6.2.7），可得总产出增量 Δx：

$$\Delta x=(E-A)^{-1}\cdot\Delta y=\begin{bmatrix}1.19 & 0.11 & 0.4 & 0.08 & 0.34\\0 & 1 & 0 & 0 & 0\\0.16 & 0.19 & 1.5 & 0.3 & 0.3\\0.1 & 0.5 & 0.32 & 1.06 & 0.41\\0.08 & 0.31 & 0.27 & 0.05 & 1.18\end{bmatrix}\times\begin{bmatrix}0\\0\\10\\0\\0\end{bmatrix}=\begin{bmatrix}4\\0\\15\\3.2\\2.7\end{bmatrix}$$

这表明，当制造业最终需求增加10单位（其他四个部门没有增加）时，农业总产出增加4个单位，采矿业总产出不变，制造业总产出增加15个单位，电力业总产出增加3.2个单位，运输业总产出增加2.7个单位。

（三）完全消耗系数投入产出模型

国民经济各部门之间除了发生直接联系、产生直接消耗外，还存在着间接联系，产生间接消耗。直接消耗与间接消耗之和，就是完全消耗。衡量间接消耗的是间接消耗系数，间接消耗系数指 j 部门生产1单位产品所间接消耗的 i 部门的产品量。衡量完全消耗的是完全消耗系数，完全消耗系数指 j 部门生产1单位产品所直接消耗和间接消耗的 i 部门的产品量，用 b_{ij} 来表示，称 j 部门对 i 部门的完全消耗系数。显然，完全消耗系数等于直接消耗系数和间接消耗系数之和，用公式表示为

$$b_{ij}=a_{ij}+\sum_{k=1}^{n}b_{ik}\cdot a_{kj}\text{，}i\text{、}j=1,2,3,\cdots,n$$

其中，a_{kj} 表示 j 部门生产1单位产品所直接消耗的 k 部门的产品量，b_{ik} 表示 k 部门生产1单位产品所完全消耗的 i 部门的产品量，两者之积表示 j 部门生产1单位产品通过中间产品 k 所间接消费的 i 部门的产品量，则 $\sum_{k=1}^{n}b_{ik}\cdot a_{kj}$ 表示 j 部门生产1单位产品通过 n 个中间产品（部门）所间接消费的 i 部门的产品量，即 j 部门对 i 部门的间接消耗系数。

将上式代入分配方程（6.2.1），得到完全消耗系数分配方程：

$$\begin{cases} x_1 = b_{11}x_1 + b_{12}x_2 + b_{13}x_3 + \cdots + b_{1n}x_n + y_1 \\ x_2 = b_{21}x_1 + b_{22}x_2 + b_{23}x_3 + \cdots + b_{2n}x_n + y_2 \\ x_3 = b_{31}x_1 + b_{32}x_2 + b_{33}x_3 + \cdots + b_{3n}x_n + y_3 \\ \quad\quad\quad\quad \cdots \\ x_n = b_{n1}x_1 + b_{n2}x_2 + b_{n3}x_3 + \cdots + b_{nn}x_n + y_n \end{cases}$$

此方程简写为：$x_i = \sum_{j=1}^{n} b_{ij}x_j + y_i$，$i=1, 2, 3, \cdots, n$

设 B 表示直接消耗系数矩阵，X 表示总投入列矩阵，Y 表示最终需求矩阵，分别为

$$B=\begin{bmatrix} b_{11} & b_{12} & b_{13} & \dots & b_{1n} \\ b_{21} & b_{22} & b_{23} & \dots & b_{2n} \\ b_{31} & b_{32} & b_{33} & \cdots & b_{3n} \\ \vdots & \vdots & \vdots & & \vdots \\ b_{n1} & b_{n2} & b_{n3} & \cdots & b_{nn} \end{bmatrix}, \quad X=\begin{bmatrix} x_1 \\ x_2 \\ x_3 \\ \vdots \\ x_n \end{bmatrix}, \quad Y=\begin{bmatrix} y_1 \\ y_2 \\ y_3 \\ \vdots \\ y_n \end{bmatrix}$$

则 $x_i = \sum_{j=1}^{n} b_{ij}x_j + y_i$ 用矩阵形式表示为

$$X=B \cdot X+Y \text{ 或 } (E-B) \cdot X=Y \tag{6.2.8}$$

此式即为用完全消耗系数表示的矩阵形式投入产出模型。

在运用式（6.2.8）进行产业关联相关分析时，完全消耗系数 B 矩阵计算比较麻烦，为简化起见，一般利用里昂惕夫逆矩阵 $(E-A)^{-1}$ 来求完全消耗系数 B 矩阵。经过推算，B 矩阵与里昂惕夫逆矩阵之间存在如下关系：$B=(E-A)^{-1}-E$。只要根据直接消耗系数矩阵 A，求出里昂惕夫逆矩阵 $(E-A)^{-1}$，再减去单位矩阵 E，就可以求得完全消耗系数矩阵 B。

【例 6.3】设 3 个产业的投入产出表如表 6-3 所示，试计算其完全消耗系数。

表 6-3　3 部门价值型投入产出表　　单位：亿元

产出	投入							
	农业	工业	服务业	最终需求				总产出
				积累	消费	出口	合计	
农业	10	15	10	3	10	2	15	50
工业	10	40	20	8	20	2	30	100
服务业	15	25	20	4	10	1	15	75
增加值	15	20	25					[60]
总投入	50	100	75				[60]	

由表 6-3，可知：

中间产品消耗矩阵 $(x_{ij}) = \begin{bmatrix} 10 & 15 & 10 \\ 10 & 40 & 20 \\ 15 & 25 & 20 \end{bmatrix}$，最终需求向量 $Y=(Y_i)=\begin{bmatrix} 15 \\ 30 \\ 15 \end{bmatrix}$，总产

出向量 $X=(X_i)=\begin{bmatrix}50\\100\\75\end{bmatrix}$，增加值向量 $V=(V_j)=\begin{bmatrix}15\\20\\25\end{bmatrix}$，总产出（总投入）向量 $=\begin{bmatrix}50\\100\\75\end{bmatrix}$。

经计算，得出：

$$直接消耗系数矩阵 A=(a_{ij})=\begin{bmatrix}\frac{50}{100} & \frac{15}{100} & \frac{10}{75}\\ \frac{10}{50} & \frac{40}{100} & \frac{20}{75}\\ \frac{15}{50} & \frac{25}{100} & \frac{20}{75}\end{bmatrix}=\begin{bmatrix}0.20 & 0.15 & 0.13\\ 0.20 & 0.40 & 0.27\\ 0.30 & 0.25 & 0.27\end{bmatrix}$$

$$里昂惕夫逆矩阵 (E-A)^{-1}=\begin{bmatrix}1-0.20 & -0.15 & -0.13\\ -0.20 & 1-0.40 & -0.27\\ -0.30 & -0.25 & 1-0.27\end{bmatrix}^{-1}=\begin{bmatrix}1.62 & 0.61 & 0.50\\ 0.96 & 2.35 & 0.99\\ 0.98 & 1.04 & 1.99\end{bmatrix}$$

$$完全消耗系数矩阵 B=(E-A)^{-1}-E=\begin{bmatrix}1.62-1 & 0.61 & 0.50\\ 0.96 & 2.35-1 & 0.99\\ 0.98 & 1.04 & 1.99-1\end{bmatrix}$$

$$=\begin{bmatrix}0.62 & 0.61 & 0.50\\ 0.96 & 1.35 & 0.99\\ 0.98 & 1.04 & 0.99\end{bmatrix}$$

第三节　产业关联分析

一、产业关联程度分析

（一）产品投入关联度和产品分配关联度

产业之间的关联在于每一个产业的生产都要消耗其他产业的产品，这种关联就是产品投入关联（或生产技术关联）。产品投入关联的程度用直接消耗系数（或投入系数）$a_{ij}=\frac{x_{ij}}{x_j}$来度量。当某产业 j 要实现一定程度的增长时，人们通过 a_{ij} 就知道其他产业 i（$i=1, 2, \cdots, n$）的中间产品投入应增加的程度。该系数为确定各产业之间的比例关系提供了准则。

产业之间的关联也在于每一个产业都要向其他产业分配或提供产品，这种关联就是产品分配关联。产品分配关联的程度，可以用分配系数 $d_{ij}=\frac{x_{ij}}{x_i}$来度量。分配系数 d_{ij}

表示某产业 i 的总产出，以多大比例分配给其他产业 j（$j=1, 2, \cdots, n$），从中可以看出某产业产品的流向及数量大小，同时也反映了该产业对其他产业发展的影响程度。

（二）产业关联广度和深度

产业关联广度和深度可以用直接消耗系数 a_{ij} 和完全消耗系数 b_{ij} 来度量，存在如下几种情形：

第一，当 $a_{ij}=0$ 时，表示 j 产业和 i 产业之间没有直接的联系，但不排除有间接联系，进一步当 $b_{ij}=0$ 时，则表明两者之间没有任何联系；

第二，当 $a_{ij}>0$ 时，表明 j 产业与 i 产业之间有直接联系，当 $b_{ij}>0$ 时，表明两产业之间存在联系（间接联系），两个系数值越大，表明两产业之间的关联深度越高；

第三，在第 j 列，大于 0 的 a_{ij} 的个数越多，表明 j 产业与其他产业的直接联系越广，大于 0 的 b_{ij} 个数越多，表明 j 产业与其他产业的联系越广。

产业关联深度也可以更准确地用中间投入在相应的物耗总量中的比重 r_{ij} 来度量：

$$r_{ij}=\frac{x_{ij}}{\sum_{i=1}^{n} x_{ij}} \tag{6.3.1}$$

r_{ij} 的值越大，表明 j 产业和 i 产业的关联越深。

【例 6.4】已知 $(x_{ij})=\begin{bmatrix}10 & 15 & 10\\ 10 & 40 & 20\\ 15 & 25 & 20\end{bmatrix}$，求矩阵 (r_{ij})。

利用式（6.3.1），得 $(r_{ij})=\begin{bmatrix}\frac{10}{35} & \frac{15}{80} & \frac{10}{50}\\ \frac{10}{35} & \frac{40}{80} & \frac{20}{50}\\ \frac{15}{35} & \frac{25}{80} & \frac{20}{50}\end{bmatrix}=\begin{bmatrix}0.2857 & 0.1875 & 0.2000\\ 0.2857 & 0.5000 & 0.4000\\ 0.4286 & 0.3125 & 0.4000\end{bmatrix}$

（三）产业结构

人们利用投入产出表，可以进行产业结构分析，其主要是计算各产业的总产品占全部产业的总产品之和的比重，即可以得到产业结构的比例数据。对于第 i 产业，其比重 q_i 为

$$q_i=\frac{X_i}{\sum_{i=1}^{n} X_i} \tag{6.3.2}$$

二、中间需求率和中间投入率分析

（一）中间需求率

从投入产出表的横行来看，其表明每个产业的总产品都由中间产品和最终产品两部分构成，即每个产业产品的总需求由中间需求和最终需求所构成。中间需求和最终

需求的构成比例是反映产业技术经济特征的一个重要数据，可以用中间需求率来表示。i 产业的中间需求率 I_i 就是 i 产业的中间需求 $\sum_{j=1}^{n} x_{ij}$ 和总需求 X_i 之比：

$$I_i = \frac{\sum_{j=1}^{n} x_{ij}}{X_i} \quad (i=1,\ 2,\ \cdots,\ n) \tag{6.3.3}$$

中间需求率指标反映了各个产业的产品，有多少作为原料（中间需求）为其他产业产品的生产所需要，反映了各产业在国民经济中的地位和作用。相应的，i 产业的最终需求率为（$1-I_i$）。某产业的中间需求率越高即最终需求率越低，这个产业就越带有原材料产业的性质；反之，就越带有最终需求型产业的性质。

【例 6.5】已知矩阵（x_{ij}）$=\begin{bmatrix}10 & 15 & 10\\10 & 40 & 20\\15 & 25 & 20\end{bmatrix}$，（$X_i$）$=\begin{bmatrix}50\\100\\75\end{bmatrix}$，则：

$$I=\begin{bmatrix}I_1\\I_2\\I_3\end{bmatrix}=\begin{bmatrix}\frac{35}{50}\\\frac{70}{100}\\\frac{60}{75}\end{bmatrix}=\begin{bmatrix}0.7\\0.7\\0.8\end{bmatrix},\quad E=\begin{bmatrix}E_1\\E_2\\E_3\end{bmatrix}=\begin{bmatrix}1-0.7\\1-0.7\\1-0.8\end{bmatrix}=\begin{bmatrix}0.3\\0.3\\0.2\end{bmatrix}$$

（二）中间投入率

从投入产出表的纵列来看，每个产业的总投入等于中间投入和最初投入（净产值）之和，可以用中间投入率指标反映两者之间的构成比例关系。j 产业的中间投入率 L_j 就是 j 产业的中间投入 $\sum_{j=1}^{n} x_{ij}$ 和产业的总投入 X_j 之比：

$$L_j = \frac{\sum_{j=1}^{n} x_{ij}}{X_j} \quad (j=1,\ 2,\ \cdots,\ n) \tag{6.3.4}$$

中间投入率表示 j 产业生产单位产值的产品需要从其他产业购进的原材料在其中所占的比重。相应的，j 产业的净产值率（增加值率）为（$1-L_j$）。某产业的中间投入率越高，则净产值率越低；反之则反。

钱纳里等人根据美国、意大利、日本、挪威等国的投入产出表，经计算整理，根据中间需求率和中间投入率划分了四种产业群，如表 6-4 所示。表中，Ⅰ部分多为第一产业，Ⅱ、Ⅲ部分主要是第二产业，Ⅳ部分主要是第三产业。这四个部分在社会再生产过程中扮演着不同的角色作用。其中，Ⅰ、Ⅱ、Ⅲ部分是国民经济中的物质生产部门。Ⅰ、Ⅱ部分基本是生产中间产品的产业，这些产业的产品中的大部分是作为Ⅲ部分中产业的投入，Ⅲ部分中的产业加工来自Ⅰ、Ⅱ部分中产业的中间产品，然后投放到最终需求中去。Ⅳ部分中的产业是产品移动的中介产业（除渔业外）。

表 6-4 按中间需求率和中间投入率划分的产业群

	中间需求率低	中间需求率高
中间投入率高	Ⅲ最终需求型产业 日用杂货、造船、皮革及皮革制品、食品加工、粮食加工、运输设备、机械、木材、木材加工、非金属矿物制品、其他制造业	Ⅱ中间产品型产业 钢铁、纸及纸制品、石油、有色金属冶炼、化学煤炭加工、橡胶制品、纺织、印刷及出版
中间投入率低	Ⅳ最终需求型基础产业 渔业、运输业、商业、服务业	Ⅰ中间产品型基础产业 农业、林业、煤炭、金属采矿、石油及天然气、非金属采矿、电力

资料来源：杨治．产业经济学导论［M］．北京：中国人民大学出版社，1985.

三、波及效果分析

国民经济中产业之间存在的内在联系，意味着某个产业的发展变化必然会波及与之关联的产业。投入产出表反映出了关联产业之间的数量联系关系，这表明研究者通过投入产出表，可以从数量上分析某个产业发展变化所带来的对其关联产业的波及效果。一般而言，研究者主要通过投入产出表计算感应度系数、影响力系数、产业的生产诱发系数、产业的最终依赖系数、综合就业需要量系数、综合资本需要量系数等，来进行波及效果分析。

（一）感应度系数和影响力系数

任何产业的生产活动通过产业之间的相互关联，必然影响和受影响于其他产业的生产活动。一个产业影响其他产业的程度叫作影响力，受其他产业影响的程度叫作感应度。

1. 感应度系数

里昂惕夫逆矩阵 $(E-A)^{-1}$横行上的数值，就是反映该产业受到其他产业影响的程度即感应度系数的系列，表明其他产业最终需求的变化而使该产业发生变化的程度。横向系数的平均值，可看作该产业受其他产业影响的平均的程度。把里昂惕夫逆矩阵中某一产业的横行系数的平均值与全部产业横行系数的平均值相除，就得到该产业的感应度系数 e：

$$\text{某产业的感应度系数 } e=\frac{\text{该产业逆矩阵横行系数的平均值}}{\text{全部产业逆矩阵横行系数的平均值的平均值}} \tag{6.3.5}$$

2. 影响力系数

里昂惕夫逆矩阵 $(E-A)^{-1}$纵列上的数值，就是反映该产业最终需求的变化对其他产业的影响程度即影响力系数的系列，表明该产业最终需求的变化而使其他产业发生相应变化的程度。纵列系数的平均值，就是该产业对其他产业施加影响的平均程度。把里昂惕夫逆矩阵中某一产业的纵列系数的平均值与全部产业纵列系数的平均值相除，就得到该产业的影响力系数 f：

$$某产业的影响力系数f=\frac{该产业逆矩阵纵列系数的平均值}{全部产业逆矩阵纵列系数的平均值的平均值} \quad (6.3.6)$$

【例 6.6】已知 $(E-A)^{-1}=\begin{bmatrix}1.62 & 0.61 & 0.50\\0.96 & 2.35 & 0.99\\0.98 & 1.04 & 1.99\end{bmatrix}$，求 e 和 f。

运用式（6.3.5），得：$e=\begin{bmatrix}e_1\\e_2\\e_3\end{bmatrix}=\begin{bmatrix}\dfrac{2.73}{\frac{1}{3}\times 11.04}\\[2ex]\dfrac{4.30}{\frac{1}{3}\times 11.04}\\[2ex]\dfrac{4.01}{\frac{1}{3}\times 11.04}\end{bmatrix}=\begin{bmatrix}0.741\ 8\\1.168\ 5\\1.089\ 7\end{bmatrix}$

运用式（6.3.6），得：$f=[f_1 \quad f_2 \quad f_3]=\begin{bmatrix}\dfrac{3.56}{\frac{1}{3}\times 11.04} & \dfrac{4.00}{\frac{1}{3}\times 11.04} & \dfrac{3.48}{\frac{1}{3}\times 11.04}\end{bmatrix}$

$$=[0.967\ 4 \quad 1.087\ 0 \quad 0.945\ 7]$$

研究者利用感应度系数和影响力系数，可以分析各产业在国民经济中的地位和作用。某产业的感应度系数越大，说明该产业受其他产业的影响越大，从而其他产业发展对该产业发展的带动作用越大。某产业的影响力系数越大，表明该产业对其他产业的影响越大，从而该产业的发展对其他产业的拉动作用越大。因此，在需要扩大内需、经济不景气的情况下，优先投资影响力系数大的产业，辅之以发展感应度系数大的产业，可以有效提高投资效应，加快经济的发展，促进内需扩大和经济复苏。

（二）产业的生产诱发系数与最终依赖系数

1. 最终需求诱发产值额

运用里昂惕夫逆矩阵 $(E-A)^{-1}$ 中某一行的数值分别乘以某个最终需求列向量（包括积累列向量、消费列向量、净出口列向量），得到由每种最终需求诱发的各产业的生产额，即最终需求诱发产值额 X_i^S：

$$X_i^S=\sum_{k=1}^{n}A_{ik}Y_k^S\ (i=1,\ 2,\ \cdots,\ n;\ S=1,\ 2,\ 3) \quad (6.3.7)$$

式中，X_i^S 表示由第 S 项最终需求所诱发的第 i 产业产值额，A_{ik} 是 $(E-A)^{-1}$ 矩阵中的元素，Y_k^S 表示第 k 产业的第 S 项最终需求额，$S=1,\ 2,\ 3$ 分别代表积累、消费、净出口三个最终需求项目。

2. 产业的生产诱发系数

揭示和认识国民经济各最终需求（积累、消费、净出口）对各产业生产的诱导作用程度，需要分别测算各最终需求对各产业生产的诱发系数 W_i^S，即某产业 i 关于某种最终需求 S 诱发的产值额除以该种最终需求的合计数：

$$W_i^S = \frac{\sum_{k=1}^{n} A_{ik} Y_k^S}{\sum_{k=1}^{n} Y_k^S} \quad (i=1,\ 2,\ \cdots,\ n;\ S=1,\ 2,\ 3) \tag{6.3.8}$$

3. 产业的最终依赖系数

揭示和认识国民经济各最终需求（积累、消费、净出口）对各产业生产的直接或间接影响程度，需要分别测算各产业生产对各最终需求的依赖系数 Z_i^S，即某产业 i 关于某种最终需求 S 诱发的产值额除以该产业的总产值：

$$Z_i^S = \frac{\sum_{k=1}^{n} A_{ik} Y_k^S}{X_i} \quad (i=1,\ 2,\ \cdots,\ n;\ S=1,\ 2,\ 3) \tag{6.3.9}$$

W_i^S 和 Z_i^S 指标具有不同的经济含义和作用。W_i^S 的作用在于认识各最终需求项目对诱发各个产业生产的作用的大小，其经济含义就是当某项最终需求的合计数（如各产业消费需求的合计数）增加一单位时，某一产业由该项最终需求的变化能诱发多少单位的生产额。Z_i^S 的作用在于认识各产业的生产对市场需求的依赖程度，其经济含义是指各产业的生产受到了哪种最终需求多大的支持。需要说明的是，由于使用了里昂惕夫逆矩阵作为工具，产业的最终需求依赖度，不仅考虑了直接的而且还考虑了间接的最终需求对产业生产的影响。

有了最终需求依赖度系数，人们就可以了解各个产业的生产主要依赖的是消费、还是积累或是出口。据此，我们可以把产业分类为“依赖消费型”产业、“依赖积累型”产业和“依赖出口型”产业。

【例 6.7】已知 $Y=(Y_k^S)=\begin{bmatrix}3 & 10 & 2\\ 8 & 20 & 2\\ 4 & 10 & 1\end{bmatrix}$，$X=(X_i)=\begin{bmatrix}50\\ 100\\ 75\end{bmatrix}$，$(I-A)^{-1}=(A_{ij})=\begin{bmatrix}1.62 & 0.61 & 0.50\\ 0.96 & 2.35 & 0.99\\ 0.98 & 1.04 & 1.99\end{bmatrix}$

运用式（6.3.8）、式（6.3.9），则得

第 2 种最终需求对第 2 种产业生产的诱发系数为

$$W_2^2 = \frac{\sum_{k=1}^{n} A_{2k} Y_k^2}{\sum_{k=1}^{n} Y_k^2} = \frac{0.61\times10+2.35\times20+1.04\times10}{10+20+10} = \frac{63.5}{40} = 1.5875$$

第 2 种产业生产对第 2 种最终需求的依赖度系数为

$$Z_2^2 = \frac{\sum_{k=1}^{n} A_{2k} Y_k^2}{X_2} = \frac{0.61\times10+2.35\times20+1.04\times10}{100} = \frac{63.5}{100} = 0.635$$

其他诱发生产系数和依赖度系数计算依此类推。

（三）综合就业系数和综合资本系数

1. 综合就业系数

综合就业系数是指某产业生产 1 单位产品，在本产业和其他产业（直接和间接）需要的就业人数。综合就业系数的计算需要利用里昂惕夫逆矩阵，计算公式为

$$(L_1L_2\cdots L_n) = (a_{v1}\ a_{v2}\cdots\ a_{vn})\begin{bmatrix} A_{11} & A_{12} & \cdots & A_{1n} \\ A_{21} & A_{22} & \cdots & A_{2n} \\ \cdots & \cdots & \cdots & \cdots \\ A_{n1} & A_{n2} & \cdots & A_{nn} \end{bmatrix} \tag{6.3.10}$$

式中，L_1,L_2，…，L_n分别为 1，2，…，n 产业的综合就业系数，A_{ij}为 $(E-A)^{-1}$中的元素，a_{v1}，a_{v2}，…，a_{vn}分别为 1，2，…，n 产业的就业系数，其计算公式为

$$a_{vi}=\frac{i\text{产业的就业人数}}{i\text{产业的总产值}}\quad (i=1,\ 2,\ \cdots,\ n) \tag{6.3.11}$$

2. 综合资本系数

综合资本系数是指某产业生产 1 单位产品，在本产业和其他产业（直接和间接）需要的资本量。综合资本系数的计算需要利用里昂惕夫逆矩阵，计算公式为

$$(K_1K_2\cdots K_n) = (a_{c1}\quad a_{c2}\cdots\ a_{cn})\begin{bmatrix} A_{11} & A_{12} & \cdots & A_{1n} \\ A_{21} & A_{22} & \cdots & A_{2n} \\ \cdots & \cdots & \cdots & \cdots \\ A_{n1} & A_{n2} & \cdots & A_{nn} \end{bmatrix} \tag{6.3.11}$$

式中，K_1,K_2，…，K_n分别为 1，2，…，n 产业的综合资本系数，A_{ij}为 $(E-A)^{-1}$中的元素，a_{c1}，a_{c2}，…，a_{cn}分别为 1，2，…，n 产业的资本系数，其计算公式为

$$A_{ci}=\frac{i\text{产业的资本额}}{i\text{产业的总产值}}\quad (i=1,\ 2,\ \cdots,\ n) \tag{6.3.12}$$

◇**案例** 6.1

中国金融业的产业关联分析

金融是国民经济的核心。通过对金融业的产业关联分析，我们可以直观地了解金融业在我国经济中的重要程度，更好地发挥金融业在各个产业资源配置中的关键作用。

一、分析数据来源

根据《国民经济行业分类》（GB/T4754—2017）的标准，可以得到 2017 年度三次产业和金融业 4 个部门的投入产出表（如表 6-5 所示）。需要指出的是，由于本案例的研究对象为金融业，故将其从第三产业中分离出来单独测算，相应的第三产业是剔除了金融业后的第三产业。

表 6-5　2017 年四部门投入产出　　单位：亿元

产业	中间使用					最终使用
	第一产业	第二产业	第三产业	金融业	中间使用合计	总产出
第一产业	14 683.79	64 691.55	5 682.39	9.15	85 066.87	110 124.03
第二产业	21 813.22	763 244.50	123 148.19	5 110.76	913 316.67	1 355 353.14
第三产业	6 723.59	166 549.38	161 868.50	27 275.43	362 416.90	697 915.83
金融业	1 451.09	28 162.33	36 191.95	7 912.02	73 717.38	94 340.53
中间投入合计	44 671.68	1 022 647.75	326 891.03	40 307.36	1 434 517.82	2 257 733.53
增加值合计	65 452.35	332 705.38	371 024.80	54 033.17	823 215.71	—
总投入	110 124.03	1 355 353.14	697 915.83	94 340.53	2 257 733.53	—

二、实证分析

（一）后向关联与前向关联分析

后向关联分析主要运用直接消耗系数和完全消耗系数两个指标，直接消耗系数是投入产出法中最基本的参数，完全消耗系数是对某产业部门的完全后向关联分析。运用相应的计算公式，得到计算结果如表 6-6 所示。根据表 6-6 的数据，我们可以发现金融业与其他产业部门的直接后向关联密切程度由高至低依次为第三产业、金融业本身、第二产业以及第一产业。说明我国第三产业的发展依托于金融业的长足发展，金融业自身的发展也是本身发展的原动力，因此我国应该保证金融业稳定健康发展。

表 6-6　金融业直接消耗系数与完全消耗系数

产业		第一产业	第二产业	第三产业	金融业
金融业	直接消耗系数	0.000 097	0.054 174	0.289 117	0.083 867
	完全消耗系数	0.023 639	0.344 845	0.481 256	0.126 947

前向关联分析主要运用直接分配系数和完全分配系数两个指标，其中直接分配系数常用来对某产业部门进行直接前向关联产业分析，完全分配系数是对某产业部门进行完全前向关联产业分析的基础参数。运用相应的计算公式，得到计算结果如表 6-7 所示。根据表 6-7 的数据，我们可以发现我国金融业与各个产业的直接前向关联程度均较高。

表 6-7　金融业直接分配系数与完全分配系数

产业		第一产业	第二产业	第三产业	金融业
金融业	直接分配系数	0.015 381	0.298 518	0.383 631	0 083 867
	完全分配系数	0.050 692	1.226 836	0.711 419	0.126 947

通过进一步比较金融业的直接分配系数和完全分配系数，我们可以发现金融业与各行业之间存在的完全前向关联程 度高于直接前向关联程度。这一现象说明目前我国整体经济各产业发展对金融业的发展不仅仅体现在直接需求拉动作用上，更体现在间接需求拉动作用上。

（二）影响力和感应度分析

产业的影响力分析主要运用影响力系数，产业的感应度分析主要运用感应度系数。运用相应计算方法，计算得出第一、第二、第三产业和金融业的影响力系数分别为0.876 155、1.362 090、0.927 803和0.833 952。第二产业的影响力系数最大，其余产业部门的影响力系数均接近1，说明第二产业仍然是拉动国民经济增长的“主力军”，是整个国民经济的支柱性产业，但其他部门产业对国民经济增长的积极作用也是不容忽视的。同样运用相应计算方法，计算得出第一、第二、第三产业和金融业的感应度系数分别为0.593 264、1.745 890、1.090 474和0.570 372。金融业的感应度系数最小且小于其自身的影响力系数，表明我国金融业相对于其他部门产业，受整体国民经济的拉动效应最不明显。由此看出，我国金融业仍然属于“瓶颈”部门，并且“瓶颈”地位较为突出，金融业还存在很大的发展空间。

资料来源：李婧楠. 基于2017年中国投入产出表的金融业产业关联分析［J］. 中国市场，2021（2）.

【案例讨论】

根据上述分析，我国可采取什么措施促进金融业发展？

思考题

1. 阐述产业关联的含义及其实质。

2. 如何利用投入产出分析法对产业关联程度进行分析？

3. 试根据某年的《中国统计年鉴》中投入产出基本流量表和其他数据，计算三次产业间的直接消耗系数、完全消耗系数、产业的生产诱发系数、产业的最终依赖系数、综合就业系数、综合资本系数等。

【推荐阅读】

1. 李强，刘起运. 当代中国投入产出实践与研究［M］. 北京：中国统计出版社，1999.

2. 国家信息中心. 中国区域间投入产出表［M］. 北京：社会科学文献出版社，2005.

【参考资料】

1. 干春晖. 产业经济学教程与案例［M］. 北京：机械工业出版社，2007.

2. 简新华，杨艳琳. 产业经济学［M］. 2版. 武汉：武汉大学出版社，2009.

3. 刘志迎. 现代产业经济学教程［M］. 2版. 北京：科学出版社，2014.

4. 邬义钧，邱钧. 产业经济学［M］. 北京：中国统计出版社，1997.

5. 里昂惕夫. 投入产出经济学［M］. 崔书香，等译. 北京：商务印书馆，1980.

第七章 产业发展

产业发展是指产业的产生、成长和进化过程。后工业化、知识经济和全球化时代，产业发展中技术进步因素起着越来越重要的作用，呈现出一些新特点和新趋势如产业融合、产业生态化，同时产业安全也成为越来越需要认真对待的课题。本章将对产业发展上述领域的理论研究进展进行阐述。

第一节 产业发展基本理论

所谓经济发展，是指一个国家或者地区按人口平均的实际福利增长过程。经济发展包含三层含义：经济量的增长，即一个国家或地区产品和劳务的增加，它构成了经济发展的物质基础；经济结构的改进和优化，即一个国家或地区的技术结构、产业结构、收入分配结构、消费结构以及人口结构等经济结构的变化；经济质量的改善和提高，即一个国家和地区经济效益的提高、经济稳定的程度、卫生健康状况的改善、自然环境和生态平衡以及政治、文化和人的现代化进程。产业发展是经济发展的核心，没有产业的发展，就不会有经济的增长、经济结构的优化和经济效益的提高，经济发展的过程就是产业发展的过程。研究产业发展对促进国民经济的发展具有特别重大的意义。

一、产业发展与产业增长

（一）产业发展的内涵

产业发展具有深刻的内涵。作为产业的产生、成长和进化过程，产业发展既包括单个产业的进化过程，也包括产业总体的进化过程。对单个产业而言，产业发展是指产业从产生、成长、成熟再到死亡的过程，包含了产业规模、内部结构、组织状态、空间布局、经济效益等方面的演进。对总体产业而言，产业发展是指产业组织合理化、产业结构优化、产业布局合理化、产业运行高效化的过程，即产业发展水平不断提高的过程。

（二）产业发展水平评价

产业发展水平可以从四个方面进行评价。第一，产业的增长，具体指标如产业综合生产能力指数、产业产品指数、收入的增长指数等。第二，产业的均衡发展，一方面是指产业部门间的均衡发展，另一方面是指产业发展的稳定性，即从时间序列的产业波动性评价产业的均衡发展程度。第三，产业的协调发展，主要评价产业部门、产业要素在产业发展中协调一致的程度。产业发展协调性差，各发展部门、要素会相互牵制，阻碍产业整体发展进步。第四，产业发展的效率，主要是考察产业发展的质量和效果。上述四个方面，实质上反映了一定时期产业发展的状况。

（三）产业发展与产业增长的关系

产业增长是指产业产出的增加。产业发展与产业增长既有联系，又有区别。产业发展包含着产业增长，产业发展首先是产业产出的增加，但产业发展的内容不仅仅如此，还包括产业结构的改进与优化、产业增长的质量提升等内容。产业增长是产业发展的前提，产业发展首先必须求得产业增长，并应使增长达到一定的速度和规模，没有增长这个前提和先导，发展的各方面将失去基础。

二、产业生命周期①

从产出看，产业是同类产品及其可替代产品的集合，从生产看，产业是生产同类产品的企业的集合，因此，产业生命周期与市场营销学研究的产品生命周期、企业管理学研究的企业生命周期存在着密切的联系。

（一）产品生命周期

市场营销理论认为，产品生命周期是指产品从最初进入市场到最终退出市场的时间周期，通常分为进入期、成长期、成熟期、衰退期四个发展阶段。产品生命周期从图形上看，是一条S形曲线。如图7-1所示。

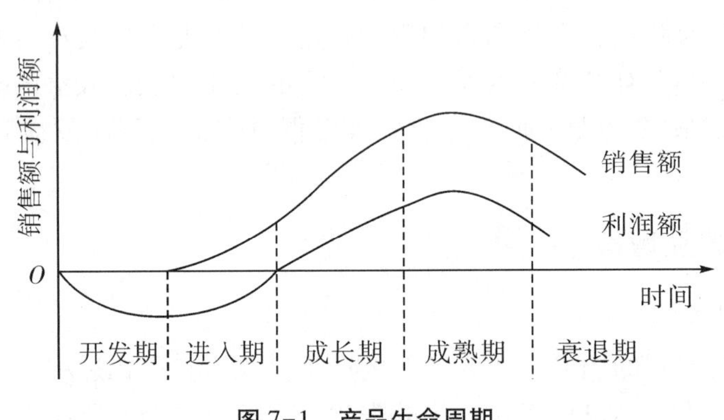

图7-1　产品生命周期

产品生命周期各个阶段具有不同的特征。

进入期：产品开始进入市场，成本较高，销售量少，利润率低，一般处于亏损状态。

成长期：产品销售量快速增长，利润率提升，总利润增加。

成熟期：成本与销售价格下降，规模经济形成，销售量和利润达到最大值，然后开始下降。

① 刘志迎．产业经济学［M］．2版．北京：科学出版社，2014.

衰退期：市场需求量大幅下降，导致销售量、利润下降，产品最终退出市场。

（二）企业生命周期

社会经济活动中，时刻都有新企业的诞生和原有企业的停业。从生物学的角度看，企业是有寿命的。企业从其设立之日起至停业之日止的一段时期，就是企业的寿命周期。企业的寿命有长有短，不一而足。相关研究表明，日本企业的平均寿命是 30 年，美国企业的平均寿命是 40 年，西方国家还活跃着一批寿命达百年以上的企业，如美国的通用电器公司。

一般而言，企业生命周期可以划分为四个阶段：创业期、成长期、成熟期、衰退期。如图 7-2 所示。

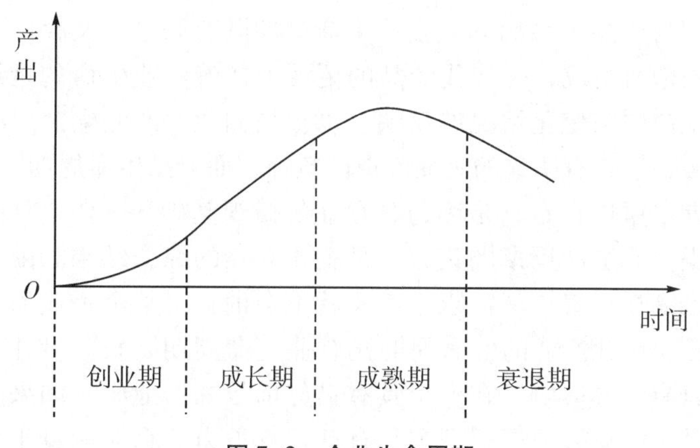

图 7-2 企业生命周期

创业期的企业刚刚诞生，此时产品品种单一、产量低、成本高、质量不稳定，导致市场占有率低，管理水平不高。

成长期内的企业规模迅速扩大，市场占有率显著提高，平均成本快速下降，管理开始规范化，企业利润快速增加。

成熟期的企业是发展最辉煌的时期，企业规模、销售量、利润、市场占有率、技术水平、社会认可度等，都处于最佳状态。

企业处于衰退期时，技术逐渐落后，产品不能适应市场需求，市场占有率下降，管理困难，利润大幅度下降，财务状况恶化，导致最终不得不停止生产或转产。

（三）产业生命周期

产业的发展，最初表现为投入一定的生产要素，形成一定的产出规模和市场需求，这一阶段称为形成期。随着市场需求的增长，产业的要素投入和产出规模不断增加，产业进入成长期。当产业的市场需求趋于饱和，经济和社会效益趋于最大，要素投入和产出增长趋缓甚至出现一定程度的下降，但投入和产出仍然保持较大规模时，表明产业进入成熟期。当产业的市场需求和产出规模显著减少时，产业进入衰退期。形成期、成长期、成熟期和衰退期，是构成产业生命周期的四个阶段，用图形表示也呈 S 形曲线，如图 7-3 所示。但相对企业生命周期曲线，产业生命周期曲线要平缓得多，表明产业的整个生命周期时长要比企业长得多。

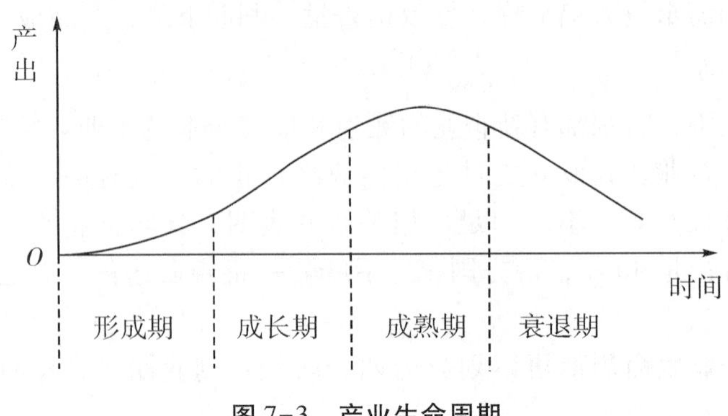

图 7-3　产业生命周期

产业生命周期与产品生命周期、企业生命周期既有联系，又存区别。产业生命周期是由产品生命周期所构成，一代代产品的更替维持着产业生命的延续，产业生命周期是对众多产品生命周期变化情况的反映。也正是如此，产业生命周期变化要比产品生命周期变化缓慢，且具有明显的衰而不退的特征，而产品生命周期可能很短暂。

产业生命周期之所以存在，是因为其存在的微观基础——企业具有生命周期。产业生命周期是同类企业生命周期的集合，是企业兴衰的综合结果。由于存在着企业的此消彼长，只要产品存在着市场需求，产业就不会消亡，某个企业的消亡并不意味着产业会衰退、消亡，因此产业的生命周期比企业生命周期要长。另外，产业生命周期对企业生命周期具有重要影响。在一个具有良好前景的产业中，如果一个企业不具有有利的竞争地位就不能充分发展；一个具有良好竞争力的企业栖身于一个前景黯淡的产业里，也不可能获得成功。

三、产业发展战略

（一）产业发展战略的内涵

产业发展战略是指从产业发展的全局出发，分析构成产业发展全局的各个局部、因素之间的关系，找出影响并决定产业全局发展的局部或因素，而相应做出的有关产业发展的筹划和决策或总体规划与大政方针。产业发展战略是政府促进产业发展的关键性措施，其规定了产业发展的总目标和总方针，决定了产业发展的方向，明确了产业发展的任务和措施。

产业发展战略与国民经济规划不是一个概念，两者之间既有联系又有区别。国民经济规划确定了一定时期经济发展所要实现的目标任务和所采取的相应措施，包括产业发展的任务和措施；产业发展战略是根据国民经济发展规划的要求，制定出来的具体的产业发展规划与发展方针。

（二）产业发展战略体系

产业发展战略体系包含战略思想、战略目标、战略重点、战略阶段和战略对策等要素，其中战略思想是灵魂，战略目标是目的，战略重点、战略阶段、战略对策是措施，这些要素既有其各自不同的特征，又相互依存，构成一个完整的产业发展战略体系。

1. 战略思想

战略思想是指导战略规划的制定和实施的基本思路与观念，包括战略理论、战略分析、战略判断、战略推理。战略思想具体化后就可以逐步形成战略方针和战略目标。

2. 战略目标

战略目标是在分析产业发展内外环境的基础上，根据战略指导思想做出的较长时期经济活动的预期结果。战略目标一般包括两个层面的内容：一是战略要解决的中心问题；二是最终要达到的发展水平。战略目标的制定，应注意几方面问题。第一，目标既要切实可行，又要有激励作用。目标太高，会变成不可能完成的任务；目标太低，会失去目标制订的意义。第二，目标要便于衡量。这要求建立一个完整的指标体系来反映目标的实现情况，指标体系内容通常包括几个方面：①增长速度；②结构变化，即确定重点部门和增长速度；③技术进步；④经济效益，包括劳动力生产率、成本、利润等；⑤提高人民物质文化生活水平；等等。

3. 战略重点

战略重点是指那些关系到战略目标能否实现的重要而又薄弱的项目和部门，是构成一套完整战略的基本要素之一。只有抓住战略重点才能保证战略目标的实现。

4. 战略阶段

产业发展战略的期限较长，短的有10年左右，长的为20、30年。因此，产业发展战略目标的实现不可能一步到位，必须经历若干个阶段，一步步向前发展；应将总的战略目标分解成阶段性目标，通过分阶段目标的实现，来促成总目标的实现。战略阶段的划分没有统一模式，而是根据各自的战略特点来划分，一般来说可以分为准备阶段、实施阶段和完善阶段。

5. 战略对策

战略对策是战略目标实现的一套重要方针、措施的总称。战略对策是保证战略实现的手段，即战术。战略对策的实施，一般要经历“研究变化—抓住战机—采取措施—改变态势”的过程，最终达到实现战略目标的目的。

（三）产业发展战略类型

历经许多国家和地区发展的实践，至今已形成了一些具有代表性意义的产业发展战略。发展中国家可以根据自己的实际情况，选择合适的发展战略，在此基础上制定自己的发展战略体系规划。

1. 均衡与非均衡产业发展战略

均衡与非均衡产业发展战略的理论基础，分别是均衡增长理论、非均衡增长理论。前文对产业结构成长模式的阐述中，已述及均衡发展模式、非均衡发展模式。产业的均衡和非均衡发展战略，与产业结构成长的均衡发展模式、非均衡发展模式内涵类似，此处不再赘述。

需要指出的是，均衡产业发展战略实施具有很大的局限性，只有在资源相当丰富、资本十分充足的条件下才能有效实施，对于发展中国家而言不太合适。非均衡产业发展战略实施的要求相对较低，比较适合发展中国家，但如何选择优先发展的产业是一个较难的课题。

2. 进口替代与出口促进产业发展战略

进口替代产业发展战略是指发展国内制造业代替制成品进口的内向型产业发展战略。进口替代战略以实现工业化为战略目标，以发展本国制造业为主要战略方针，以实行贸易保护政策、抵制国外制成品的进口和竞争、保护国内市场和发展民族工业为主要战略措施。此战略大体可以分为两个阶段：第一个阶段是用国内生产的非耐用消费品代替进口的同类产品；第二个阶段是用国内生产的耐用消费品、重工业产品和化工产品代替进口品。进口替代战略适合有丰富的自然资源和劳动力资源，国内市场容量比较大，经济结构呈现二元性特征的国家。其缺点是需要政府实行贸易保护主义政策才能进行，不利于提升本国产业的国际竞争力。

出口促进战略是指优先发展出口产业，通过扩大出口来增加资本积累、扩大市场和实现规模经济，带动整个经济增长的产业发展战略。出口促进战略建立在比较利益理论基础之上。20 世纪 60 年代，一些发展中国家通过实施出口促进战略，较好地实现了国民经济的发展。相对而言，出口促进战略比较适合国内市场较小的小型经济体国家。其缺点是往往需要集中资源来支持出口产业的发展，造成经济发展的畸形，且同时还需要配合以促进出口的优惠政策措施如关税保护、出口补贴，会带来出口产业生产效率和经济效益的低下，增加财政负担。

对于一些幅员辽阔、资源丰富、国内市场较大的发展中国家而言，其往往需要结合使用进口替代与出口促进战略。如此，其可以扬长避短、优势互补，在借助国际市场促进本国经济发展、提升本国产业国际竞争力的同时，能维持本国经济的独立自主性，提高本国产业的国际竞争力，减少对国外的依赖，促进财政收支平衡。

3. 轻、重工业优先发展战略

重工业是生产生产资料的工业，是国民经济扩大再生产和进行技术改造的物质基础。发展中国家要在技术进步条件下实现扩大再生产，独立自主地发展本国经济并实现工业化，就要优先发展重工业，使生产资料生产的增长速度超过消费资料生产的增长速度。因此，一些国家在推进工业化过程中采取了优先发展重工业的战略。但是，在实施重工业优先发展战略的同时，不能忽视消费资料产业（主要是轻工业和农业）的发展，两者应至少维持基本的平衡。否则，由于消费的不足会严重影响人民群众的生活水平，导致社会稳定失控，同时缺少来自轻工业、农业的有效配合与支持，重工业最终也无法维持继续发展的格局。

轻工业需要的投资少、建设周期短、投资回收快且就业效应显著，因此许多发展中国家会实施优先发展轻工业的战略。但是优先发展轻工业的弊端，是生产资料如机器设备、中间投入品等主要依靠进口，容易形成对外依赖性，不利于本国产业的技术进步和升级，也不利于建立独立自主的国民经济体系。因此，优先发展轻工业战略适宜在一国工业化初期采用，且在轻工业发展取得一定成效时，应及时加快重工业的发展，避免两者的发展出现失调、不同步。

◇**案例** 7.1

中国产业高质量发展的战略对策

在国内外形势深刻变化、国际竞争日益激烈的时代背景下，中国产业应制定什么样的战略对策，以求得生存并实现发展壮大呢？国务院发展研究中心产业经济研究部研究室主任、研究员、博士生导师魏际刚提出了自己的战略对策建议。

一、战略方针

未来很长一段时间，全球格局将进入深度调整期，国际产业竞争将加剧。中国产业发展战略制定应遵循发展规律、竞争规律，灵活应对世界发展变化，牢牢把握时代发展之机，着力化解发展中的问题与风险；总体上可采取“扬长补短，攻守兼备”“稳中求进，重点突破”“虚实互动，软硬一体”“上下互济，时空优化”“互利共赢，内外统筹”等战略方针。

“扬长补短，攻守兼备”。面对日益激烈的全球竞争，我国要充分发挥自己的产业优势领域，着力弥补发展中的短板，消除产业发展的瓶颈。有竞争力的产业在全球进行布局，缺乏竞争力的产业如幼稚性产业、对外依赖性产业、产业链薄弱环节要加强防御能力，增强供应链弹性，确保产业链供应链安全。

“稳中求进，重点突破”。我国要保持传统产业的稳定发展，圆满完成工业 2.0 与工业 3.0 的任务；依托传统产业优势，加快发展新兴产业，超前部署未来产业，有序推进工业 4.0 等各项战略任务；要重点突破关乎国家安全与战略能力的关键产业、关键技术、关键部件、关键基础设施的瓶颈，占据未来战略竞争制高点。

“虚实互动，软硬一体”。推动农业、工业、服务业等实体经济与金融良性互动，推动农业、工业与服务业联动发展，推动农业、工业、服务业与信息网络深入融合，推动硬件、物理基础设施与软件、数字化基础设施等一体化发展。

“上下互济，时空优化”。推动产业链上中下游、供应链中的供方需方、创新链中研发设计与商业化产业化等协同发展，提升产业生态、创新生态的共生性、复杂性、韧性与灵活性；分产业有步骤有计划地推进升级，统筹短期与长期发展。完善地区间分工协作网络，持续优化产业空间布局。

“互利共赢，内外统筹”。大力增强中国的全球连接能力与流动能力，积极参与全球经济治理，维护全球供应链安全稳定开放，将中国与世界多数国家的生产网络、贸易网络、创新网络、物流网络、资源网络等紧密联在一起，合理布局支撑中国发展的全球网络，构建中国的全球生产贸易体系。

二、战略措施

在战略方针的指引下，我国可以从“质量提升、效率变革、新产业成长、创新、模式升级、空间布局优化、可持续发展、要素支撑”等维度选择和制定战略措施。

措施 1：推动标准化、精益化、管理优化相结合的质量提升。强化标准引领，形成“底线标准、消费者满意标准、战略性标准、国家安全标准、未来标准”相统一的产业标准体系。形成以质量为导向的资源配置方式，构建质量与价格的科学联动、反应机制。推动企业精心设计、精益生产、精细服务。健全企业质量管理体系，提高全面质量管理水平。推动企业社会责任制度、诚信体系建设，完善产品召回制度。

措施2：推动数字化、网络化、智能化赋能的效率变革。围绕着降本增效、供需对接的要求，推动产业数字化进程。加强应用数字化、网络化、智能化技术，对供应链不同环节、生产体系与组织方式、产业链条、企业与产业间合作等进行全方位赋能。加快运用物联网、大数据、云计算、人工智能、5G、区块链等信息网络技术，促进企业内的人、物、服务以及企业间、企业与用户间互联互通、线上线下融合、资源与要素协同。

措施3：推动新产品、新服务、新技术、新业态为导向的新产业成长。把握新一轮产业革命的重大历史机遇，大力发展下一代信息网络、高端装备、生物、新材料、新能源、特高压、节能环保等战略性新兴产业。

措施4：推动不同类型、层级、领域创新体系建设的创新驱动。围绕国家战略、市场需求、未来方向等，推动企业、产业结合自身情况，升级创新范式，促进产业链与创新链深度耦合。推动政产学研用有机结合，推动企业创新体系、产业创新体系、国家创新体系建设，打造世界级的创新生态系统。

措施5：推动平台化、共享化、供应链化、生态化的商业模式升级。改变企业单打独斗、单一“产业”思维，转向“体系”思维，促进产业融合，构筑产业、资金、市场、人才、平台、技术等诸多要素协同的产业与市场高效对接的新商业模式。

措施6：推动地区、国内、国际产业分工深化的空间优化。按照“有所为、有所不为”“充分发挥比较优势与后发优势”“形成自身独特竞争优势”“畅通国内循环国际循环”等思路，推动各地区从全球分工体系与国家发展战略角度精准定位，选择好主导产业、支柱产业与优势产业，培育特色鲜明、专业化程度高、配套完善的产业集群。发达城市群可着力打造世界级产业集群。

措施7：推动将绿色、循环、低碳理念导入各次产业、产业全生命周期的可持续发展。在产业发展的规划、设计、生产、流通、物流、消费、投资、运维、评价、治理、供应链等各方面体现资源节约、环境友好的目标，推动产业绿色化转型与绿色产业发展，统筹推动绿色产品、绿色工厂、绿色园区和绿色供应链发展。

措施8：通过要素供给升级与体制机制有效保障来提高产业发展潜力的要素支撑。包括：符合时代技能要求与知识结构的丰富人力资源；先进适宜的技术装备；强大、智能、安全、绿色的物理基础设施、数字化基础设施与创新基础设施；规模适度的多层次多渠道资本体系等。

资料来源：魏际刚. 中国产业高质量发展的战略与路径［J］. 中国经济时报—中国经济新闻网，2020-08-25.

【案例讨论】

请选择某一产业，根据案例中所提出的产业高质量发展的战略措施建议，分析其可采取的具体战略措施。

第二节　产业技术：创新与扩散

技术创新是产业技术进步的核心内容，是塑造产业核心竞争优势的主要手段。凡具有强大竞争力的产业，均具有强大的技术创新能力。

一、创新的特点与作用

产业经济学里使用的创新是熊彼特的创新概念，创新是一种新的生产函数的建立，即实现生产要素和生产条件的一种从未有过的新结合，并将其引入生产体系。此概念具有两层含义：第一层含义，是发明一种新知识或技术；第二层含义，是将新知识或技术应用于生产。

（一）创新的特征

创新就是一个发明新知识或技术并应用于生产的过程，这个过程的存在使得创新具有几方面的特征。

1. 创新具有高风险性

创新活动是一个系统工程，涉及许多环节和众多影响因素，这使得创新过程和结果均不可控，创新具有不确定性。首先，发明新知识或技术是一个复杂、艰难的过程，或许成功只是一个偶然的结果，多数时候大量的付出并不一定有收获。其次，即使有成果的产生，此项成果是否具有市场前景也具有不确定性，说不定会被市场证明是毫无价值的。创新的不确定性，使得创新的成功率很低，为创新投入的大量资源的预期回报不确定，创新具有高风险性。

2. 创新具有高回报率

经济活动中，高风险往往与高收益联系在一起，创新活动同样如此。创新虽然成功率不高，但创新一旦成功且成果顺利应用于生产，则至少在专利保护期内，能保证创新企业获得超额利润。

3. 创新具有时效性

创新的时效性，主要体现在技术的不断更新换代上。一个时期的创新技术，只切合该时期的市场需要。一旦经济发展水平的变化或其他因素导致市场需求发生变化，那么以该技术为支撑的产品将不再适宜市场，这时就需要决策开展新的创新活动。

（二）创新的作用

产业经济学里的创新主要是技术创新，技术创新对产业主要有三个方面的作用。

1. 技术创新有助于实现产业增长

当前的产业发展阶段，已走过依靠生产要素和投资推动的粗放型增长阶段，进入创新推动的集约型增长阶段。在此阶段里，各产业通过技术创新，可以在资源稀缺的前提下实现生产要素的重新组合，展开新的生产方式下的生产，生产出新的产品或提高生产效率，从而可以创造出新的市场需求，促进产业规模的扩大，实现产业增长。

2. 技术创新有利于促进产业技术进步

随着经济发展水平的提高，市场需求不断升级。市场对于产业可持续发展的要求也越来越严格。这要求产业要不断实施技术进步，采用新技术应用于生产，以此适应新时期产业生存与发展的需要。实施技术创新，不断推出新技术应用于产业，可以有效促进产业技术进步，推动产业实现升级。

3. 技术创新有助于提高产业竞争力

一般而言，竞争可以分为两种类型：一种是建立成本优势，进行价格竞争。其思路是通过技术创新，或是降低生产过程的耗费，或是获取更低廉的原料来源，或是开辟更为合理的销售渠道，以此降低产品制造成本，掌握产品销售价格的主动权，把大多数竞争对手逐出共同的市场。另一种是差异化竞争，即通过创造与众不同的产品来博得消费者的青睐，吸引消费者，从而取得市场竞争优势。实施产品差异化，也意味着要不断进行技术创新，推出改进型和创新型产品，适应越来越细化的市场需求。由此可见，竞争离不开技术创新，其是依赖于技术创新的。不断推动技术创新，有利于提高企业和产业的竞争力，树立市场竞争优势。

二、创新理论的发展

一般认为，对创新问题的研究始于熊彼特。熊彼特的创新理论主要发表在其《经济发展理论》一书中，本书第二章第三节已对此进行过阐述。

熊彼特之后的西方学者，于20世纪50年代中期以后开始兴起对技术创新的研究，研究主要围绕两个方向进行：一是新古典经济学家将技术进步纳入新古典经济学的理论框架中，形成经济增长理论以及之后的新经济增长理论；二是侧重研究科技进步与经济结合的方式、途径、机制以及影响因素等，以经验研究和案例分析为其突出特点。上述研究秉承经济分析的熊彼特传统，强调技术创新和技术变革在经济增长中的核心作用，承认企业家是推动技术创新的主要推动力，承认经济结构对于技术创新的促进作用，迷恋熊彼特所谓的创新的“创造性毁灭过程”。这些遵循熊彼特传统的经济学家，主要集中在英国和美国，尤以英国苏塞克斯大学的科学政策研究所（SPRU）最为著名，包括了弗里曼、多西、帕维特等人，他们发表了大量重要的技术创新研究成果。在美国，遵循熊彼特传统的经济学家主要有斯坦福大学的罗森博格和哥伦比亚大学的纳尔逊等。

上述新熊彼特学派的学者在技术创新研究中的共同特点，是注重对技术创新过程的研究，技术创新产生的技术经济基础、技术轨道与技术范式、技术创新群集、技术创新的扩散以及长波等重大理论问题，是他们研究的重点。在长期的研究工作中，这些学者在熊彼特理论的基础上提出了许多著名的技术创新模型，如企业家创新模型、线性模型、相互作用模型、链环—回路模型和创新周期模型等。其中，施穆克勒的《发明与经济增长》一书，对1840—1950年美国4个主要资本货物部门（铁路、石油冶炼、农业机械和造纸业）及部分消费品工业部门的专利数与投资额进行了统计分析，得出了市场成长和市场潜力是发明活动速度和方向的主要决定因素的结论，以此提出了创新的需求拉动说。这与熊彼特的技术推动说显然是不相符合的。苏塞克斯大学科学政策研究所的沃尔什、汤德森、阿奇拉德利斯和弗里曼等人，于1979年进行的一项研究批评了施穆克勒的方法，他们的研究结论与熊彼特的理论更为一致，即“科学、技术与市场之间的联系是复杂的、相互作用的，而且是多方向的，主要驱动力量随时间和工业部门不同而有所变化”。罗森伯格从技术特性与经济特性方面展开研究，他在自己的代表作《黑箱之谜：技术与经济学》中指出：“作为基本的、演进着的知识基础的科学技术同市场需求的结构一道，在创新中以一种互动方式起着核心作用。忽略任何一方面都将导致错误的结论和政策”，从而将技术推动论和需求拉动论有机地结合起来。总体来看，这些研究的共同特点，是越来越强调创新活动是一个复杂的相互作用的过程，而忽略了其赖以进行的具体历史环境和历史条件的特殊性，即国家专有因素的特殊作用。在这样一种背景下，以弗里曼和纳尔逊为代表的一些新熊彼特主义技术创新经济学家开始强调李斯特传统，重视技术创新的国家因素以及具体的社会制度和文化背景，从而将李斯特传统和熊彼特传统有机地结合起来。

三、创新的扩散

创新具有外部性，创新的外部性是指非创新者从创新中获得收益而不需要支付相应的报酬。创新的外部性是由创新的扩散造成的，创新的扩散使其他企业存在“搭便车”的可能，从而使创新企业为创新付出较大的成本而不能得到全部收益。创新的扩散实质上就是技术扩散，所谓技术扩散是指将技术创新成果从一方向另一方传递的过程。对于技术扩散问题，理论界已经形成了几种相关理论。

（一）技术扩散论

从20世纪60年代开始，全球范围内的技术扩散活动日趋活跃，技术扩散对于区域经济增长的贡献率大幅度提高，这使理论界对于技术扩散问题的研究成为热点。瑞典隆德大学的黑格斯传德（T. Haegerstrand）教授最早从空间视角对技术扩散现象进行研究，其在1953年出版的专著《作为一个空间过程的创新扩散》中，首次系统地阐述了技术扩散理论。之后，一批学者加入研究行列，并取得了一系列有价值的成果。

技术扩散的原因，主要是新技术开发者生产的产品优于其他产品导致的势能差。尽管如此，技术扩散是否发生，取决于创新潜在采用者对创新的“采用阻力”。采用阻力主要由社会阻力、经济阻力组成，更高的阻力水平需要更多的扩散信息积累来促使采用发生。如果采用阻力小于扩散信息的积累效果，潜在创新采用者将采用创新技术，则扩散就会发生，反之则不会发生。

黑格斯传德提出了技术扩散的“四阶段模型”①，指出技术扩散的强度有随距离增加而衰减的趋势：在开始阶段，扩散强度随距离衰减特征显著，但随着时间的推移，在扩散阶段、冷凝阶段和饱和阶段，扩散强度随距离衰减的特征逐渐减弱。

一些学者依据企业内部技术创新行为模式的不同，将技术扩散分为顺序式技术扩散、部分重叠式技术扩散和并行模块式技术扩散三种类型。顺序式技术扩散是指一个

① T HAEGERSTRAND. Innovation Diffusion as a Spatial Process［M］. Chicago：The University of Chicago Press，1968.

创新扩散完成后再进行下一个创新扩散的扩散模式；部分重叠式技术扩散是指两个创新扩散之间可以部分重叠的扩散模式；并行模块式技术扩散是指各种创新扩散互不干扰，可以同时进行的扩散模式。各个创新扩散类型具有不同的内容、流量与效果，在技术更新速度加快和信息传递便捷迅速地时代背景下，顺序式技术扩散的劣势日益突出，而部分重叠式、并行模块式技术扩散则因其技术流动高速、高效，日益成为技术扩散方式的主流。

（二）技术模仿论

美国经济学家曼斯菲尔德[①]认为技术扩散是一个学习和模仿的过程，并建立了新技术推广模式。曼斯菲尔德提出四个假定：第一，完全竞争的市场，新技术不是被垄断的，可以按照模仿者的意愿自由选择和使用；第二，专利权对模仿者的影响很小，任何企业都可以对某种新技术进行模仿；第三，在新技术推广过程中，新技术本身不变化，从而不至于因新技术变化而影响模仿率；第四，企业规模的大小差别不至于影响采用新技术。在上述假定的基础上，曼斯菲尔德指出，在一定时期内某一部门中新技术的推广速度受到三个因素和四个补充因素的影响。

三个因素是：①模仿比例，即一定时期内某一部门中采用新技术的企业数与总企业数之比。模仿比例越高，意味着采用新技术的情报和经验越多，模仿的风险就越小，对其他未采用该新技术企业的推动力也越大，采用新技术的速度就越快。②模仿相对盈利率，即相对于其他投资机会而言的盈利率。相对盈利率越高，模仿的可能性就越大，企业越愿意采用新技术，推广速度就越快。③采用新技术要求的投资额。在相对盈利率相同的情况下，采用新技术要求的投资额越大，推广速度就越慢，模仿的可能性就越小。四个补充因素包括：①旧设备还可以使用的年限，年限越长，推广速度就越慢；②一定时间内该部门销售量的增长情况，增长越快，推广速度就越快；③某项新技术首次被某个企业采用的年份与后来被其他企业采用的时间间隔，间隔越长，推广速度就越慢；④该项新技术初次被采用的时间在经济周期中所处的阶段，阶段不同，推广速度也不同。

曼斯菲尔德的技术模仿论主要是解释一项新技术首次被某个企业采用后，究竟需要多久才能被该行业的多数企业采用。

（三）技术转移理论

技术转移过程可以用图形来表示，如图 7-4 所示，图形呈现为 S 形曲线。

技术转移过程之所以呈 S 形曲线，主要有两个原因：一是信息的传播；二是技术具有的不确定性。在一项创新问世的初期，采用创新的企业少，信息源和信息的传播者也少，而且创新本身的技术稳定性、经济性尚不确定，因而大多数企业不会急于采用创新，技术扩散转移率自然就低。随着采用创新的企业的增加，信息源和信息的传播者都增加了，创新的完善程度也提高了，采用创新的企业也会很快增加，因此技术扩散转移率就不断上升，而且上升的速度加快。然后，随着扩散率的不断上升，到了

① MANSFIELD E. Technical Change and The Rate of Imitation [J]. Econometrics, 1961, 29 : 741-766.

一定阶段后潜在采用者的数量不断减少且趋近于零，采用者数量的增加也趋近于零了，此时扩散率上升的速度趋于零。

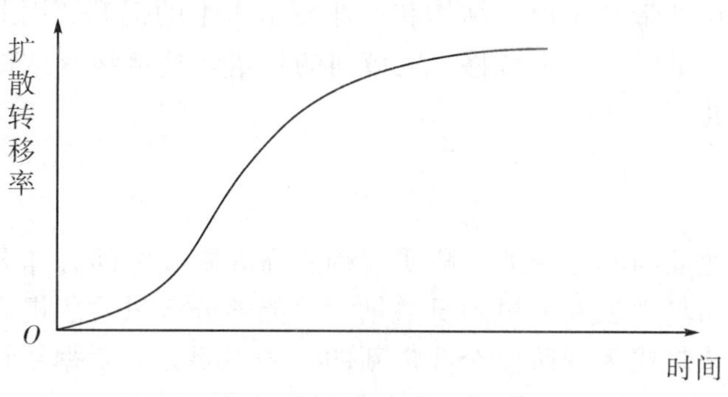

图 7-4　技术转移曲线

技术转移首先在产业内和产业间进行。1962 年，阿罗在其《边干边学的经济含义》一文中，提出了“干中学”的知识变化模型，这里的学习是指知识或技术的获得过程。不仅进行投资的厂商可以通过学习积累经验而提高其生产效率，其他厂商也可以通过学习而提高生产效率。技术在产业内和产业间的转移，是通过“干中学”实现的。格罗斯曼（S. J. Grossman）和赫尔普曼（E. Helpman）是研究与开发（R&D）学派的代表人物，他们的观点之一，是 R&D 具有完全的外溢效应，通过外溢效应推动创新技术在产业内和产业间的转移。

技术转移也在区域内和区域间进行。区域间技术经济发展的不平衡，形成了由高到低、有序的技术梯度差距。技术总是由发达国家向不发达国家、先进地区向落后地区扩散，即技术按梯度转移。①国际技术转移。曼斯菲尔德将国际技术转移分为垂直转移和水平转移，主要研究了国际技术转移的成本问题，成本包括：专利和特许使用费；资源成本；效率损失；消化吸收费用；等等。一些学者们的研究得出了“二元技术结构理论”，即国家间或国家内都存在双重结构——先进技术和落后技术并存，要改变这种状况就必须进行技术转移。国际技术转移的方式，主要有对外直接投资、国际商品贸易、国际技术贸易、国际科技合作与交流、国际技术援助等。②国内区域间技术转移。一国国内区域间的技术转移主要拥有两种代表性理论：

第一，技术区位转移理论。一国国内的区域间技术转移首先是通过创新地与最早的接受者的信息传输发生，然后首批接受者又作为新的创新者继续扩散，如此经过若干时段，接受者的累积数量将趋于饱和，转移过程即结束。根据转移过程中空间的区位变化来分，技术转移有三种类型：扩展转移，其特点是围绕创新起源点向周围地区扩散，在空间上表现为一定的链型性；等级转移，创新循着一定的等级序列顺序转移，如规模顺序、科技文化层次、社会和经济地位等，其决定因素为接受者的位势；位移转移，表现为转移接受者随时间产生非均衡的位移，主要是由移民或其他形式的人口流动引起的。

第二，技术转移与产业结构调整理论。由于要素禀赋、发展基础、分工的不同以及国家发展战略的影响，区域间的产业技术水平形成了梯度差距。高梯度地区由于产业升级、产业结构调整的需要，需要将成熟产业及其技术扩散出去，以此腾出资源和空间发展更高层次产业；低梯度地区通过吸收转移进来的产业及其技术，使之成为本区域的优势产业，由此带动了产业结构和产业技术水平的提升。因此，区域间梯度差距的存在导致出现区域间的技术转移，区域间的技术转移最终有效促进了国家整体产业结构的调整与优化。

四、合作创新

合作创新是指企业与其他企业、科研机构、高等院校之间合作开展技术创新的创新模式。由于需方市场中创新的风险日益增大，能够分散风险、提高创新效率与成功率的合作创新，越来越成为现阶段企业创新的一种主要方式。据统计，跨国企业合作创新约占其创新总量的1/3，中国企业的合作创新约占其创新总量的1/9。

合作创新具有三个方面的典型特征。第一，缩短创新时间，提高创新速度。合作创新有利于合作主体实现资源共享、优势互补，找准创新方向，凝聚创新合力，降低创新成本，提高创新效率。第二，分摊创新成本，分散创新风险。一般而言，创新项目越大、内容越复杂、项目越先进，成本就越高，风险也就越大，合作创新分散风险的作用越显著。第三，打破产业壁垒，促进产业融合。合作创新有利于企业打破产业和地区壁垒，以较低的转换成本进入新产业。对不同产业的企业而言，合作创新有利于促进产业间的融合，打破产业壁垒；对不同区域的企业而言，合作创新有利于进入合作伙伴的市场，打破地区壁垒。

合作创新主要包括产学研合作创新和企业合作创新两种类型。产学研合作创新是企业与高等院校、科研机构之间的合作创新，其中企业一般为技术需求方，高等院校、研究机构为技术供给方。产学研合作创新一方面有助于企业借助高校、科研机构雄厚的科研力量，提高技术创新水平，另一方面有助于高校、科研机构的科技成果转化。企业合作创新是企业与其他企业的联合共同创新，一方面有利于提高创新效率与效益，另一方面可以将存在激烈竞争关系和利益冲突的企业联合起来，使双方都从中获得更大的利益。

五、产业创新

近期，产业经济学里涌现出一些新的创新理论，代表性的是产业创新理论。弗里曼于1997年第一次系统地提出产业创新理论，现阶段国际上影响较大的产业创新论著是马克·道格森（Mark Dodgson）和罗艾·劳斯维尔（Roy Rothwell）合编的《产业创新手册》，该书被誉为欧美学者关于创新管理的杰出之作。

关于产业创新，弗里曼认为产业创新包括技术和技能创新、产品创新、流程创新、管理创新（含组织创新）和市场创新，不同的产业创新内容是不一样的，如化学产业主要是流程创新、仪器仪表产业主要是产品创新、电力产业主要是市场创新。

学者们取得共识，产业创新是属于中观层次的创新，与宏观层次的国家创新和微观层次的企业创新共同构成一个国家的创新体系。产业创新具有两个明显的特点①：

1. 产业创新是联系国家创新和企业创新的纽带

产业创新联系国家创新和企业创新的纽带作用，主要是通过两方面的作用实现的：一方面带动企业创新（企业创新是产业创新的基础），为企业创新营造有利的环境和条件，并通过政策扶植，帮助和引导企业创新；另一方面也能为国家创新提供信息、资金、智力等服务。

2. 产业创新以满足市场需求为目的

产业的存在和发展是以市场需求为前提的，没有市场需求或者市场需求很小，产业就无法形成。当市场出现新的需求时，产业就需要通过创新的方式来进行满足，产业创新是以产业化方式来满足人们新的需求的过程。

第三节 产业融合

由于技术创新、管制放松、企业追求规模经济等因素的影响，产业融合日益成为产业发展中的一个突出现象。产业融合过程中，信息化起到了重要的推动作用。产业融合首先在电信、广播电视和出版业三个产业中实现，而且目前仍主要局限于部分受数字融合影响明显的产业领域。产业融合促进了产业间新型竞争协同关系的建立，有利于产业结构的转换和升级，对于整合资源、避免重复建设、实现资源共享具有重要意义。

一、电信、广播电视和出版业的产业融合

电信业一般是通过有线、无线方式提供信息传递，包括电报、电话和传真等。广播电视业通过其广播网、电视网和无线电接收机、电视机等终端设备，提供单向声音与视像等信息服务，包括各种实时制作的娱乐和新闻节目等。出版业以有形的方式复制信息，通过其有形分发网和文件、照片、唱机等终端设备，提供报纸、书籍、杂志以及影像产品等。从产业内容看，三个产业都是提供信息服务的部门，具体运作过程需要依赖信息传送机制、信息传送平台和信息接收终端设备三方面的基本组件。在信息社会来临之前，三个产业部门在技术、服务、市场上是处于分割状态的。

由于信息技术的进步和互联网的发展，20 世纪 90 年代以来电信、广播电视和出版业出现了融合。这主要归因于两方面的变化：一是信息技术发展使不同的信息产品数字化，使得所有信息产品本质上具有同一性，这是融合发生的前提条件；二是信息产品的同一性使得信息传送的平台发生重大转换，出现了从专用信息传送平台到非专用信息传送平台的转换，这意味着电信、广播电视和出版业的运作可以在同一个平台上开展。上述两方面因素，最终推动了三个产业部门的融合。具体而言，电信、广播电视和出版业三个产业部门的融合主要包括以下几个方面的内容：

---

① 刘树林. 产业经济学［M］. 北京：清华大学出版社，2012.

第一，媒介产品的融合。由于媒介产品的信息数字化，不同形式的媒体之间的互换性和互联性得到加强，使得各种媒体传输的产品和服务出现融合，报刊、电视节目、金融信息、图像、网页、电子游戏、音乐等产品和服务，均可以使用同样的媒体技术进入互联网。与此对应生产上述产品的企业，原先是属于不同行业的，现在则重新组合为同一内容的供应商。

第二，媒介平台的融合。媒介平台融合是指传统的不同通信体系将共享同样的技术环境和传送语言。一是支持信息传输的基础设施，如固定电话网络、地面和卫星设备、有线电视网络、局域网络、广播等，围绕互联网趋于融合。二是为传播系统提供智能的操作系统，在某些方面出现融合。三是用于获取和显示信息的终端设备，如电话、电视、电脑等日趋融合。

第三，公司结构的融合。公司结构融合主要是指原处于电信、广播电视和出版三个不同行业中的公司之间的扩展、合资、收购和合并等。一方面是这些公司在融合业务的基础上实现合并，如美国在线与时代华纳公司的合并；另一方面是原先有其特定服务对象的公司在融合技术手段的基础上出现业务重叠。

第四，媒体管理与政策融合。这种融合是指为了适应媒体服务和产业融合的要求，改变原有分别管制、多重管制的法律法规，实行统一管制。

二、产业融合的内涵

1994 年，美国哈佛大学商学院举办了世界上第一次关于产业融合的学术论坛——冲突的世界：计算机、电信以及消费电子学研讨会。1997 年 6 月，在美国加州大学伯克莱分校召开的“在数字技术与管制范式之间搭桥”会议，对产业融合及其有关的管制政策进行了讨论。哈佛论坛和伯克莱会议的举办，表明产业融合这一新的经济现象已引起各界的关注。对于产业融合内涵的认识，迄今尚未形成统一的认识，各位学者往往从自己所研究的案例出发来抽象出产业融合的内涵。

产业融合的概念，最早可以追溯到美国学者卢森伯格（Rosenberg，1963）[①] 对于美国机械工具产业早期演变的研究。他认为，在 19 世纪中期不同产业在生产过程中逐渐依赖相同的一套生产技术，最终导致一个独立、专业化的技术产业的出现，这是早期的技术融合。典型的技术融合产业，是 19 世纪的火器制造业、缝纫机制造业和自行车制造业。产业融合首先是由技术进步引起的，技术的迅速发展，首先推动技术融合，最终引发产业融合，技术融合是产业融合的最重要的前提条件。根据 1997 年欧洲委员会“绿皮书”的定义，产业的融合是指“产业联盟和合并、技术网络平台和市场等三个角度的融合”。针对计算机、通信和广播电视业的融合，尤弗亚（Yoffie，1997）[②] 将产业融合定义为“采用数字技术后原本各自独立产品的整合”。本书采用的产业融合定

① N ROSENBERG. Technological Change in The Machine Tool Industry（1840－1910）［J］. The Journal of Economic History，1963，23：414-446.

② D B YOFFIE. Competing in The Age of Digital Convergence［M］. Cambridge：The President of Harvard Press，1997.

义，是指由于技术创新、管制放松、企业追求规模经济和市场需求的推动，相关产业边界或交叉处出现技术融合、业务融合和市场融合，由此改变各产业原有的特征和市场需求，使企业之间的竞争合作关系改变，产业界限模糊乃至于重新划分的一个过程[①]。

三、产业融合的类型

产业融合主要是在相关产业边界或交叉处融合，由此使得产业的边界模糊并趋于消失。根据融合的产业类型，我们可以将产业融合归结为4种类型，如表7-1所示。

表7-1　产业融合的类型及内容[②]

类型	内容
传统三次产业间的延伸融合	现代农业生产服务体系的出现；工业中服务业比例上升，如工业旅游的出现
传统产业内部的重组融合	农业内部各子产业的融合；工业内部上下游关联产业融合；金融证券保险的混业经营
高科技产业间的交叉融合	生物芯片、纳米电子、三网融合等
高科技产业对传统产业的渗透融合	农业高科技化；生物和信息技术对传统产业的改造；机械仿生、光机电一体化、机械电子；电子商务、网络型金融等

四、产业融合的内容

哈普尔（Hopper，2003）[③] 等学者对产业融合的内容进行了探讨。哈普尔提出，产业融合并不是一个“一维空间”的概念，它包括了五个维度的内容：基础技术融合、网络融合、设备融合、企业融合和管制融合。

第一，基础技术融合。产业融合首先是技术的融合，没有技术融合就没有产业融合。例如电信、广播电视和出版业的融合，就是基于不同信息传播基础技术——数字技术的高度融合。

第二，网络融合。网络融合是指原先搭载不同产品或服务的网络，融合为一个网络以搭载所有产品或服务的能力。不同产业的网络的融合，与现实还有很大距离。比较典型的网络融合，还是电信、广播电视和出版业三个产业网络（媒介平台）的融合，它使得企业通过一个网络（互联网）就能够传输从声音到广播的一切内容。

第三，设备融合。设备融合并不是简单意味着所有的功能融合到一件设备上，而是指数量更少的设备能够实现对过去分开的、依赖于不同的设备的服务进行更广阔范围的无缝链接。例如，电脑游戏和网络、DVD结合在一起；电脑就可以播放电影，收听广播电台和收看电视。

---

① 惠宁. 产业经济学［M］. 北京：高等教育出版社，2012.

② 吴颖，刘志迎，丰志培. 产业融合问题的理论研究动态［J］. 产业经济研究，2004（4）.

③ R HOOPER. Convergence &Regulation［J］. TIO Conference，Melbourne，Australia，25 November 2003：3.

第四，企业融合。企业融合是指原先从事不同产品和服务供给的企业，由于技术融合、业务融合和市场融合，而通过股权投资、兼并等方式实现融合。例如，西班牙电信企业 Telefonica 收购德国电视制片企业 Endemol。

第五，管制融合。管制融合是指针对不同产业的管制机构，在这些产业融合后也实现融合。例如，英国通信业管制机构 OFCOM，是在融合电信部、广播标准委员会、独立电视委员会、无线电局和无线电通信局五个机构的基础上成立的；2005 年 7 月，澳大利亚通信管制局（ACA）和澳大利亚广播管制局（ABA）正式合并，成立澳大利亚通信和媒体管制局（ACMA）。

五、产业融合对产业经济发展的作用

产业融合本质上是一种“创造性的破坏”，属于一种产业创新。产业融合有利于产业升级，促进产业结构优化，提高资源配置效益。

（一）产业融合促进传统产业创新

产业融合往往发生在高新技术产业和传统产业之间，通过产业融合，高新技术融入传统产业后，可以影响和改变传统产业产品的生产特点、技术工艺以及市场需求状况，促使传统产业升级，重新焕发生机。例如：生物技术产业与传统农业融合后，提高了农业生产技术水平，降低了农业生产成本，提高了农产品品质，使传统农业转化为高科技生物农业；信息技术被广泛应用于机械、电子、航空等产业领域，提高了这些产业和部门的劳动生产效率，推动了产品创新。

（二）产业融合催生新产业，形成新的经济增长点

产业融合促使各种高新技术扩散到传统产业中，推动传统产业的分化、解体和重组，让原本分离的产业价值链部分或者全部融合，形成一系列新兴产业，如生物材料产业、信息生物产业、航空电子业等。这些新生产业形成一个个新的经济增长点，在促进产业结构优化的同时，促进经济增长。

（三）产业融合促进资源合理配置

产业融合的动因除了规避竞争、追求规模经济外，最主要的是可以相互利用对方的资源。当存在产业分立时，资源在一定程度上被限制在各自产业内流动，资源的使用效率较低。产业融合有利于整合分散的资源，实现资源共享，提高资源的整体配置效益。例如美国在线和时代华纳的合并，主要动机就在于相互利用对方的资源。美国在线是世界第一大互联网服务提供商，其争取客户的手段是内容，虽然美国在线曾努力开发新的内容，但收效甚微。时代华纳拥有 CNN 新闻台、HBO 电影台、唱片公司、两个电影制片厂、《时代》杂志、《财富》杂志等，多年来其一直在设法发展自己的网络业务，虽然投资巨大，也收效甚微。两个公司合并后，美国在线可以共享时代华纳的丰富内容，时代华纳可以借助美国在线的多媒体平台和宽频带网络通信手段，提供交互式信息，开展网络广告、营销和电子商务。因此两个公司的合并，可以共享彼此的优势资源，扩大市场业务，实现共赢，两者的合并被誉为“天作之合”。

◇**案例** 7.2

产业跨界融合呈现五大趋势

当前，中国产业的跨界融合表现为五大趋势。

一、服务业与制造业融合发展

服务业占比快速上升，服务业与制造业之间开始融合，服务业开始制造业化，制造业也开始服务业化。2013 年我国服务业占比已经超过制造业，从 2014 年上半年来看，这种趋势仍在加速。服务业和制造业之间的边界开始变得模糊，服务业开始制造业化，制造业也开始服务业化。

我国服务业发展出现了产品化、标准化、连锁化趋势，而这些本来是制造业生产的基本要素和模式。近年来服务业中推出了一系列的金融产品、旅游产品、医疗服务产品等，将各种服务模式标准化，并加以复制和推广，“产品”已经成了服务业的时髦名词。这一趋势也得到了决策层的高度认可。以旅游产品为例，国务院总理李克强在主持召开国务院常务会议时，强调旅游业是现代服务业的重要组成部分，带动作用大，要着力推动旅游业转型升级，用创意设计创新旅游产品，旅游产品向观光、休闲、度假并重转变，提升旅游产品品质和内涵，大力开发老年、民俗、养生、医疗旅游等。转型升级的旅游产品，将是融合了现代农业、度假养生、生态养老、文化民俗体验的现代服务产业，已经不仅仅是服务业与制造业的融合，甚至是现代农业、现代服务业与新型城镇化的融合。

制造业也开始服务业化。制造业开始从以产品为中心向服务端延伸，制造和服务一体化，全面提升产品附加值。例如，房地产开发商已经开始从建造房屋扩展到房屋维护、物业管理等服务领域，形成了旅游房产、养老房产和教育房产等新兴业态；汽车制造商开始从汽车制造延伸到汽车服务、汽车金融等领域。巨大的制造业将产生巨大的为这些制造品使用和消费服务的服务业，这已经成了企业家共识。未来的中国不可能是单一的制造大国，也不可能是单一的服务大国，而是制造服务业大国。

二、金融投资与实业投资融合

金融投资与实业投资开始融合。国有资产资本化价值化的管理改革方向，本质上体现了运用金融投资理念来运营和管理国有资产。过去，金融投资与实体投资分属不同投资领域，相对独立，各有不同的流程、标准和回报要求，但新的趋势是两者之间正在加速融合。

首先是实体经济内部开始运用金融理念和工具来进行投资，典型的是光伏产业。2014 年 2 月，光伏企业与金融企业联手启动了光伏互联网金融战略项目，借助众筹模式，让光伏电站投资走向社会大众。这是实体经济与金融的融合，也是传统制造业与互联网工具的融合。至于金融投资渗透到实体经济领域的案例就更多了。2014 年，保险公司频频举牌地产企业，表明金融企业开始直接参与实体项目的管理和运营。资本市场上出现了林林总总的各种并购基金，这些都是金融业与实业投资之间融合的基本工具。

党的十八届三中全会所确立的国资改革指导思想，也渗透了实体经济投资和金融投资相互融合的基本精神。国资国企改革，以国资改革带动国企改革，从管理资产转向管理资本，制度设计的深层含义就是金融与实体之间的高度融合，以价值化的理念和金融手段来盘活和运作国有资本。国有企业积极推进混合所有制经济，实行股权多元化，让社会资本参与实体经济的运营，从而推动企业股权结构进一步优化，市场经营机制进一步确立，现代企业制度进一步完善，国有经济活力进一步增强。中石化将其全资子公司中国石化销售有限公司，通过增资扩股的方式引入社会和民营资本，就是大型央企向社会开放的第一步。

金融投资是建立在产业发展基础上的，是为产业发展服务的，如果没有了产业基础，金融本身也就不会有任何价值。所以，金融和产业的深度融合是必然趋势。

三、以互联网为纽带的产业跨界融合

互联网经济的发展形成了一条以互联网为纽带的产业跨界和融合的新模式。互联网思维是贯穿这一两年的热门词汇，仿佛谁要是没有互联网思维，谁就会被社会所淘汰。人类经济活动本质上是信息流、资金流、物流、人流的聚合，互联网通过控制和改变信息流，可以引导资金流、物流和人流变化。互联网企业正在颠覆一些传统企业的商业模式，正成为不容忽视的力量，传统经济体也在积极拥抱互联网。互联网成了嫁接传统产业与新兴产业的桥梁，是产业跨界投资和融合的重要平台。

从产业内部看，互联网产业链正在进行更广泛的垂直整合，电信运营商、内容服务商、设备制造商等加速将自身业务向产业上下游延伸，打造硬件、软件、应用服务一体化的产业模式，抢夺互联网以及移动互联网“入口”。在互联网经济下，有用户才会有商业价值，而布局、抢占甚至于去试图垄断“入口”，就是争夺用户，提升商业价值。从产业外部看，互联网与传统产业的跨界融合正在加速。一方面，传统企业积极用互联网思维武装自己，用互联网工具变革自己，许多被人们贴上“传统”标签的行业、企业正在加速与互联网融合。典型的如传统商贸、商超、零售企业纷纷向互联网转型，推动了我国网购市场的高速发展。互联网教育、互联网娱乐、互联网医疗，以及世界杯期间大热的互联网彩票等正在持续发酵。另一方面，随着大数据、云计算、移动互联网的发展，互联网与传统经济的融合正在加速。移动互联网以前所未有的传播速度，云计算以超强的存储和计算能力，大数据以快速准确的挖掘能力，联袂向生产、消费领域的广度和深度渗透，促使生产、消费、服务和流通一体化。

四、技术革命引领行业融合

制造、电子、仪器仪表、材料和动力等领域都在产生重大创新，引领着工业领域内各行业的融合和革命。

根据传统的产业要素划分，我国的工业制造可以划分为机械、电子、仪器仪表、材料和动力等生产领域。目前这五大领域都在发生技术革命。制造领域内出现了3D打印等新的制造模式，材料领域中出现了大量新材料，仪器仪表领域中诞生了遥感、传感、监测等新手段，动力领域有了新能源和新动力设备，电子领域出现了以移动互联网为核心的一系列技术革命。这五大领域的创新融合，足以推动整个传统制造业的新一轮革命，制造业的新旧模式的划分已经明显不合适。

让我们重点来看一看近期被广泛探讨并形成热点的领域：3D打印、机器人。

3D打印（又称增材制造）不仅仅是技术创新，更是理念创新。人类制造史在历经了千年发展的锻造工艺（等材制造）和百年精进的切削加工（减材制造）后，迎来了增材制造这一理念的重大创新。3D 打印适合复杂件制造和个性化生产，在文化创意、工业生产和生物医学领域应用潜力巨大，现在已经在重塑模具、生产设计、牙科种植、仿生耳等领域实际使用，甚至开始渗透在航天和国防等产业。3D 打印技术也走进人们的日常生活中，如 3D 打印馆打印定制巧克力等食品、打印 3D 人像等。

技术的创新则使得机器人性价比日益凸显，机器人被誉为"制造业皇冠顶端的明珠"。我国是制造业大国，在从制造大国走向制造强国进程中，机器人的研发、制造和应用不可缺少，机器人已经成为衡量一个国家科技创新和高端制造业水平的重要标志。机器人在我国有着十分广泛的市场空间：一是随着人力成本不断上升，人口老龄化不断加剧，使用机器人的性价比优势日益凸显；二是机器人能够在恶劣、危险等特殊、不适宜于人工作的环境中工作，具有人工劳动力所不具备的优势。也正因此，国家主席习近平在两院院士大会上强调"要提高中国机器人的水平，尽可能多地占领市场"。"机器人革命"有望成为"第三次工业革命"的一个切入点和重要增长点，将影响全球制造业格局。

五、新的市场需求推动产业跨界

中国经济转型和大国崛起中产生一系列新的重大市场需求，这些市场需求需要一系列产业的共同进步和整合，才能满足需要。从而，这些需求正在推动着一系列产业加速跨界和融合。比如，近期资本市场十分关注的军工产业就具有这种特征。军工产业具有天然的高科技属性。各国武器装备追求的领先效应，确保了最先进的技术往往产生或首先应用于军工领域，也恰恰是这种最尖端的需求引领了科技进步，推动了产业发展与升级。军工整合的是材料、动力、信息技术以及高端装备制造，直接或间接带动的是航空航天、船舶、机械、电子、钢铁、材料、物流业在内的诸多产业的发展。像美国的 GPS 系统，最初由美国国防部组织研发，如今基于卫星导航定位系统延伸出的民用技术产业范围非常广，市场需求非常大。我国也在研发北斗导航系统，这将推动智慧城市建设，在智慧物流、智能家居、物联网、车联网等领域为人们的生活提供便捷与便利。

除军工外，环保产业也是推动和聚集一系列重要产业加速融合和跨界发展的重大需求领域。环保除了传统的污染防治外，正在促进节能新材料研发、新能源推广、新监测技术应用、生物修复技术进步。而从产业性质上看，环保产业既是生产，也是消费；既是需求，也是供给；既是制造业，也是重要服务业；既是百姓的日常消费领域，也是公共需求领域，充分体现了产业跨界融合的特点。

过去我们谈产业升级主要关注的是产业结构的变化，如何以先进制造业代替一般制造业，以现代服务业代替传统服务业，三次产业之间以及产业的上中下游之间的界限和关系仍然十分清楚。今天，产业升级正在以产业投资的跨界和产业运营的融合等方式进行，产业之间的关系已经不再是简单的投入产出关系和上中下游关系，产业之间的边界越来越模糊。传统的产业结构分析方法和理论面临巨大冲击。

资料来源：杨成长. 产业跨界融合呈现五大趋势［N］. 中国证券报，2014-10-24.

【案例讨论】

2015 年年底，国务院办公厅印发了《关于推进农村一二三产业融合发展的指导意见》（国办发〔2015〕93 号），你对推进农村一、二、三产业发展有何建议？

第四节　产业生态化

传统农业社会的生产方式，是“开垦土地→种植→自然生长→收获→食用→排泄→自然吸收”，虽然存在局部反生态特征，但总体上做到了与自然生态系统的循环保持一致，没有超过自然的自净能力，维持了生态系统的总体平衡。而自工业革命爆发，人类进入工业化社会以来，工业社会的大生产是一种“开采资源→冶炼提炼→加工制造→产品消费→废弃物排放”的方式，不仅对资源的索取处于无止境的状态，而且废弃物的排放也远远超出了自然的自净能力，由此一方面导致资源枯竭，无法继续维持既有的工业化进程，另一方面严重破坏了自然生态环境，打破了生态系统的平衡。这就要求建立一个完善的产业生态系统，实现产业生态化发展，以此减少资源的使用和废弃物的排放，维持自然生态系统的平衡。

一、产业生态化的内涵

（一）产业生态化的思想来源

产业生态思想源于自然生态系统的存在方式。自然生态系统是人类所认识到的，唯一的能够自我维持、自我设计、自我适应和具有可持续活力的生产系统。自然生态系统内部不断地进行着物质交换和能量流动循环，每个循环环节都基本实现了等量能量交换与流动，能够把废物减少到最低限度，从而实现了各种资源的优化配置。受到自然生态系统的启发，人们希望建立一个完美的产业生态系统，使得产生废弃物的各种产业活动相互联系、相互作用，每个产业所产生的废物都能成为其他产业的投入物和能量来源，从而尽可能减少资源的投入和废弃物的排放。所谓产业生态系统，是按生态经济学原理和知识经济规律组织起来的，基于生态系统承载能力、具有高效的经济过程及和谐的生态功能的网络化生态经济系统。基于努力构建这样一个产业生态系统的考虑，学者们提出了产业生态化的概念，并对之展开了研究。

（二）产业生态化的内涵

理论界对于产业生态化的研究尚处于起步阶段，对于产业生态化内涵的认识也在一步步深化中，形成了几种代表性的观点。

一种观点认为，生态化是指产业依据自然生态的有机循环原理建立发展模式，将不同的工业企业、不同类别的产业之间形成类似于自然生态链的关系，从而达到充分利用资源，减少废物产生，物质循环利用，消除环境破坏，提高经济发展规模和质量的目的。另一种观点提出，产业生态化创新是指把产业系统视为生物圈的有机组成部分，在生态学、产业生态学等原理的指导下，按物质循环、生物和产业共生原理把产业生态系统的各组成部分进行合理优化耦合，建立高效率、低消耗、无（低）污染、经济增长与生态环境相协调的产业生态体系的过程。还有一种观点表示，产业生态化就是把作为物质生产过程主要内容的产业活动纳入生态系统的循环中，把产业活动对自然资源的消耗和对环境的影响置于生态系统物质能量的总交换过程中，实现产业活动与生态系统的良性循环和可持续发展。

上述产业生态化定义虽然侧重点有所不同，但其核心都在于产业系统的生态化，即如何模仿自然生态系统来构造产业的生态系统，以实现产业发展和环境的相容。本书采用的产业生态化定义为：产业生态化是将产业仿照自然生态系统的循环模式构造产业生态系统，以达到资源循环利用，减少废物的排放，促使产业和自然环境和谐发展的过程[①]。产业生态化是人类构建的经济社会与自然和谐发展、实现良性循环的新型产业模式，是产业发展的高级形态。

二、产业生态系统的特征

与传统的产业系统相比，产业生态系统具有不同的特征。

1. 开放性

产业生态系统是一个高度开放的系统，其生产需要从外部输入能量和物质，产品需要消费市场，产生的废物需要内部处理或运送到系统外，利用自然生态系统的净化吸收能力消除其不良影响。产业生态系统的开放程度，一般是与经济水平和自身资源拥有量相联系的，经济发展水平越高，开放程度越高，自身的资源拥有量越短缺，要求的开放程度也越高。

2. 循环性

传统的产业系统采用“资源→产品→废物”的物质单向流动生产过程，是“高开采、低利用、高排放”的资源利用模式；产业生态系统采用“资源→产品→再生资源→再生产品”的物质双向流动生产过程，是“低开采、高利用、低排放”的资源循环利用模式。由此，产业生态系统具有物质和能源循环的特征。这样一方面尽量减少了废物的排放，另一方面有效提升了资源的利用率。

3. 层次性

产业生态系统有三个层面的物质循环，即小循环——企业内部的物质循环，中循环——企业之间的物质循环，大循环——整个社会的物质循环。这三个层面的循环构成了产业生态系统的三个基本类型，即生态企业、生态产业园区、产业生态系统。为了达到物质和能量在不同层面的循环利用，人们需要对产业生态系统进行结构和功能上的整合，通过纵向闭合、横向耦合和系统整合，实现从较低层次的局部性、不完全的循环，到较高层次上的全部、完全的循环。

4. 增值性

产业生态系统具有增值效应。产业生态系统存在着类似自然生态系统中食物链那样的“加工链”，加工链既是一条能量转换链，也是一条物质传递链，从经济价值角度看又是一条价值增值链。产业生态系统中物质流和能量流沿着“加工链”逐级逐层流动，原料、能源、“三废”和各种环境要素之间形成立体环流结构，能源、资源在往复循环中获得最大限度的利用，废弃物在其中实现资源化从而获得再生增值。如此，“加

① 刘树林. 产业经济学［M］. 北京：清华大学出版社，2012.

工链”不仅提高了资源、能源的利用率，而且有效降低了工业生产成本，实现了价值增值并取得了良好的生态经济效益。

5. 调节性

产业生态系统也如同自然生态系统一样，具有自我组织、自我设计、自我调节的重要特性。产业生态系统是不借外力而由自己形成充分组织性的有序结构系统，当外界环境和驱动变量发生变化时，它通过反馈作用，依照最小耗能原理，自我调节内部结构和生态过程。人们在进行产业生态系统的设计时，需保障其自我组织能力，使其对潜在的外部干扰有足够的自我调节能力或缓冲能力，从而维持结构与功能的相对稳定性和持续性。

三、产业生态化的评价

国外对于产业生态化的评价主要包括运用生态效率分析、物质流分析和构建综合评价指标体系等方法进行分析。生态效率是生态资源使用的效率，可视为一种投入产出比，等于产品或服务的价值除以环境影响（即投入，指生产活动对环境造成的压力）。物质流分析主要研究物质的流动规律及其对环境产生的影响，通过测算某区域的直接物质输入量、物质需求总量等，进而对该区域的物质生产力进行评价。构建综合评价指标体系进行评价分析，是通过一组或者几大类指标从不同角度同时反映系统发展的特性。

国内一些学者对产业生态化的评价研究，主要是构建评价指标体系，再采用相关评价方法，来估算某些局部区域或行业的产业生态化水平，典型代表是陆根尧等(2012)① 的研究。陆根尧等以经济社会发展水平、生态保护水平、资源消耗水平、污染排放水平、资源循环利用水平 5 个方面作为一级指标，在 5 个一级指标下面又共设立 18 个二级指标，由此构建产业生态化水平评价的指标体系，如表 7-2 所示。

表 7-2　产业生态化评价指标体系

一级指标	二级指标
经济社会发展水平	人均 GDP 城镇居民人均可支配收入 非农产业产值占 GDP 比重 研发经费支出占 GDP 比重
生态保护水平	人均公园绿地面积 建成区绿化覆盖率 环境污染治理投资额占 GDP 比重
资源消耗水平	单位 GDP 能耗 单位 GDP 电耗 单位 GDP 水耗

① 陆根尧，盛龙，唐辰华. 中国产业生态化水平的静态与动态分析：基于省际数据的实证研究［J］. 中国工业经济，2012（3）.

表7-2(续)

一级指标	二级指标
污染排放水平	单位 GDP 工业废水排放量 单位 GDP 工业废气排放量 单位 GDP 工业固体废物产生量 工业废水排放达标率
资源循环利用水平	工业固体废物综合利用率 城市污水处理率 生活垃圾无害化处理率 “三废”综合利用产品产值

对产业生态化的评价，既要深入分析产业生态模式与传统经济模式的异同，准确把握和反映产业生态化的主要内容，又要能为促进产业生态化发展提供实践价值。因此，构建综合评价指标体系进行评价分析，对我国的产业发展更有现实意义。

四、产业生态化现状

产业生态化起源于20世纪70年代丹麦的卡伦堡工业园区。在这个工业园区里，发电厂、炼油厂、生物制药厂、石膏材料厂、自来水厂和养鱼场自发地形成一个工业代谢交换体系，各个企业的性质互补，在决定交换物质数量的企业规模上能够最佳匹配。由此，这个园区工业共生体形成了生态上的自循环链，节约了大量要素成本，提高了生产效率，减少了对环境的污染。

20世纪90年代以后，随着生态工业园（Eco-Industrial Parks，EIP）的提出，清洁生产、绿色工业、生态工业、环境保护、可持续发展等运动迅速发展，在世界一些发达国家兴起了生态工业园区的实践。1992年加拿大在Burnside工业园区开始生态化改造，建立了清洁生产中心，1 200多个企业实现绿色化生产；1995年后加拿大兴起了工业园区的生态转型和建设计划。1993年开始，美国20多个城市的政府与大公司合作建设生态工业园区；1994年美国可持续发展委员会计划进行4个生态工业园示范区项目；1999年美国环保局资助了两个生态工业园区的建设计划。法国则致力于实施PALME计划，加强环境管理，促进企业之间废弃物与废弃能源的交换利用，至1995年已在5个工业区取得PALME计划的生态认证标志。1995年起，日本开始建设Kokubo生态工业园区，2001年日本通商产业省和环境厅财政支持的川崎零排放工业园开始运行，随后日本有60多个生态工业园区运行或在建。

印度、印度尼西亚、泰国、菲律宾、马来西亚、斯里兰卡、纳米比亚和南非等一些发展中国家，也已经开始进行生态工业园区的规划和建设。

第五节 产业安全

全球化的加深，固然促进了市场的扩大、贸易的增加、技术的进步和经济的增长，但也给一些国家主要是发展中国家带来损害。典型表现是以跨国公司为代表的发达国家产业拥有对发展中国家产业的竞争优势，对其生存造成威胁。如何扶持幼稚产业发展，培育国际竞争力，维护本国产业安全，是发展中国家面临的重要课题。

一、全球化下的东道国产业安全

20 世纪 70、80 年代以来，随着交通技术、电子通信技术的突飞猛进，国际联系越来越便利，全球市场逐渐形成，世界经济发展迈入一个新的发展阶段。以美国为代表的发达国家，凭借其产业竞争优势不遗余力地推行全球化和自由贸易，在为产业增长带来新动力的同时，也带来一些消极影响。无止境攫取利润的冲动使得占据优势地位的发达国家跨国企业，试图打破国家的地理、政治界限，对发展中国家产业、企业进行挤出、控制或取代，以垄断全球市场。具体的表现有三种情况：第一，控制发展中国家的关键性、战略性产业和领域，特别是金融领域，间接性控制、主导发展中国家的产业发展，使之部分丧失独立自主性，服务于发达国家产业的发展。第二，利用发达国家所控制的全球分工体系，外包产品生产环节给东道国企业，而将技术研发、核心关键环节控制在自己手中，使得发展中国家企业没有能力制造自己品牌的产品，只能成为跨国公司的“制造工厂”，陷入“低技术陷阱”而无法获得长期可持续发展所需的竞争能力。第三，利用资金、技术与营销优势，通过合资、直接投资的方式，直接控制东道国的重要产业，使得发展中国家丧失对这些产业的控制权。显然，全球化下发达国家的上述行为，给发展中国家的产业安全带来了冲击，严重影响到发展中国家民族利益的维护。在缺乏全球性的统一治理情况下，这就要求发展中国家制定合理的政策措施予以积极应对。

二、产业安全的内涵

（一）产业安全的内涵①

学术界对产业安全的含义尚未形成统一的认识，但基本上可以归纳为如下四类：

第一类，产业控制力说。持这种观点的学者较多，尽管表述各异，但核心都是强调本国资本对本国产业的控制力。一种观点认为，国家产业安全问题最主要是由于外商直接投资产生的，其指的是外商通过合资、直接收购等方式控制国内企业，甚至控制某些重要产业，由此对国家经济构成威胁。另一种观点认为，一国对某一产业的创始、调整和发展，如果拥有相应的自主权或称控制权的话，即可认定该产业在该国是安全的。还有一种观点认为，产业安全是指本国资本对影响国计民生的国内重要经济部门拥有控制权。

① 何维达．产业安全理论综述和产业安全指标体系设计［J］．何维达博客．

第二类，产业竞争力说。这种观点主要是从产业竞争力的角度来分析、理解产业安全，认为产业安全就是指一国产业在开放竞争中具有竞争力，能够抵御和抗衡来自国内外不利因素的威胁，保持产业部门的均衡协调发展。

第三类，产业发展说。这种观点认为，产业安全应从动态、静态两个角度进行研究，认为产业安全的内涵一般是指一国拥有对涉及国家安全的产业和战略性产业的控制力及这些产业在国际比较意义上的发展力。控制力是对产业安全的静态描述；发展力是对产业安全的动态刻画，是产业安全的本质特征。

第四类，产业权益说。持这种观点的学者认为，国民作为产业安全中的权益主体，在国界之内有明确的排他性经济主权。外国国民在东道国内取得的任何产业权益，都是对东道国国民权益在机会成本意义上的侵占，应该得到东道国国民根据其自身利益的需要而做出权益让渡的许可。研究产业安全，归根结底是要使国民为主体的产业权益在国际竞争中得到保证并不受侵害。

总结上述观点，我们可以给出产业安全的一般定义。所谓产业安全，是指一国或某一地区的产业受到损害或威胁，从而影响其国民经济利益，影响其经济健康、稳定和持续的发展。产业安全受到威胁的标志是政府产业结构调整权和产业发展控制权的丧失。

（二）产业安全的分类

产业安全可以分为宏观、中观和微观三个层次。宏观层次的产业安全指国家产业安全，主要强调本国制度安排的合理程度。一方面，制度应能维持国内公平合理的竞争环境，并有利于推进创新。只有充分竞争的国内市场，才能保障产业、企业的竞争力；具有持续的创新能力，才是一国产业安全的根本保证。另一方面，制度应能维护本国经济、产业发展的独立自主性，摈除来自发达国家的干预与影响。总而言之，宏观的产业安全可以理解为：本国的制度安排能够为产业和企业发展提供合理的制度支持，维护竞争活力，推动创新，保证独立自主性。

中观层次的产业安全，主要是指产业的生存环境和运行状况的完善程度。生存是发展的基础，产业生存环境的完善程度直接决定产业安全的程度。产业生存环境主要指产业金融环境、产业生产要素环境和产业市场需求环境。产业安全要求产业生存环境有利于产业安全的金融环境，应能为产业发展提供良好的资本条件，而不受制于国外资金；有利于产业安全的生产要素环境，应能为产业发展提供充分的资源、物资、人力条件，而不至于受到不公平对待；有利于产业安全的市场需求环境，应能保障国内产业获得公平的市场机会。产业安全也受到产业运行状况完善程度的影响，主要是产业组织的完善程度，产业组织越完善，竞争力就越强，就越能保障产业的安全。综上，对中观的产业安全可以理解为：在产业内的本国国民所控制的企业，能有效整合产业生存与发展的资源、要素，形成有利于提高经济效益的产业组织，具备可持续发展能力。

微观的产业安全，主要是指产业的主体——企业聚合能力的高低能否应对跨国企业的竞争。企业的聚合能力高低，是指企业能否或多大程度在产业链中占据有利位置，整合好上下游企业资源，提高竞争力。在产业全球化的今天，几乎没有哪个企业能将整个产业链作为自己活动的领域，而只能选取其中一个或几个环节作为自己的活动领域，然后利用自己对产业链资源的整合能力，形成对其他企业一定程度的支配力量，构建基于产业链的社会协作体系。这使得企业之间的竞争更多是一种产业链的竞争，竞争的实质是企业聚合能力的竞争。因此，对微观产业安全可以理解为：本国企业能够自主有效建立自己的产业价值链，并据此建立社会协作体系，形成对受自身影响的企业乃至行业的支配权。

产业安全的三个层次中，微观的产业安全是基础，中观的产业安全是关键与核心，宏观的产业安全是中观、微观产业安全的保障。中观层次的产业安全是一个国家产业安全问题的集中表现和最直接反映，一国的产业技术水平或产业国际竞争力越强，就说明一国的产业越安全。

三、产业安全的评价

对于产业安全问题，西方国家学者并未予以特别关注，其他发展中国家学者也较少涉及。现阶段对此开展研究较多的是中国学者，中国学者自 21 世纪初期开始聚焦此问题，包括聚焦产业安全评价问题的研究。至今，产业安全评价研究已取得较多成果，评价指标体系处于不断的完善之中，针对特定范围与领域的产业安全评价指标体系不断产生。以下介绍几种具有代表性的评价指标体系。

（一）制造业安全模型体系

国务院发展研究中心国际技术经济研究所与清华大学中国经济研究中心建立了“经济安全论坛”，较早开展了基于国情的国家经济安全研究。在“经济安全论坛”主编的《中国国家经济安全态势》[①] 一书中，提出了制造业安全模型。该模型的中心思想是，一个完整的制造业安全整体评价应该包括两个方面：首先要对制造业行业和产品的现行状态进行描述，这反映制造业安全的基础状况，称为制造业的显性安全。其次，制造业整体安全模型还应该包括对制造业领域之外的安全环境的描述，包括国际经济关系、国内科技水平、国内宏观经济条件三个内容。

制造业的“显性安全”由生产设备水平、研发水平、管理水平、制造业市场表现、制造业总体规模、关键制造业产品安全等模块组成，其指标包括：库存周转率、顾客满意度、财务指标、研发投入比率、制造业行业劳动生产率、技术密集型产品比重、制造业进出口商品价格比、外资进入规模、外国商品对我国国内市场的渗透率、制造业产品（制成品）出口与进口的比率、制造业产品国际市场占有率、制造业大企业的世界排名和国内排名、制造业总量在经济总量中的比重、制造业和其他行业关于技术水平的比较、主要军备技术水平、军备进口比重、关键产品进口依赖度。国际经济关系的主要指标包括：外贸依存度、制成品的出口依存度、就业的外贸依存度、公司利润外贸依存度、原材料外贸依存度、财政金融对外依存度、产品竞争度。反映国内科技水平的指标主要有：专利登记数目、技术贸易收支、基础科学竞争力指标、教育发展指标、科研投入指标等。国内宏观经济条件指标有：一国所占的全球份额及其发展趋势、经济增长率、国内需求增长率、贸易总额占全球贸易总额的份额、人均实物指标及其国际比较、市场开放程度、政府的行政管理效率、金融市场效率、基础设施完

① 经济安全论坛. 中国国家经济安全态势观察与研究报告［M］. 北京：经济科学出版社，2002.

备程度、法制的完善程度与效率。

（二）产业安全评价指标体系一

这是由江西财经大学经济社会发展研究中心何维达教授及其课题组，承担的国家社科基金项目《中国入世后产业安全与政府规制研究》提出的产业安全评价指标体系①。该体系由产业国际竞争力评价指标、产业对外依存评价指标和产业控制力评价指标三个一级指标组成，其中：产业国际竞争力评价指标包括产业世界市场份额、产业国内市场份额、产业集中度、相对市场绩效指标、产业国内竞争度等二级指标，产业对外依存评价包括产业进口对外依存度、产业出口对外依存度、产业资本对外依存度、产业技术对外依存度等二级指标，产业控制力评价包括外资市场控制率、外资品牌拥有率、外资股权控制率、外资技术控制率、外资经营决策权控制率、某个重要企业受外资控制的情况、受控制企业外资国别集中度等二级指标。

（三）产业安全评价指标体系二

在充分借鉴和吸收已有研究成果的基础上，景玉琴（2006）改进、完善了产业安全评价指标体系。该指标体系包括产业国内环境评价、产业竞争力评价、产业控制力评价等三个方面的一级指标，具体如表 7-3 所示。

表 7-3 产业安全评价指标体系二②

一级指标		二级指标	操作性指标
产业国内环境评价	政府规制环境	政府行政能力	中国政府绩效评估指标
		政府为产业提供的软环境	—
	市场环境	金融环境	资本成本
		生产要素环境	工资相对水平、研发费用占成本比例、专利拥有率
		市场需求环境	境内需求量及境内需求增长率
产业竞争力评价		产业绩效	国内市场占有率、世界市场占有率、国际竞争力指数
		产业结构	市场集中度、市场竞争度
产业控制力评价		外资产业控制	外资市场控制率、外资品牌控制率、外资股权控制率、外资核心技术控制率、外资对重要企业的控制
		外资国别集中度	重要企业外资国别集中度

（四）产业安全评价指标体系三

随着产业生态化概念的提出，产业安全也需要考虑产业的生态化因素。相应的，朱建民、魏大鹏（2013）③ 基于生态系统理论，结合各个已有的产业安全评价指标体系的优点，提出了新的产业安全评价指标体系“五因素模型”。该模型包括产业竞争力生

① 何维达，何昌. 当前中国三大产业安全的初步估算［J］. 中国工业经济，2002（2）.

② 景玉琴. 产业安全评价指标体系研究［J］. 经济学家，2006（2）.

③ 朱建民，魏大鹏. 我国产业安全评价指标体系的再构建与实证研究［J］. 科研管理，2013（7）.

成能力、产业控制力、产业生态环境、产业国际竞争力、产业对外依存度等五个方面的一级指标，具体指标体系如表 7-4 所示。

表 7-4　产业安全评价指标体系三

一级指标	二级指标	三级指标	操作性指标
产业竞争力生成能力	自主创新能力	技术创新能力	企业自主创新产品专利授权数量年增长率
		管理创新能力	资源配置率
		创新竞争力	自主创新产品市场占有率
		创新转化能力	企业自主创新产品获利能力
	产业恢复力	研发投入度	研发费用占销售收入的比重
		技术吸收学习能力	专业人才比重指标
		产业链支撑能力	自主创新产品在主导产品中的比例
产业竞争力生成能力	产业技术活力	技术竞争力	国内某产业研发费用占产品销售收入的比重与世界该产业研发费用占世界该产业产品销售收入的比
		技术对外依存度	当年产业引进全部技术项目的产值与当年产业的总产值的比值
		共性技术供给度	产业基础设施投资比重
产业控制力	市场控制力	外资市场占有率	外资控股企业销额与同类产品销额比值
	技术控制力	外资技术控制率	RFT
	品牌控制力	外资品牌占有率	国内外资品牌数与国内总品牌数之比
	外资股权控制力	外资股权控制率	外资控股企业产值与国内产业总产值比值
	外资国别控制力	外资国别集中度	重要企业外资国别集中度
产业生态环境	制度环境	产业政策	该产业政策数量占经济政策的比重
		政府行政能力	政府行政管理效率（中国政府绩效评估指标）
		社会中介组织	行业协会比率
		国际组织制度环境	当年反倾销、反调查占出口的比重
	产业资本环境	资本收益率	利润额与总收入比重
		资本效率	利润额与成本费用额比值
	产业资源环境	资源要素	该产业资源进口量与消费总量的比重
		能源利用率	万元 GDP 能耗
	产业结构	企业多样性	企业数量
		产业集中度	前 m 家企业的销售额与该产业的总销售额比重
		产业集聚度	HHI 指数
	产业劳动力环境	就业增长率	当年该行业从业人数与上年该行业从业人数之比
		劳动力素质	平均受教育年龄
		人力资本	某产业当年的总利润与该产业当年的从业人数比值
	产业需求环境	国内需求增长率	该产业当年的国内产品消费量与国内产品消费量比值

表7-4(续)

一级指标	二级指标	三级指标	操作性指标
产业国际竞争力	国内现实竞争力	利润率	净利润与总成本比值
		劳动生产率	单位劳动力投入与产出比值
		产业国内市场份额	某一产业的国内市场销售额占该国国内市场该产业产品的全部销售额的比重
	国际贸易竞争力	产业国际市场占有率	某产业的出口额与世界该产业的出口总额的比值
		产业贸易竞争力指数	TC 指数
		显性比较优势指数	RCA 指数
产业对外依存度	产业出口依存度	产业出口对外依存度	该产业出口贸易总额与该产业的国内生产总值之比
	产业进口依存度	产业进口对外依存度	该产业进口贸易总额与该产业的国内生产总值之比
	产业资本依存度	产业资本对外依存度	该产业的国外资本存量与该产业当年的总产值之比

备注：

1. RFT 是指外资技术控制的行业数量与总行业数量之比。

2. TC 指数即贸易竞争力指数，是指一国进出口贸易的差额占其进出口贸易总额的比重。

3. RCA 指数是美国经济学家贝拉（Balassa Bela）于 1965 年测算一个国家某一产业的国际贸易比较优势时采用的一种方法，通过该产业在该国出口中所占的份额与世界贸易中该产业占世界贸易总额的份额之比来表示。

◇**案例** 7.3

中国汽车产业安全度分析

汽车行业已成为拉动中国经济快速增长的主导产业之一，汽车工业安全与否会深刻影响国家经济安全。近年来随着汽车产业的快速发展，中国汽车产业对外开放的步伐也在加快。2018 年 6 月 28 日，国家发展改革委和商务部发布《外商投资准入特别管理措施（负面清单）（2018 年版）》，其中针对汽车制造业明确提出对外开放时间表：2018 年 7 月 28 日起取消专用车、新能源汽车外资股比限制；2020 年取消商用车外资股比限制；2022 年取消乘用车外资股比限制以及合资企业不超过两家的限制。至此，随着进口关税的大幅下调和外资股比分阶段放开，中国汽车行业将进入全面开放时代。在国际日益激烈的竞争环境中，汽车产业要想继续维持自身的发展，需要高度重视其安全问题，并系统研究和充分评估汽车产业合资股比放开对汽车产业安全带来的影响。

一、汽车产业安全度评价模型

我们采用国际公认的“压力-状态-响应”（PSR）评价模型来构建汽车产业安全评价指标体系，涵括压力、状态和响应三大类子体系；同时参鉴学者的研究成果，将影响汽车产业安全的各级指标进行分类及筛选，确定如表 7-5 所示的初选指标体系。

表 7-5　汽车产业安全度评价初选指标体系

指标类别	一级指标	二级指标
压力类指标	生产要素环境	全员劳动生产率、单位劳动力成本、能源消耗、废弃物排放
	金融环境	资本效率、资本成本、换汇成本
	需求环境	国内市场需求量、国内市场需求增长率
状态类指标	产业竞争力	贸易竞争力指数、国内市场占有率、国际市场占有率、显示性比较优势指数（RCA）、产销率、研发投入比、价格比
	产业控制力	外资市场控制率、外资股权控制率、外资资产控制率、外资投资控制率、外资技术控制率、外资品牌控制率、外资经营决策控制率
	产业发展力	固定资产净值增长率、就业人数增长率、净资产收益率、产值率润率、行业亏损面
响应类指标	产业组织	产能利用率、产业集中度、
	产业结构	产业间结构、产业内结构
	产业布局	国内产业布局、国际产业布局
	产业政策	股比调整及放开政策

结合系统性、科学性、可测性、阶段性、可控性的学术原则，对影响汽车产业安全度的各个要素进行系统分析和简化处理，并删除不可得指标，最终构建包含 4 个一级指标，7 个二级指标的指标体系，见表 7-6。同时，运用熵权法和专家打分法进行指标权重设定。先用熵权法初步确定指标权重，再经多位行业专家进行二次修正，确定如表 7-6 所示的权重分配结果。

此外，参照学界较为普遍的定义方式，在以 0~100 分的评价区间将 60 分直观定为产业安全的基准线，据此对各项指标的原始数据进行标准化处理，以消除指标的量纲影响，确保不同指标能以不同的映射方式统一到相应的以“0 分为最不安全、60 分达标、100 分为最安全”的评价区间，并借鉴已有研究成果，设定汽车产业安全度评价区间，如表 7-7 所示。

表 7-6　各评价指标权重分配结果

一级指标	二级指标	权重/%
需求环境	国内市场需求量	7.36
	国内市场增长率	18.02
产业竞争力	贸易竞争力指数	13.01
	产销率	15.06
	国际市场占有率	7.38
产业发展力	产值利润率	13.58
产业组织	产业集中度	25.59

表 7-7 产业安全度评价区间设定

评价值区间	等级
30 分以下	极不安全
30~50 分	不安全
50~60 分	基本安全偏负
60~70 分	基本安全偏正
70~90 分	较为安全
90~100 分	绝对安全

二、产业安全度评价与结果分析

使用 2008-2018 年汽车产业相关数据对汽车产业安全度进行定量评价，数据主要来源于《中国统计年鉴》、国家统计局及中国汽车工业协会等官方公布数据。通过上文构建的指标体系及评价模型，计算得出 2008-2025 年汽车产业的安全度（其中，对未来几年的关键因素及评价指标进行预判，得出相应的安全度预测值），对比汽车产业安全度评价区间，可以对汽车产业安全状态做出判断，具体结果如表 7-8 所示。

表 7-8 2008—2025 年我国汽车产业安全度计算结果

年份	2008	2009	2010	2011	2012	2013	2014
安全度	29.6	59.2	51.7	39.2	42.6	53.1	53.8
安全级别	极不安全	基本安全偏负	基本安全偏负	不安全	不安全	基本安全偏负	基本安全偏负
年份	2015	2016	2017	2018	2019	2020	2021
安全度	42.3	41.3	41.4	35.8	40.6	39.8	48.9
安全级别	不安全	不安全	不安全	不安全	不安全	不安全	不安全
年份	2022	2023	2024	2025			
安全度	55.1	55.2	53.7	58.0			
安全级别	基本安全偏负	基本安全偏负	基本安全偏负	基本安全偏负			

分析上述计算结果可以发现，2008 年以来中国汽车产业多数年份处于基本不安全的状态。2009 年开始汽车行业实现突破，导致 2008 年个别指标数量级与后续数值差距较大（2008 年安全度偏低），也促使两年短暂的安全态势回暖；2011 年后仍呈现不安全状态，随后总体的不安全形势逐渐下行，尤其是 2018 年；再之后，汽车产业安全度将呈现稳步提升的趋势，到 2025 年中国汽车产业安全将以较快速度进入安全状态。

资料来源：沈润杰，刘春辉，高春晓. 合资股比放开后汽车产业安全度研究［J］. 汽车纵横，2021（4）.

【案例讨论】

请查阅相关资料，讨论导致中国汽车产业不安全的主要原因是什么。

思考题

1. 中国现阶段，适宜采取何种产业发展战略?
2. 论述如何进一步推动我国产业的技术创新。
3. 我国电信、广播电视和出版业的融合情况如何?
4. 如何促进我国的产业生态化又好又快发展?
5. 试选取某一地区，对其产业生态化水平进行评价。
6. 试述如何有效维护中国的产业安全。

【推荐阅读书目】

1. 熊彼特. 经济发展理论［M］. 邹建平，译. 北京：中国画报出版社，2012.
2. 杰弗里·摩尔. 公司进化论：伟大的企业如何持续创新［M］. 陈劲，译. 北京：机械工业出版社，2007.
3. 周振华. 信息化与产业融合［M］. 上海：上海三联书店，2003.

【参考文献】

1. 惠宁. 产业经济学［M］. 北京：高等教育出版社，2012.
2. 何维达. 产业安全理论综述和产业安全指标体系设计［J］. 何维达博客.
3. 何维达，何昌. 当前中国三大产业安全的初步估算［J］. 中国工业经济，2002（2）.
4. 经济安全论坛. 中国国家经济安全态势观察与研究报告［M］. 北京：经济科学出版社，2002.
5. 景玉琴. 产业安全评价指标体系研究［J］. 经济学家，2006（2）.
6. 刘志迎. 产业经济学［M］. 2 版. 北京：科学出版社，2014.
7. 刘树林. 产业经济学［M］. 北京：清华大学出版社，2012.
8. 陆根尧，盛龙，唐辰华. 中国产业生态化水平的静态与动态分析：基于省际数据的实证研究［J］. 中国工业经济，2012（3）.
9. 魏际刚. 中国产业中长期发展战略问题［N］. 中国经济时报，201-05-05.
10. 吴颖，刘志迎，丰志培. 产业融合问题的理论研究动态［J］. 产业经济研究，2004（4）.
11. 杨成长. 产业跨界融合呈现五大趋势［N］. 中国证券报，2014-10-24.
12. 朱建民，魏大鹏. 我国产业安全评价指标体系的再构建与实证研究［J］. 科研管理，2013（7）.
13. D B YOFFIE. Competing in The Age of Digital Convergence［M］. Cambridge：The President of Harvard Press，1997.

14. MANSFIELD E. Technical change and the rate of imitation [J]. Econometrics, 1961, 29 : 741–766.

15. N ROSENBERG. Technological change in the machine tool industry, 1840 – 1910 [J]. The Journal of Economic History, 1963, 23: 414–446.

16. R HOOPER. Convergence & Regulation [J]. TIO Conference, Melbourne, Australia, 25 November, 2003: 3.

17. T HAEGERSTRAND. Innovation Diffusion as a Spatial Process [M]. Chicago: University of Chicago Process, 1968.

第八章　产业竞争力

产业发展的状态（包括产业组织、产业结构、产业关联等方面的状态）与效果，最终集中反映在产业的竞争力上。产业竞争力的强弱，体现了产业发展的结果，也决定着产业是否能够继续生存下去。本章首先介绍产业竞争力的基本理论，然后阐述产业竞争力的评价方法。

第一节　产业竞争力理论

一、产业竞争力的理论基础

任何理论研究都有其理论基础和渊源，产业竞争力的理论基础主要是比较优势理论。

古典经济学家大卫·李嘉图提出了比较优势原理，指出：商品的相对价格差异即比较优势是国际贸易的基础，特定国家应专注于生产率相对较高的领域的生产，以交换低生产率领域的商品，这样对双方均有利。后来，赫克歇尔、俄林等人对传统比较优势理论进行了补充，提出资源禀赋理论，指出国家之间要素禀赋的差异决定着贸易的流动方向。“不同商品需要不同的生产要素比例，而不同国家拥有的生产要素比例是不同的。因此，各国在生产那些能够比较密集地利用其较充裕的生产要素的商品时，就必然会有比较利益产生。从而，各国应该出口能利用其充裕要素的那些商品，以换取那些需要比较密集地使用其稀缺生产要素的进口商品”①。至今，比较优势仍然是一国产业竞争力的重要影响因素和主要来源。

古典比较优势理论提出之后，一些学者不断对之完善、深化。熊彼特（J. A. Schumpeter）的技术创新理论（见第二章）、弗农（R. Vernon）的产品生命周期理论、邓宁（J. H. Duning）的国际生产折中理论，提出了比较优势的传递、比较优势的来源创新等方面的研究成果。

美国经济学家弗农1966年5月在《经济学季刊》发表《产品周期中的国际投资和国际贸易》一文，提出产品生命周期理论，揭示了不同产品生命周期阶段中跨国公司在跨国经营方式上的选择，正是基于各种经营方式对比较优势的利用及其对提高企业竞争力的作用。在产品不同的生命周期阶段（弗农划分为三个阶段：崭新阶段、成熟

① 俄林. 区域贸易和国际贸易［M］. 剑桥：哈佛大学出版社，1933.

阶段、标准化阶段），跨国公司会根据比较优势原则选择不同的经营方式：在崭新阶段，产品价格需求弹性很低，企业具有垄断优势，在国内生产可以不断改进产品，因而企业选择在国内生产，同时适当出口；在成熟阶段，产品出口剧增，生产技术扩散到国外，国外企业向市场推出仿制品，导致产品出口成本超过进口的预期成本，因此创新国家的企业需要到与本国需求类型相近的国家投资设厂；在标准化阶段，企业所拥有的垄断优势丧失，竞争以价格竞争为主，因而生产逐渐转移到劳动成本低的发展中国家，并从国外进口该产品。

英国经济学家邓宁在1977年发表《贸易、经济活动的区位与多国企业：折中理论探索》一文，提出国际生产折中理论。该理论认为，从事跨国经营的企业必须同时具备三个优势：

第一，所有权优势，是指一国企业拥有或能够获得的、国外企业所没有或者无法获得的资产及其所有权。这是跨国公司在经营资产（主要采用无形资产的形式）方面的优势，其拥有所有权优势的大小直接决定着其跨国经营的能力。但是，跨国公司是否进行跨国经营，不仅取决于其拥有的各种所有权优势，还取决于其将所有权优势加以内部化的意愿和能力。

第二，内部化优势，是指跨国公司将交易内部化、形成内部市场所产生的特有优势。内部化优势的大小，决定着跨国公司将如何选择利用其拥有的资产参与国际经济的形式。

第三，区位优势，是指跨国公司在投资区位选择上具有的优势。具有所有权优势和内部化优势的跨国企业，将其拥有的这两个优势与东道国当地的生产要素相结合，要比在本国运用更为有利。

如果企业不能建立以上的三个优势，就只有以出口贸易来满足国外市场需求，以国内生产来满足国内市场的需求。我们可以将国际生产折中理论概括为：跨国经营=所有权优势+内部化优势+区位优势。国际生产折中理论揭示出，随着世界经济竞争演化到以跨国公司为主要参与者、跨国经营竞争为主要方式的阶段，决定一国国际竞争力的比较优势，已经转移到跨国公司所拥有的所有权优势、内部化优势和区位优势上。

二、波特的产业竞争力理论

迈克尔·波特被公认为是第一位从事产业层次竞争力研究的学者。1990年，迈克尔·波特出版的《国家竞争优势》，提出了全新的产业竞争力研究框架，即“钻石模型”。该理论的提出标志着产业竞争力理论的正式形成。此后产业竞争力研究，主要是沿着波特“钻石模型”所提供的竞争力形成机理的研究思路和结合计量经济学构建产业竞争力计量分析模型这两条研究路线展开。因此人们一般认为波特的产业竞争力理论是产业竞争力研究的基石。

图8-1即“钻石模型”，是波特在1990年首先提出来的。通过对复杂数据和资料的提炼、分析，该模型提出，一国的特定产业是否具有国际竞争力主要取决于六个因素：生产要素条件，需求条件，相关支持性产业，企业策略、结构和同业竞争，政府行为和机会。其中，前四个是内生决定因素，后两个是外生决定因素。

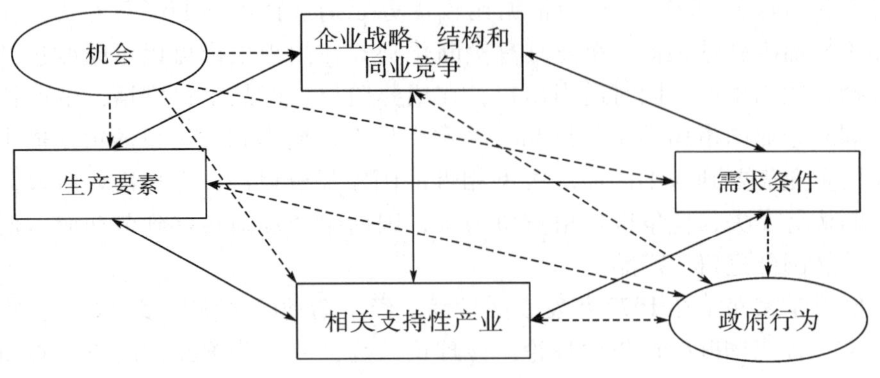

图 8-1　产业竞争力模型

第一，生产要素。生产要素是指产业的生产活动所需要的基本物质条件和投入要素。生产要素根据其性质和作用，可以划分为初级生产要素与高级生产要素。初级生产要素包括天然资源、气候、地理位置、非技术与半技术劳动力、资金等，高级生产要素需要在人力和资本上进行大量而持续的投资，包括现代化通信基础设施、受过高等教育的人力资源以及一些研究机构。在产业国际竞争力的创造过程中，高级生产要素的重要性越来越高。根据专业化程度，我们还可以将生产要素划分为一般性要素和专业性要素，一般性要素包括公路系统、资金、受过大学教育的员工等，专业性要素则指特殊技术人才、专业知识领域以及其他专门针对特定产业的投资形成的资产等。建立在专业性要素上的产业竞争力比建立在一般性要素上的产业竞争力更为持久，但是专业性要素的投资风险也更高。

第二，需求条件。其主要指本国市场需求的特征。在任何产业中，本国市场对竞争力形成都有相当重要的影响。这种本国市场主要有如下市场特征：本国市场的性质，即本国的主力需求在整个国际市场细分结构中的位置；本国需求的规模和成长模式；由本国市场向国际市场转换的能力。本国市场对于产业竞争力的影响不仅来自国内市场的规模，还来自国内市场的素质，甚至可以说，其素质比其规模重要得多。

第三，相关支持性产业。在产业竞争力创造过程中，相关支持性产业与优势产业是一种休戚与共的关系。产业要形成竞争优势，就不能缺少世界一流的供应商，也不能缺少上下游产业的密切合作关系。好的上游企业能协助企业掌握新方法、新机会和新技术的应用，一起致力于产品开发和质量提高；好的下游企业有助于企业及时了解市场变化，正确地提升或改变产品及质量，增强整个供应链的竞争力。无论企业之间的关系结构如何，高度发达的合作对于一个产业持续创新和升级以维持优势是必需的。另外，有竞争力的本国产业通常会带动相关产业的竞争力。波特指出，即使下游产业不在国际上竞争，但只要上游供应商具有国际竞争优势，对整个产业的影响仍然是正面的。

波特的研究提醒人们注意“产业集群”这种现象，就是一个优势产业不是单独存在的，它一定是同国内相关强势产业一同崛起。例如，德国印刷机业能雄霸全球，离不开德国造纸业、油墨业、制版业、机械制造业的强势；美国、德国、日本汽车工业的竞争优势，也离不开钢铁、机械、化工、零部件等行业的支持。

第四，企业战略、结构和同业竞争。波特指出，创造与持续产业竞争优势的最大关联因素是国内市场强有力的竞争对手。这一点与许多传统的观念相矛盾。例如一般认为，国内竞争太激烈，资源会过度消耗，妨碍规模经济的建立；最佳的国内市场状态是有两到三家企业独大，用规模经济和外商抗衡，并促进内部运作的效率化。还有的观念认为，国际型产业并不需要国内市场的对手。波特指出，在其研究的十个国家中，强有力的国内竞争对手普遍存在于具有国际竞争力的产业中。在国际竞争中，成功的产业必然先经过国内市场的搏斗，迫使其进行改进和创新，海外市场则是竞争力的延伸。而在政府的保护和补贴下，放眼国内没有竞争对手的“超级明星企业”，通常并不具有国际竞争能力。

第五，机会。机会是可遇而不可求的。波特指出，对企业发展而言，形成机会的可能情况大致有几种：基础科技的发明创造；传统技术出现断层；外因导致生产成本突然提高（如石油危机）；金融市场或汇率的重大变化；市场需求的剧增；政府的重大决策；战争。机会其实是双向的，它往往在新的竞争者获得优势的同时，使原有的竞争者丧失优势，只有能满足新需求的厂商才有发展机会。

第六，政府行为。波特指出，从事产业竞争的是企业，而非政府，竞争优势的创造最终必然要反映到企业上。即使拥有最优秀的公务员，政府也无从决定应该发展哪项产业，以及如何达到最适当的竞争优势。政府能做的只是提供企业所需要的资源，创造产业发展的环境。政府只有扮演好自己的角色，才能成为扩大钻石体系的力量。

波特在“钻石模型”的基础上，将一国产业参与国际竞争、推动经济增长的阶段，分为要素驱动阶段、投资驱动阶段、创新驱动阶段和财富驱动阶段四个阶段，其中前三个阶段为产业国际竞争力的扩张时期，第四个阶段为产业国际竞争力的下降时期①。

三、计量分析理论

产业竞争力成因理论属于产业竞争力理论的定性分析部分，将现代计量经济学分析方法引入产业竞争力理论研究，就可以形成产业竞争力的计量分析理论。产业竞争力计量分析的一般思路是：首先，合理选择评价指标，并对各指标科学分配权重，构建求和模型；然后，按各指标采集数据，经标准化处理后套入求和公式，即得竞争力量化评估水平。产业竞争力计量分析须解决两个关键问题：一个是评价指标的选取和指标体系的建立；另一个是对各指标科学地赋予权重。其中，在指标赋权方面，研究者可以直接借用统计学中的赋权理论，既可以采用传统赋权方法，也可以采用主成分分析法等现代数学计量方法。中国有学者将产业竞争力评价指标分为两类：一类是显示性指标，主要反映市场占有率和利润率；另一类是分析性指标，又进一步分为直接原因指标和间接原因指标，直接原因指标主要反映生产率和企业营销管理效率等，间接原因指标大体相当于波特的“国家竞争优势四要素”。在指标赋权问题上，他们既采用传统经验法则，也采用现代统计学中的主成分分析法。

① 波特．竞争论［M］．高登第，李明轩，译．北京：中信出版社，2002.

四、中国产业竞争力理论

随着对外开放的不断推进，中国产业也逐步走向世界，在国际市场上与各国产业开展同场竞技。这使得产业竞争力问题日益成为理论界与实践界关注的问题。1991 年，原国家科委下达了软科学研究课题——“国际竞争力的研究”，这是中国产业竞争力研究的开端。至今，诸多国内学者对中国产业的竞争力问题开展了较为深入的研究，取得了一定的理论成果。

总体上，中国产业已经在国际市场上形成自己的竞争优势。王守民与张锐（1999）[①]、陈向东与田东文（1999）[②]、鲁志强（2000）[③] 等，从出口竞争力、市场占有率、贸易结构和产业结构的国际竞争力、国内区际分工等方面分析了中国的工业竞争态势，提出影响工业国际竞争力的因素包括经济体制、资源条件、科技含量、资金投入强度、人员素质、管理水平和政府政策等。他们认为在经济全球化中，中国在世界经济中具有一定的比较优势和竞争能力。蓝庆新与王述英（2003）[④] 构建了产业国际竞争力的指标体系，分析了中国产业国际竞争力的现状，提出劳动密集型产业是中国产业国际竞争力优势的重要表现。史丹（2001）[⑤] 分析了中国能源产业的国际竞争力，对煤炭工业、石油工业和电力工业的国际竞争力做了具体分析。

中国产业国际竞争力的获得，是有一定的原因和条件的。刘林青、谭力文（2006）[⑥] 研究发现，“中国制造”的产业国际竞争力的“在位优势”的赢得，光是按比较优势理论来解释是不够的。“在位优势”的取得是劳动力比较优势、大规模吸收外商直接投资和大国优势三大力量共同作用的结果，这又与中国微观经济基础和政府作用分不开。

如何进一步提高中国产业的国际竞争力？徐元康（2003）[⑦] 分析了比较优势理论自身存在的严重缺陷，认为比较优势战略不适应中国未来经济的发展，中国外贸必须进行战略调整，从比较优势战略转向竞争优势战略。赵树宽（2008）[⑧] 的研究表明，规范地方政府竞争行为，彻底解决地方保护和市场分割问题，建立以市场机制和竞争规律引导国内分工与协作的合理机制，采取遵循地区要素禀赋比较优势的产业发展战略，将有助于提高中国经济资源的配置效率，是在中长期内进一步提高各省区产业竞争力的有效路径之一。

---

① 王守民，张锐. 中国工业国际竞争力及其构造［J］. 经济评论，1999（2）.
② 陈向东，田东文. 我国产业科技竞争力及其构造［J］. 经济评论，1999（2）.
③ 鲁志强. 经济全球化与中国［J］. 管理世界，2000（6）.
④ 蓝庆新，王述英. 论中国产业国际竞争力的现状与提高对策［J］. 经济评论，2003（1）.
⑤ 史丹. 经济全球化：能源要素与能源工业的国际竞争［J］. 改革，2001（3）.
⑥ 刘林青，谭力文. 产业国际竞争力的二维评价：全球价值链背景下的思考［J］. 中国工业经济，2006（12）.
⑦ 徐元康. 论制度创新与我国外贸的战略走向［J］. 当代财经，2003（11）.
⑧ 赵树宽. 区际市场分割对区域产业竞争力的作用机理分析［J］. 管理世界，2008（6）.

第二节　产业竞争力评价

科学评价产业竞争力具有很重要的现实意义，能够为各国或各地区制定产业政策提供很好的决策依据与参考。

一、产业竞争力的内涵

对于产业竞争力内涵的认识，有三种典型观点。第一种是波特提出来的。波特在其《竞争战略》一书中提出，“一个产业的竞争状态取决于五种基本竞争力量……这些力量汇集起来决定着该产业的最终利润潜力”，即产业竞争力与产业的最终利润潜力或产业利润率是一致的。第二种是世界经济论坛（WEF）提出的。1994 年世界经济论坛在其《国际竞争力报告》中指出，在经济全球化背景下，产业国际竞争力表现为一国生产产品的能力、占领国际市场和获取利润的能力。第三种是由中国社会科学院工业经济研究所课题组在《中国工业国际竞争力——理论、方法与实证研究》中提出。该课题组把产业国际竞争力定义为，“在国际自由贸易条件下，一国特定产业以其相对于他国更高的生产力，向国际市场提供符合消费者或购买者需求的更多产品，并持续获得盈利的能力”。

二、产业竞争力的评价体系①

（一）瑞士洛桑国际管理发展学院的评价体系

瑞士洛桑国际管理发展学院于 1996 年提出国际竞争力评价体系，由八大类竞争力要素、41 个方面、224 项指标所构成。八大竞争力要素包括：一是国内经济实力要素。评价国内经济实力的要素包括七个方面：增加值、资本形成、私人最终消费、生活费用、经济部门、经济预测和储蓄积累。二是国际化程度要素。国际化程度评价要素包括八个方面：对外贸易、商品与劳务出口、商品与劳务进口、国家保护、外商直接投资、文化开放、汇率和证券投资。三是政府作用要素。评价政府政策有益于增强竞争力的程度，可以从六个方面进行：国债、政府开支、政府参与经济、政府效率和透明度、财政政策和社会政治稳定。四是金融环境要素。评价资本市场的发育状况和金融服务业质量包括四个方面：资本收益、金融效力、证券市场和金融服务。五是基础设施要素。评价基础设施能力和满足企业发展需求的程度包括四个方面：能源自治、技术设施、交通设施和环境。六是企业管理要素。评价企业管理在创新、盈利和责任方面的有效程度，包括五个方面：生产率、劳动成本、公司经营、管理效率和企业文化。七是科学技术开发要素。评价与基础研究和应用研究密切相关的科学技术能力，主要包括五个方面：研发人员、科学研究、专利、技术管理和科学环境。八是国民素质要素。评价国民素质要素和生活质量的指标，主要包括七个方面：人口、劳动力、就业、

① 杨公朴，夏大慰，龚仰军. 产业经济学教程［M］. 3 版. 上海：上海财经大学出版社，2008.

失业、教育结构、生活质量和劳动态度。

上述八个方面基本上构成了产业国际竞争力的指标框架。其中，国内经济实力、国际化程度、政府作用、金融环境、国民素质和基础设施等竞争力要素，是产业国际竞争力的支持性条件。企业管理和科学技术开发要素，以及国际化程度要素中的商品与劳务进出口、外商直接投资、基础设施要素、能源供应及技术设施等，是产业国际竞争力的基础条件。

（二）世界经济论坛的评价体系

世界经济论坛（WEF）于1997年设计的国际竞争力评价指标体系，包括三个评价方面：一是国际竞争力综合水平，主要指标包括实际国内生产总值增长率、通货膨胀率、实际出口增长率、直接利用外资占国内生产总值的比率以及失业率；二是国际竞争力的实力水平，主要包括市场总水平、经济运行稳定性和国际交换；三是潜在国际竞争实力，含经济衰退的可能性和未来世界最具国际竞争力的国家两类指标。世界经济论坛的评价体系还包括三大分析指数：一是国际竞争力指数。该指数由八个方面的因素构成：国际贸易和国际金融的开放程度；政府预算、税收和管理因素；金融市场发展因素；运输、通信、能源和服务性基础设施因素；基础科学、应用科学和技术科学的因素；企业组织、企业家、企业创新和风险经营的管理因素；劳动力市场及流动性因素、法规和政治体系因素。二是经济竞争力指数。该指数是在国际竞争力指数的基础上，加入了人均国民收入水平对未来增长的前景影响。三是市场化增长竞争力指数。该指数是在经济竞争力指数的基础上，增加了对全球统一市场可比基础的测度。

世界经济论坛于1998年建立了微观竞争力指标，包括商业环境和企业内部管理水平与经营战略的成熟程度两个因素。其中，商业环境包括要素投入的质量、需求条件、相关的支撑产业、公司竞争环境等四个方面的48项指标。企业内部管理水平与经营战略，包括公司的竞争战略、人力资源建设、研究开发、从国外获得技术许可等15项指标。

2000年WEF又对国际竞争力指标的构成进行了调整，将国家和地区的国际竞争力综合水平分为经济成长竞争力和当前竞争力两部分。经济成长竞争力主要由反映居民储蓄率和国民投资率的金融指标，反映国内市场开放、竞争程度的经济开放程度指标，以及经济创造力指标等三大指标构成。其中，经济创造力指标由两部分内容构成：第一部分是反映一国创新能力和技术水平的“技术指标”，另一部分是反映新企业创业难易程度的“创业指标”。至于当前竞争力的评价，则沿袭原有指标不变。

（三）荷兰格林根大学的评价体系

荷兰格林根大学提出的产业竞争力评价体系，主要用于进行产业与生产率的国际比较，强调产业竞争力可以由价格水平、生产率水平及质量水平等三方面因素反映。在进行评价时，对不同地区和不同行业按统一分类体系标准化，得到可比数据，然后根据这些可比数据计算出反映产业国际竞争力的主要参数。这些参数包括：一是相对价格水平，含产出相对价格水平、投入相对价格水平或相对单位劳动成本水平；二是生产率，包括劳动生产率和资本生产率等单要素生产率以及全要素生产率；三是质量水平，用反映产品附加值水平的指标间接反映产品的质量水平；四是品牌竞争力，主要包括品牌在开拓和占领市场方面的能力、品牌的超值创利能力和品牌的发展潜力等三个因素之和。

（四）联合国工业发展组织的评价指标

联合国工业发展组织于 2002 年在维也纳发布了《2002—2003 年工业发展报告》，在报告中建立了一套分析各国工业竞争力的指标体系，并以 87 个国家的统计资料为基础，计算各国工业的竞争力指数。这套指标体系选择了四个指标来测量国家或地区生产和出口制成品的竞争能力，即人均制造业增加值、人均制成品出口、制造业增加值内中高技术产品的比重、制成品出口内中高技术产品的比重。前两个指标反映工业能力，后两个指标反映技术的层次和工业的升级。最后将四个指标量化为分指数，按照各自的权重，得出各国的工业竞争力指数。

三、国内的产业竞争力评价

国内理论界也对产业竞争力理论的发展做出了自己的贡献。

1991 年开启国内竞争力研究先河的原国家科委软科学研究课题——“国际竞争力的研究”，重点研究了国际竞争力的概念、定义及度量方法，提出经济活力、工业效能、财政活力、人力资源、自然资源、对外经济活动力、创新能力、国家干预八个方面的因素决定一个国家的国际竞争力，并建立了相应的评价指标，进行了亚太 15 国（地区）国家竞争力在企业、国家和区域间的类推竞争能力的比较。1996 年原国家体改委经济体制改革研究院、深圳综合开发研究院和中国人民大学联合组成中国国际竞争力研究课题组，对中国的国际竞争力进行了研究，并出版了《中国国际竞争力发展报告》，报告应用 381 个指标数据，对中国国民经济的国际竞争力进行了分析和评价，内容涉及宏观经济、工业、科学技术、企业管理、金融体系、政府管理等方面。

一些学者进一步将竞争力研究与产业联系起来。1993 年，任若恩等与荷兰格林根大学国际产出与生产率比较项目组的专家合作，进行中国制造业各产出部门的国际比较研究。该研究运用生产法获得的国际可比的时间序列和产出数据，从相对价格水平、单位劳动成本、生产率等角度，探索了中国制造业的比较优势和国际竞争力。郭克莎（2004）采用产业的增长潜力、就业功能、带动效应、生产率上升率、技术密集度、可持续发展等指标，对我国制造业的竞争力进行了比较排序。

魏后凯等（2002）将产业竞争力研究进一步拓展至区域产业竞争力的研究。魏后凯等采用四个指标评价了区域工业竞争力：市场影响力，用地区工业在全国工业市场的占有率来衡量；工业增长力，用地区工业总产值的增长率来衡量；资源配置力，用工业销售利润率和全员劳动生产率加权平均来表示；结构转换力，用高增长行业产值占地区工业总产值的比重和加工工业产值占地区工业总产值的比重两个指标表示；工业创新力，用非国有工业产值占地区工业总产值的比重来反映地区制度创新能力，用企业科技经费支出占 GDP 的比重反映地区技术创新能力，用两者的加权平均来反映地区工业的总体创新能力。

◇**案例** 8.1

中国战略性新兴产业国际竞争力评价

中国战略性新兴产业发展需要提高知识吸收与创新能力，积极参与国际分工体系，并在全球产业链中谋求更好位置，进而取得较高的产业国际竞争力。战略性新兴产业国际竞争力的内涵与“新钻石模型”十分契合。因此我们用芮明杰（2006）[①] 的“新钻石模型”作为指标体系构建的理论基础。“新钻石模型”的理论框架虽完善，但战略性新兴产业国际竞争力评价指标体系在数据的获得与处理上会相对困难，因此我们需要对指标体系进行一定的改进：以产业环境、产业支撑、产业创新三者为纲，将生产要素与需求条件归纳为产业环境，将企业的战略、结构和竞争对手微调为产业支撑与企业支撑，与政府作用一起并入产业支撑，将知识吸收与创新能力微调为产业创新。如此，将产业环境、产业支撑、产业创新等三个因素作为战略性新兴产业国际竞争力评价指标体系的一级指标。因为“机会”不易量化，因此剔除“机会”这一因素。然后在一级指标下构建二级指标，最后选择35个可以量化的三级指标建立战略性新兴产业国际竞争力评价指标体系（见表8-1）。

表8-1　战略性新兴产业国际竞争力评价指标体系

一级指标	二级指标	三级指标
产业环境	生产要素	从业人员平均数、企业办研发机构人员数、资产总计/企业数、企业办研发机构数、专利申请数、R&D人员、资产总计、资产负债表
	需求条件	主营业务收入、利润总额、出口交货值、销售利润率
产业支撑	产业支撑与企业支撑	资产周转率；R&D经费（企业资金）、劳动生产率、成本费用利润率、销售收入、流动资产/资产总额
	政府支持	应付所得税、R&D经费（政府资金）
产业创新	创新投入	R&D人员折合全时当量、R&D经费内部支出（人员劳务费）、R&D经费内部支出（仪器和设备）
	创新过程	新产品开发项目款、新产品开发经费支出、技术改造经费支出、引进技术经费支出、新开工项目个数、机构经费支出

选取《中国高技术产业年鉴》和CSMAR数据库中2005—2014年10年的数据，分产业进行战略性新兴产业国际竞争力评价。用SPSS软件对各指标进行标准化处理，利用Z-Score标准化方法进行无量纲化处理，将标准化后的各指标取相关性检验，根据其相关系数矩阵（50×35的矩阵，数据表略），发现变量间存在比较显著的相关性。KMO检验值为0.795，说明适合进行因子分析，Sig值为0，也说明了进行因子分析的可行性。通过因子分析（过程略），得出各产业公因子得分与排序及各产业综合得分与排序，如表8-2、表8-3、表8-4、表8-5、表8-6所示。

① 芮明杰. 产业竞争力的“新钻石模型”[J]. 社会科学，2006（4）.

表 8-2　医药制造业因子得分

年份	S_1	S_2	S_3	S_4	综合得分
2005	-0.52	0.59	0.19	-0.91	-0.27
2006	-0.47	0.57	0.12	-0.77	-0.24
2007	-0.38	0.93	0.26	-0.62	-0.11
2008	-0.25	1.22	0.30	-0.35	0.03
2009	0.00	1.57	0.32	-0.10	0.25
2010	-0.01	1.76	0.28	0.13	0.27
2011	0.28	1.76	0.34	0.28	0.47
2012	0.58	1.82	0.44	0.59	0.68
2013	0.86	1.98	0.41	0.87	0.89
2014	1.04	2.21	0.33	1.34	1.04

表 8-3　航空航天器及设备制造业因子得分

年份	S_1	S_2	S_3	S_4	综合得分
2005	-0.88	-0.85	0.30	-0.88	-0.67
2006	-0.89	-0.76	0.71	-0.93	-0.61
2007	-0.84	-0.85	0.94	-0.59	-0.54
2008	-0.85	-1.02	1.77	-0.04	-0.44
2009	-0.91	-0.85	1.62	0.10	-0.47
2010	-0.83	-0.67	1.11	0.25	-0.45
2011	-0.87	-1.14	2.01	0.82	-0.40
2012	-0.71	-0.64	1.76	1.16	-0.24
2013	-0.67	-0.56	1.86	1.54	-0.17
2014	-0.63	-0.65	2.31	2.02	-0.08

表 8-4　电子及通信设备制造业因子得分

年份	S_1	S_2	S_3	S_4	综合得分
2005	0.06	-0.82	-0.37	-1.77	-0.22
2006	0.28	-0.65	-0.37	-1.72	-0.06
2007	0.59	-1.16	-0.37	-2.05	0.05
2008	0.85	-1.09	-0.42	-1.38	0.25
2009	0.98	-0.67	-0.26	-0.77	0.44
2010	1.19	-0.74	-0.10	-0.42	0.59
2011	1.86	-0.76	-0.01	-0.29	1.02
2012	2.62	-0.79	0.37	-0.25	1.52
2013	3.05	-0.72	0.73	0.29	1.87
2014	3.45	-0.78	0.51	0.66	2.10

表 8-5 计算机及办公设备制造业因子得分

年份	S_1	S_2	S_3	S_4	综合得分
2005	-0.71	-0.70	-1.37	0.21	-0.68
2006	-0.65	-0.87	-1.32	0.43	-0.65
2007	-0.58	-0.98	-1.17	0.50	-0.60
2008	-0.45	-0.77	-1.56	0.97	-0.51
2009	-0.47	-0.63	-1.52	1.07	-0.50
2010	-0.29	-0.46	-1.79	1.20	-0.39
2011	-0.26	-0.59	-1.35	1.27	-0.33
2012	-0.10	-0.17	-1.21	1.66	-0.14
2013	-0.18	-0.45	-1.50	1.70	-0.26
2014	-0.16	-0.14	-1.67	1.77	-0.22

表 8-6 医疗仪器设备及仪器仪表制造业因子得分

年份	S_1	S_2	S_3	S_4	综合得分
2005	-0.83	0.09	-0.34	-1.09	-0.59
2006	-0.79	0.19	-0.18	-1.10	-0.54
2007	-0.71	0.28	-0.34	-0.96	-0.49
2008	-0.63	0.46	-0.33	-0.74	-0.40
2009	-0.44	0.80	-0.35	-0.63	-0.24
2010	-0.48	0.92	-0.50	-0.49	-0.25
2011	-0.21	1.12	-0.16	-0.56	-0.03
2012	-0.08	1.10	-0.08	-0.61	0.06
2013	0.02	1.20	-0.12	-0.45	0.13
2014	0.03	1.38	-0.24	-0.35	0.16

根据上述数据，我们可以对五个产业的国际竞争力进行评判。

产业创新评价：根据产业创新排序，10 年来电子及通信设备制造业大幅领先，并且增长迅猛；医药制造业紧随其后，虽相对落后较多，但创新能力发展较快；医疗仪器设备及仪器仪表制造业近年来平稳增长；航空航天器及设备制造业、计算机及办公设备制造业相对发展缓慢，可能是由于这两类产业的创新需要突破性的飞跃，因此很难实现。

产业经营与盈利评价：根据产业经营与盈利排序，医药制造业大幅领先，且保持较平稳增长；医疗仪器设备及仪器仪表制造业紧随其后，也保持着较好的增长幅度；计算机及办公设备制造业虽然落后，但近年来增长势头不错；航空航天器及设备制造业和电子及通信设备制造业落后较多，甚至偶尔有倒退的趋势。

产业环境评价：根据产业环境排序，航空航天器及设备制造业遥遥领先，这可能得益于国家政策的大力支持，并且增长幅度一直处于较高水平；医药制造业相对平稳；

医疗仪器设备及仪器仪表制造业也相对平稳，不过稍落后于医药制造业；电子及通信设备制造业虽然以前大幅落后，不过近年来产业环境发展相当迅猛，有领先行业之势；而计算机及办公设备制造业则处于相对弱势的产业环境中，并且改进不大。

产业效率评价：根据产业效率排序，航空航天器及设备制造业和计算机及办公设备制造业这两大行业产业效率值很高，区别在于前者增长率依旧迅猛，而后者有趋缓之势，医药制造业以及电子及通信设备制造业也在大幅改进其产业效率，发展势头良好；而医疗仪器设备及仪器仪表制造业则相对较为落后，并且增长率一直处于低位。

综合评价：从五大产业国际竞争力及增长趋势来看，电子及通信设备制造业竞争力最强，且一直保持高效的发展趋势；医药制造业国际竞争力也相对较高，且一直保持着稳步增长态势；医疗仪器设备及仪器仪表制造业和计算机及办公设备制造业表现较为一般；航天航空及设备制造业竞争力相对较弱，不过随着国家政策扶持与其产业效率的大幅增长，也许在未来会成为极具国际竞争力的行业。

资料来源：曹虹剑，余文斗. 中国战略性新兴产业国际竞争力评价［J］. 经济数学，2017（1）.

思考题

1. 简述比较优势理论、产品生命周期理论和国际生产折中理论的主要内容。

2. 试述波特的产业竞争力理论。

3. 根据相关统计年鉴的数据，运用区域产业竞争力的评价指标体系，分析我国沿海地区的产业竞争力。

【推荐阅读】

1. 波特. 国际竞争优势［M］. 李明轩，邱如美，译. 北京：华夏出版社，2002.

2. 金碚. 中国工业国际竞争力：理论、方法与实证研究［M］. 北京：经济管理出版社，1997.

【参考文献】

1. 陈向东，田东文. 我国产业科技竞争力及其构造［J］. 经济评论，1999（2）.

2. 鲁志强. 经济全球化与中国［J］. 管理世界，2000（6）.

3. 蓝庆新，王述英. 论中国产业国际竞争力的现状与提高对策［J］. 经济评论，2003（1）.

4. 刘林青，谭力文. 产业国际竞争力的二维评价：全球价值链背景下的思考［J］. 中国工业经济，2006（12）.

5. 史丹. 经济全球化：能源要素与能源工业的国际竞争［J］. 改革，2001（3）.

6. 王守民，张锐. 中国工业国际竞争力及其构造［J］. 经济评论，1999（2）.

7. 徐元康. 论制度创新与我国外贸的战略走向［J］. 当代财经，2003（11）.

8. 杨公朴，夏大慰，龚仰军. 产业经济学教程 [M]. 3 版. 上海：上海财经大学出版社，2008.

9. 赵树宽. 区际市场分割对区域产业竞争力的作用机理分析 [J]. 管理世界，2008 (6).

10. 俄林. 区域贸易和国际贸易 [M]. 剑桥：哈佛大学出版社，1933.

第九章　产业政策

纯粹的市场经济，会带来产业的无序发展，导致经济危机的周期性出现。因而，弥补“市场失灵”的产业政策，无论在哪个国家都得到运用。包括以自由市场为根本的美国，从20世纪20年代末、30年代初的全球性资本主义大危机，到新世纪以来爆发的“次贷危机”，一次次通过产业政策的运用，较好地解决了所面临的经济问题。中国开展产业政策的系统研究始于1986年，1989年国务院颁布《九十年代国家产业政策纲要》，成为第一个正式实施全国性的产业政策文件。迄今，中国已经颁布实施了各级各类的多个产业政策，并在中国经济的腾飞过程中起到了巨大的作用。

第一节　产业政策概述①

产业政策的实施，本质上是一种政府对经济的直接干预。关于要不要实施产业政策的问题，曾有过两种对立的观点。一种观点认为，政府干预经济只需运用货币政策和财政政策，而不必采取比宏观经济政策干预更直接、更深刻、更具体的产业政策。因为在这种观点看来，产业政策是与扭曲、抑制、不公平相联系的，是以牺牲某一部门为代价来促进或限制另一部门的发展的，而且产业政策能否成功还有运气的成分。另一种观点则对产业政策持肯定态度，认为宏观经济政策是有关需求方面的政策，产业政策是有关供给方面的政策，都是经济活动所需要的政策。从现实情况来看，很多国家有成功实施产业政策的经历，比如日本、中国，已经证明了产业政策的有效性。因此至今，要不要实施产业政策已经不是理论界所关注的问题，理论界关注的是如何提升产业政策实施的有效性。

一、产业政策的内涵

产业政策是政府为了促进市场机制的发育，纠正市场机制的缺陷，对特定产业活动以干预和引导方式施加影响，进而促进国民经济快速协调增长的、带有宏观性和中长期性的经济政策。上述界定包括如下主要含义：

第一，产业政策制定的主体是政府。产业政策代表了各级政府尤其是中央政府引导产业发展的干预意图，是一种高层次、带有宏观性质的经济政策。

第二，对产业干预的意图不是盲目的，而是要维护市场机制对于资源配置的基础

① 邬义钧，邱钧. 产业经济学［M］. 北京：中国统计出版社，1997.

性作用，最好地发挥市场机制的功能，弥补市场缺陷，而绝不是排斥市场机制。

第三，产业政策的最终目的是促进经济的增长和发展。这主要通过对某些特定产业，而不是全部产业施加影响来实现的。在经济发展的不同阶段，经济的增长与发展取决于特定产业的作用，因此产业政策的对象是随着经济发展阶段的演进而不断变化的。

第四，产业政策是一种中长期的经济政策，而不是短期对策，着眼于对中长期内的产业发展起引导作用。因而，产业政策一定程度上具有某些宏观经济政策工具的性质，其制定和实施，也会对宏观经济调控目标产生影响。

二、产业政策与其他经济政策及计划的关系

产业政策是经济政策体系的组成部分，与其他经济政策以及国民经济计划之间存在着既相区别又相联系的关系。

（一）产业政策与计划的关系

计划直接体现了政府干预经济的意图。市场经济条件下，计划一般分为两类：第一类是具有发展战略性质的中长期计划，如国民经济发展五年计划；第二类是具有总量调控性质的年度计划，如每年政府举行的年度经济工作会议，会确定年度经济增长率、物价总水平、货币供应量等。产业政策与这两类计划的关系是各不相同的。从第一类计划看，产业政策是从属于具有发展战略性质的中长期计划，作为政策工具要为实现一定经济发展战略服务，并在某些国家需要进行干预的产业领域使发展战略深化和细化。从第二类计划看，产业政策与作为总量调控目标的年度计划有相辅相成的作用，两者一般不存在从属关系，总量的指标规定了产业政策在特定年份的活动空间，而跨年度的产业政策则又为实现当年的总量目标创造了条件。

（二）产业政策与宏观调控政策的关系

宏观调控政策（主要指财政政策和货币政策）的总目标，一般是充分就业、物价稳定、经济增长和国际收支平衡。产业政策目标与宏观调控目标的关系是：①产业政策目标主要是从宏观经济政策中引申出来的，是宏观调控目标的具体化；②产业政策目标主要集中于经济效率，讲求资源配置的效率，其目标范围比宏观调控目标狭窄；③当二者目标发生冲突时，产业政策要服从于宏观调控总目标。

从实施的手段看，产业政策手段多种多样，包括财政手段、金融手段、直接规制、制度的创设与废止、行政指导等。其中有些手段是产业政策特有的手段，财政手段和金融手段则作为宏观调控政策的主要手段而被产业政策所借用。但是，不能由此把财政政策和金融政策认为是隶属于产业政策。服务于产业政策的财政手段和金融手段，只是财政政策和金融政策的一个组成部分，其中大部分属于财政政策与金融政策微观变化的方面。因此，产业政策无法包容和协调财政政策与货币政策，它们之间只存在着部分的交叉关系。

（三）产业政策与微观杠杆性经济政策的关系

产业政策是针对一些特定的产业拟制的，实施的是差别化的政策；而各类微观杠

杆性经济政策，是对各类具有相似性的竞争者实行一视同仁和无差别化的政策。由于产业政策的实施也要运用税收、信贷、投资等政策手段，这就涉及产业政策和微观杠杆性经济政策的关系协调问题。一方面，在国家产业政策未染指的大部分产业内，经济杠杆政策应按照其自身的规律发挥调控作用，产业政策要积极为其创造环境与条件；另一方面，一旦政府的产业政策确定，在特定的产业领域内，各项杠杆性经济政策就要围绕着产业政策的目标联合行动。

三、产业政策的主要特征

综合产业政策的内涵及其与其他经济政策、计划的关系，产业政策具有几方面的典型特征。

第一，产业政策直接体现经济发展战略的意图，并引导随机性政策的短期效应。产业政策是根据一定阶段的中长期计划制定的，在特定的产业领域内，产业政策是中长期经济发展战略的具体化。与相机抉择的政策相比，产业政策更具有中长期性和相对稳定性，可以给随机性政策起导向作用，确定导向目标，避免短期调节的无序、断裂等副作用。

第二，产业政策主要解决资源配置的长期宏观效益（结构效益）问题。宏观调控政策（财政政策和货币政策）主要解决总量平衡问题，产业政策主要是解决结构协调、均衡问题。一般而言，宏观调控政策往往是一种“反经济周期”的经济波动调节方式，只是对当前总量矛盾的一种短期、强制性缓和，并没有解决造成波动的结构性症结。相较之下，政府通过产业政策促进结构的优化，为长期增长打下一个良好的结构基础，有利于维持经济的长期增长，也就意味着拥有良好的长期宏观效益。在这个意义上，产业政策解决了资源配置的长期宏观效益。

第三，产业政策对经济的干预更直接、更深刻、更具体。产业政策是对产业实行区别对待的政策，既可以是软性政策又可以采取硬性政策。但总体上，产业政策和其他经济政策相比，对经济的干预更直接、更深刻、更具体。例如，产业政策对幼稚产业的保护和培育，对衰退产业的援助与调整，对中小企业的特殊待遇等，都是对产业发展强有力的干预。

第四，产业政策具有浓厚的本土化特色。与其他经济政策相比，产业政策是配合一国长期经济发展战略，根据具体的产业经济发展情况来制订的，集中反映了一国经济在特定阶段和环境中的特殊性。每个国家特定时期，大都会制定相应的产业政策，不同国家同一时期的产业政策都会有所不同。因此，相对放之四海皆宜的其他普适性经济政策，产业政策最具有本土化特色。

四、产业政策体系

政府对产业活动的干预，主要包括两方面：一方面是对产业的结构、组织与素质的干预。产业结构、产业组织和产业素质（产业素质主要指构成企业的综合能力，即由企业内部各生产要素结合所反映出来的综合能力），是构成产业的三个重要层面内容。反映产业之间相互关系的产业结构是最高层面，反映企业之间相互关系的产业组织是中间层面，而反映企业内部各集团、成员之间相互关系的产业素质是基础层面。产业的良性发展，依赖于上述三个层面的状况。市场机制的失灵，最终会反映和体现在上述三个层面，导致产业的组织、结构和素质出现问题。因此，政府对市场失灵所导致的产业发展不良影响的干预，主要以上述三个层面为对象进行。另一方面是对产业发展的干预，主要包括对产业技术进步、产业融合、产业生态化、产业安全等产业发展相关活动与领域的干预。针对产业的结构进行干预的政策是产业结构政策，针对产业的组织进行干预的政策包括产业组织政策、产业规制政策，针对产业素质进行干预的政策主要是产业规制政策，针对产业发展进行干预的政策是产业发展政策。产业政策体系主要由产业结构政策、产业组织政策、产业规制政策和产业发展政策构成，四类政策相互配套、协同作用，共同维护产业的良性发展。

需要指出的是，虽然产业组织政策、产业规制政策都是针对产业组织的干预政策，但产业组织政策主要是针对企业之间关系的干预，产业规制政策则主要是从微观角度针对企业个体行为的干预。同时，鉴于产业组织政策与产业结构政策同属于产业经济学传统的产业政策理论，本书将产业组织政策安排在本章与产业结构政策、产业发展政策一起进行阐述，而不是像产业规制理论一样，排在产业组织理论之后（第三章）进行阐述。

第二节　产业组织政策

产业组织理论的核心，是要克服规模经济与竞争活力两难的“马歇尔困境”，实现规模经济与竞争活力兼容的“有效竞争”。直接服务于产业组织需要的产业组织政策，其实施基本目标就是实现有效竞争。

一、产业组织政策概述

（一）有效竞争标准

产业组织政策要促进有效竞争的实现，首先需要明确有效竞争的标准，才能采取有针对性的政策措施。代表性的有效竞争标准理论，一是梅森 1957 年提出来的，一是另一位美国经济学家史蒂芬·索斯尼克（Stephen Sosnick）1958 年提出来的。

梅森从市场结构和市场效果的角度，提出了两个有效竞争的标准。第一，市场结构标准，其内容包括：①市场上存在相当多的买者和卖者；②新企业能够进入市场；③任何企业都没有占有很大的市场份额；④任何企业（集团）之间不存在共谋行为。第二，市场效果标准，其内容包括：①企业存在不断改进产品和生产工艺的压力；②在成本下降到一定程度时，价格能够向下调整，具有一定的弹性；③生产集中在不大不小的最有效率的规模单位下进行，但未必是在费用最低的规模单位下进行；④生产能力和实际产量基本协调，无设备过剩；⑤能避免销售中的资源浪费。

索斯尼克提出了更为全面的“结构——行为——绩效”有效竞争标准。第一，市场结构标准：①不存在企业进入和流动的人为限制；②存在对上市产品质量差异的价格敏感性；③交易者的数量符合规模经济的要求。第二，市场行为标准：①厂商间不相互勾结；②厂商不使用排外的、掠夺性的或高压性手段；③厂商在推销时不搞欺诈；④不存在“有害的”价格歧视；⑤竞争者对其他人是否会追随他们的价格变动没有完备的信息。第三，市场绩效标准：①利润水平刚好足以酬报创新、效率和投资；②质量和产品随消费者需求而变化；③厂商尽其努力引进技术上更优的新产品和新的生产流程；④没有过度的销售开支；⑤每个厂商的生产过程是有效率的；⑥最好地满足消费者需求的卖者得到最多的报酬；⑦价格变化不会加剧周期的不稳定。

（二）产业组织政策的内涵

产业组织政策是政府为解决产业内企业间的矛盾，形成良好的市场结构、市场行为和市场绩效，实现有效竞争而制定的一系列政策的总和。为形成良好的产业市场结构、市场行为和市场绩效，实现规模经济与竞争活力的协调，产业组织政策主要应包括产业组织合理化政策（规模经济政策）、反垄断政策和中小企业政策。

（三）产业组织政策的作用

产业组织政策的实施，对于国民经济的发展具有几方面的作用。

1. 促进产业内的专业化协作，提高企业的规模经济水平

推动企业实现适度规模，是产业组织政策要解决的基本问题之一。制定适当的产业组织政策，能提升企业间的专业化协作水平，是提高企业规模的有效途径。例如：实行标准化，减少同类产品的品种；限制产品品种，减少单个企业生产的品种数；限制落后设备、技术的使用，甚至强行淘汰；限制零件和原材料的采购方法和采购数量起点；等等。

2. 鼓励和保护市场竞争

制定适当的产业组织政策，可以保护和促进企业竞争，使企业通过竞争不断提高自身素质，同时淘汰那些落后的、没有生命力的企业，从而提高整个国民经济的发展水平。例如：为保护竞争可以制定反垄断法，降低市场上卖者的集中度，或降低新企业进入市场的障碍程度；禁止对不同销售对象实行差别价格；禁止企业间企图实行市场垄断的合谋；等等。

3. 调整产业结构，促进产业结构高度化

经济的发展就是一个产业结构不断高度化的过程。产业结构的高度化，有赖于产业组织的合理化，从而有赖于促进产业组织合理化的产业组织政策。政府通过合理的产业组织政策，可以引导社会资源的投入方向，实现资源的重新优化组合，促进产业结构向高度化转换。例如：通过保护性政策来扶持某些新兴产业；通过财政、信贷政策，来发挥杠杆作用，引导资金的投向；通过某些产业技术经济标准的制定，调整和控制企业的初始规模；通过实行企业破产法，来实现企业的兼并、联合；等等。

4. 保护本国企业，提高企业国际竞争力

欠发达国家和地区的产业要发展壮大并进入国际市场，需要有一个成长过程。在此过程中，对之实行合理的保护、避免受国外产业冲击而夭折是十分必要的。实施合理的产业组织政策，可以起到保护产业的作用，做到既能发展对外经济贸易关系，又

能增强本国弱小产业的竞争能力。例如：限制某些产业进口的品种或数量；不同的进口商品给予差别性关税税率；限制或鼓励某些产品的出口；等等。

二、产业组织合理化政策

产业组织合理化政策也称规模经济政策。在经济发展水平较低的国家，产业组织发展不成熟，存在很多规模小于最小经济规模的企业，使得整个市场处于过度竞争状态，损害了正常的市场竞争秩序。这需要制定合理的产业组织政策，以促进企业规模的扩大，培育大企业，提高市场集中度，实现规模经济。政府为优化产业组织，促进规模经济实现，建立大批量生产方式而采取的政策，称为产业组织政策。产业组织政策主要涵括企业兼并政策、企业联合政策、经济规模政策等。

（一）企业兼并政策

企业兼并是指企业之间的合并购买行为，兼并者购买被合并企业的资产成为自己企业资产的一部分，被兼并者则失去原来的独立经营实体地位。企业兼并行为可以有效减少产业内企业的数量，扩大现存企业的规模。企业兼并政策是政府用来抑制企业间过度竞争，形成大规模企业，提高市场集中度以实现规模经济的重要手段。在20世纪60年代，日本正处于从贸易保护体制向自由贸易体制过渡的阶段，企业普遍规模小，存在着严重的过度竞争，国际竞争力弱，无法有效应对跨国垄断企业的竞争。为改变这一局面，日本政府制定并实施企业兼并政策，积极推动企业并购，产业了显著的效果。1963年，日本的企业兼并数量有近千起，1966年到1973年间，年兼并数量则超过千起。如此，有力提高了日本企业的规模，提升了日本企业的竞争力，使之逐渐在自由贸易中形成一定的竞争优势。

（二）企业联合政策

根据联合的紧密程度，企业联合可以分为建立企业间的专业化协作关系和组织企业集团两种类型。前者主要是以业务为纽带形成的，不涉及资产关系的联合，联合程度要松散得多；后者是以资产和业务双重纽带形成的联合，联合相对要紧密。上述两种联合，都有利于减少竞争的激烈程度，避免无序竞争、过度竞争，同时促进生产集中，实现规模经济。一般而言，企业联合政策和企业并购政策是配套制定和协同使用的，能实现合并的企业就运用并购政策推动其并购，存在合并障碍的企业就运用联合政策推动其联合。

（三）经济规模政策

经济规模政策的基本目标，是保证产业内企业能充分利用规模经济，降低单位产品成本。一般的做法，是由政府制定最小经济规模标准，达不到经济规模要求的新企业不得进入产业，对产业内原有规模偏小的企业则要求通过企业并购或企业联合等方式扩大规模。由此可见，经济规模政策的主要功能是设置行政和法规进入壁垒，抑制企业盲目进入产业，避免出现过度竞争，影响规模经济。例如，日本政府在1962年制定《石油工业法》，对新企业进入和技术改造进行审批。1965—1967年，日本政府规定乙烯装置的最小经济规模为10万吨，1967年又提高到30万吨。通过制定最小经济规模标准，日本政府有力地促进了石油工业的大型化，提高了市场集中度，提升了规模经济效益。

三、反垄断政策

垄断是竞争的对立面。垄断的存在，会降低社会总福利，这主要体现在四个方面：一是由垄断的高价格和低产量造成的资源错配损失；二是由于一部分消费者的剩余转变成为垄断企业利润而带来的收入转移效应；三是垄断的高价格和低产量带来的社会福利净损失；四是垄断企业寻租带来的社会性损失。

根据垄断的形成原因和特征，我们可以把垄断分为经济垄断、行政垄断和自然垄断三种类型。经济垄断是指市场主体为获得垄断利润，利用其拥有的市场势力，采取的限制、排斥竞争对手的行为。行政垄断是指政府运用其行政权力排斥、限制市场竞争的行为。行政垄断完全是政府运用行政权力的结果，与市场经济规律没有联系，是一种“超经济垄断”，包括地区垄断和部门垄断两种主要形式。三种垄断中，自然垄断是基于效率标准的垄断，其目的是实现高效率，并不存在反垄断问题，而是属于政府规制范围（政府规制主要就是针对自然垄断产业，以及少数竞争性产业）；行政垄断源于政府行政权力的垄断，反垄断的主要途径是深化经济体制、行政管理体制改革，尽可能减少政府滥用行政权力导致行政垄断的现象；经济垄断则主要适用于反垄断法。一般而言，在成熟的市场经济国家中，行政垄断、自然垄断存在的空间越来越窄、危害越来越小，经济垄断是最主要的垄断现象。因此，反垄断法的地位和作用越来越重要，日益成为主要的产业组织政策。

（一）美国的反垄断政策

1. 反垄断法

美国是现代反垄断法诞生的摇篮，对于世界各国反垄断法的建立起到了重要的借鉴作用。美国反垄断法的建立与完善，主要经历了谢尔曼法（The Sherman Act）、克莱顿法（The Clayton Act）和联邦贸易委员会法（The Federal Trade Commission Act）三个阶段。

（1）谢尔曼法。

美国在 1890 年由美国国会通过了第一部反垄断法律——谢尔曼法，成为反垄断的基本法，主要针对贸易中存在的垄断问题，重点是禁止垄断和合谋。谢尔曼法禁止任何限制交易（限制交易是指交易中的反竞争活动因素超过有利于竞争的因素）的协议，任何用来限制交易或者商业活动的合同，无论是信托、合谋还是其他方式，都是非法的。任何签订这类合同或者从事任何形式合谋的行为，都被认定为犯有重罪，公司将被处以不超过 1 000 万美元的罚款，个人将被处以不超过 35 万美元的罚款或者不超过 3 年的监禁，或者同时对公司和个人实施上述处罚。谢尔曼法对垄断的判断依据，一是按区域和产品划分的市场力量，主要以市场占有率为依据；二是当事企业采取了某些掠夺性定价或排他性的行为。

（2）克莱顿法。

克莱顿法于 1914 年通过，重点是防止价格歧视和通过产权重组形成排他性经营。

该法规定价格歧视、排他性和限制性合同，削弱竞争的公司之间的交叉持股、互派董事等行为是违法的，并且对上述不正当竞争做出了一般规定。

克莱顿法规定：禁止卖方对不同买方实施歧视性价格，但是允许对不同品质、不同等级或销售数量的产品实施差别价格；对于降价，只能根据销售成本或运输成本的差别相应地减少价格，卖方只能是为了竞争进行善意降价；除了提供与购买和销售有关的服务外，任何从事商业活动的人在商业活动中支付或接受佣金、回扣、津贴或其他补偿都是不合法的。克莱顿法还限制企业间削弱竞争和形成垄断的权益或资产交易，规定从事交易活动或者对交易活动有影响的任何企业，都不得擅自进行可能会持续地减弱竞争或有利于形成垄断的兼并活动，即以直接或间接的形式获得其竞争对手的部分或全部权益或资产。公司若进行这样的兼并活动，需事先向贸易委员会申请，得到批准后方可进行。

当公司违反反垄断法的上述任何处罚条款时，授权、指示或者直接实施违法行为的公司董事、管理人员或者代理人，将被处以不超过 5 000 美元的罚款，或不超过 1 年的监禁，或者同时处以罚款和监禁。当任何人、公司和机构的业务或财产受到违反反垄断法的行为的损害时，其都可以提出诉讼请求，并且可以获得相当于 3 倍损失和诉讼费用的赔偿，其中包括律师费用。

（3）联邦贸易委员会法。

联邦贸易委员会主要是对重组兼并进行管理，防止重组兼并中的垄断行为。该法规定，任何兼并必须获得联邦委员会或者司法部的批准，未经批准，资产不得并购为一体。联邦贸易委员会和司法部联合实施反垄断法，共同提出企业兼并准则。准则概述了联邦贸易委员会和司法部对横向和纵向兼并的有关政策。联邦贸易委员会还禁止任何个人合伙人和公司，在交易活动中或任何影响交易的活动中利用不公平竞争以及欺骗性手段。

2. 企业兼并准则

反垄断法主要明确反垄断的基本原则、分析因素、审查程序和惩罚措施等，美国司法部和贸易委员会编制了企业兼并准则，概括了对兼并采取的具体政策，介绍了监管机构在分析兼并活动时采用的分析框架和标准，以减少执行反垄断法时的不确定性，为处理兼并案提供指导。美国的兼并准则从 1968 年颁布第一部起，几经修订，最终形成 1992 年的并购准则。

（1）1968 年的兼并准则。

1968 年的兼并准则，以市场集中度为主要判断依据。为了保持市场上一定数量的小规模企业，防止形成合谋条件，兼并准则根据市场特征，详细规定了兼并企业的市场份额标准。当市场上 4 家最大的企业所占份额之和（CR_4）达到或超过 75%时，两家企业不能并购的条件是：主并企业的市场份额为 4%以内，被兼并企业的市场份额为 4%或以上；主并企业的市场份额为 10%以内，被兼并企业的市场份额为 2%或以上；主并企业的市场份额为 15%以内，被并企业的市场份额为 1%或以上。当该行业的 4 家最大企业的市场集中度指标低于 75%时，主并企业的市场份额和被并企业的市场份额不能超过一定限额。

（2）1982 年的兼并准则。

1982 年的兼并准则与 1968 年的准则一样仍然以横向兼并为主，但提出了两个改进：一是提出了新的划分市场范围的方法和规则，即哪些产品、哪些企业应分为同一市场；二是引进了新的方法来测定市场集中度，即赫芬达尔-赫希曼（HHI）指数。根据 HHI 指数，研究者将市场集中度分为高中低三类：指数小于等于 1 000 时，为低集中度市场；指数大于 1 000 小于 1 800 时，为中集中度市场；指数大于 1 800 时，为高集中度市场。1982 年的兼并准则规定，在低集中度市场内，不管兼并企业的市场份额是多少，一般都可以得到批准。在中集中度市场中，如果兼并后的 HHI 指数上升小于 100，一般可以得到批准；如果上升在 100 以上，就可能得不到批准。在高集中度市场中，如果兼并后指数上升小于 50，一般会获得批准；如果指数上升在 50 到 100 之间，有可能得不到批准；如果上升 100 以上，不会得到批准。

（3）1992 年的兼并准则。

随着技术快速进步和全球经济一体化加速的趋势，企业规模不断扩大，兼并政策也随之变化。1994 年 4 月，美国司法部和联邦贸易委员会联合发布了“1992 年横向兼并准则”。此准则总结了 1968 年、1982 年准则的经验教训，反映了美国在反垄断经济学理论和法学理论方面的进展。新的兼并准则淡化了市场份额指标，突出了效率指标，强调兼并对竞争趋势的影响分析，提出了评价兼并的竞争效应的分析框架和具体标准，详细解释了如何分析兼并行为是否导致反竞争效应，以及特定的市场要素是否影响了这种效应。

（二）欧盟国家的反垄断法

欧盟反垄断法通常被称为欧盟竞争法（EU Competition Law），是当今世界上最有影响力的反垄断法之一。欧盟竞争法不是一部独立的法典，最初的主要内容包括如下几方面。

1. 限制性商业做法

根据《罗马条约》的第八十五条规定，限制性商业做法是指凡是影响各成员国之间的贸易，和以阻碍、限制与破坏共同市场内部竞争的或产生此项结果的一切企业间协议，企业联合组织的决定或联合一致的行为。由于限制性商业的做法影响了各成员国之间的正常贸易，与欧共体的共同市场相抵触，因而为《罗马条约》所禁止。如果企业间的协议、企业联合组织的决议或企业联合一致的做法，能够使消费者适当地分享因此而产生的利益，能够改善商品的生产、分配或者促进经济发展、技术进步，同时参与的企业不可能在相关产品的重要部分消除竞争，或者参与企业所受限制仅在为实现上述经济、社会利益所必不可少的范围之内，则这种限制做法是合法的。

2. 滥用优势地位

《罗马条约》第八十六条规定，一个或几个企业在共同市场或共同市场内部某个主要部分的市场支配地位，可能损害成员国之间的贸易的行为，因与共同市场不相容而被禁止。

3. 企业合并

有关企业合并的相关规定，最早出现在《欧洲煤钢联营条约》中，此条约主要是为了限制欧共体内部的钢铁企业的合并。后来到了1989年12月，欧共体理事会为解决日益严重的企业合并问题，专门颁布了关于控制企业合并的单行法规，即《关于控制企业间集中行为的4096/89法规》。其主要内容包括：第一，对参与合并的企业在欧共体内的以及合并后在全球的经营额的限制；第二，对于合并程序的规定；第三，对企业合并后的总的市场占有率的规定。所以，它与《关于申报合并与获得控制行为的2367/90号法规》《关于聚合与合并行为的通告》和《关于从属性限制的通令》等三个法规，共同组成了完整的合并与获得控制的法律体系，成为欧盟委员会监管共同市场合并活动，从市场结构上调整竞争秩序的重要法律依据。

欧盟竞争法对于推动单一市场、建立统一的欧盟大市场发挥了重要作用。为适应经济发展和欧盟扩大的需要，欧盟从1999年开始将竞争法的一揽子改革方案提交欧洲议会和成员国讨论，2002年在欧盟竞争法中引入了卡特尔宽大处理制度，制定了《关于实施欧共体条约第八十一、八十二条的第1/2003号决议》和《关于企业合并控制的第139/2004号决议》。上述两个决议对竞争法的三大支柱即禁止限制竞争协议、禁止滥用市场垄断地位和企业合并控制进行了修改，并于2004年5月1日起开始实施。

发展至今，欧盟竞争法已经发展成为由三个层次内容构成的法律体系。第一层次是《欧盟条约》中关于竞争的基本规则及有关规定，其中直接规定竞争规则的条约是第八十一条至八十九条。第八十一条和八十二条是欧盟竞争法的核心，第八十一条是禁止限制竞争的协议，第八十二条是禁止滥用市场优势地位行为，第八十三、八十四、八十五、八十九、九十条是涉及处理限制竞争行为案件程序规范的规定，第八十六条主要是调整国家的企业援助行为。第二层次是欧盟理事会制定的条例，主要是就如何适用条约第八十一条、第八十二条等规则制定实施细则。第三层次是欧盟委员会制定的规章、指令、决定。欧盟竞争法的价值目标的一个显著特征，是追求经济平等和竞争自由。欧盟竞争法的竞争自由和经济平等的价值目标，主要体现在对中小企业权利的维护上。

作为世界上两大代表性反垄断法体系，欧盟反垄断法与美国反垄断法具有不同的特点，我们可以从三方面进行比较。第一，对市场垄断结构的认定。美国的《谢尔曼法》采用高度立法原则，即独占、寡头被严格限制或禁止，垄断地位或市场优势地位本身都被视为违法，需予以控制；欧盟反垄断立法采用低烈度原则，即独占、寡头被容许存在，垄断地位或市场支配地位本身并不违法，只有当行为人滥用垄断地位或市场优势地位破坏竞争时，法律才予以控制。第二，垄断法针对的重点内容。如前所述，美国的《谢尔曼法》主要是禁止垄断协议和独占行为，《克莱顿法》的主要内容是禁止价格歧视和通过产权重组形成排他性经营，《联邦贸易委员会法》主要是防止重组兼并中的垄断行为；欧盟的反垄断法侧重于调整垄断与限制竞争行为，从《欧洲煤钢联营条约》《罗马条约》，到新颁布的《企业兼并单行法令》，均着重就企业垄断及限制竞争行为做出明确的规定。第三，垄断的衡量标准。美国反垄断法重视提高商业活动的效率，目的在于保护消费者的利益，制约对象主要为企业联合、私下串通压价以及超大型的兼并，而对大企业的商业行为非常宽容；欧盟的反垄断法重视的是竞争环境是否公平，为了保护中小企业和新生企业对大企业进行制约。

（三）中国的反垄断法

狭义的中国反垄断法，是指2007年8月30日中国人大常委会第十届第二十九次会议通过、2008年8月1日开始施行的《中华人民共和国反垄断法》（简称"《反垄断法》"）。广义的中国反垄断法，是指中国的整个反垄断法法律体系，既包括《反垄断法》以及随后为了实施该法而颁布、施行的相关配套法律文件，也包括在《反垄断法》颁布之前已经颁布并施行的具有反垄断性质或功能的全部立法性和行政性文件以及行政执法程序、私人执行程序和司法程序。《反垄断法》文本包括8章内容，分别是总则、垄断协议、滥用市场支配地位、经营者集中、滥用行政权力排除、限制竞争、对涉嫌垄断行为的调查、法律责任和附则，共57条条款。法律禁止的核心内容规定体现在：第二章禁止垄断协议，第三章禁止滥用市场支配地位，第四章经营者集中控制（兼并控制），第五章禁止滥用行政权力排除、限制竞争（禁止行政垄断）。

《反垄断法》没有规定执法机关的职能，根据国务院"三定"规定，商务部负责经营者集中审查和对外贸易中的垄断行为，国家发改委和国家工商行政管理总局负责垄断协议和滥用市场支配地位，两者之间的界限在于是否涉及价格，如果涉及价格则由国家发改委负责，不涉及则由国家工商行政总局负责。

◇**案例**9.1

公平之刃——欧盟再掀反垄断调查浪潮

2014年7月，欧盟委员会以在动态随机存储器（DRAM）销售上设定价格、损害市场竞争为由，裁定韩国三星电子、德国英飞凌科技等10家芯片制造商操纵市场价格的行为构成垄断，并开出总额高达3.31亿欧元的高额罚单。其实这种天价罚单在欧盟短暂的反垄断历史中并不罕见，过去十年，全球反垄断天价罚单排行榜上，前十位皆出自欧盟之手。2013年12月，欧盟委员会就涉嫌操纵利率向花旗银行、德意志银行、巴克莱银行等6家全球知名投行开出的17.1亿欧元罚单，更是创下欧盟反垄断罚款的最高纪录。伴随着欧盟委员会新任领导的上台，欧盟频频向垄断企业使出"撒手锏"，以限制垄断企业对市场、社会及消费者的侵害。

根据欧盟反垄断法的相关程序，一般而言，如果有明显证据证明一家企业可能出现有违市场竞争的问题，欧盟委员会就会开展正式的反垄断调查。如果调查表明该企业确有垄断行为，欧盟委员会将会给该企业寄出异议声明。涉案企业可在两个月内做出书面答复，并申请举行口头听证会，进行申辩。欧盟委员会竞争总司、有关国家竞争主管当局、企业及欧盟委员会认可的第三方均可参加听证会。如果涉案企业陈述观点之后，竞争总司仍认为其有垄断事实，则会要求该企业停止不当行为，并可能处以罚款。若企业对欧盟委员会的裁决不服，则可向欧洲初审法院提起诉讼。

其实就反垄断法规方面，欧盟起步较晚。1957年，德国颁布《反对限制竞争法》，较美国1890年的《谢尔曼法》足足晚了半个多世纪。1958年生效的《欧洲经济共同体条约》第八十五条至第九十条是欧共体的重要竞争规则。此外，欧共体理事会于

1989年颁布的《欧共体企业合并控制条例》首次将控制企业合并确立为欧共体竞争法的重要内容。而意大利则直至1990年才颁布反垄断法，成为发达市场经济国家中颁布反垄断法最晚的国家。

尽管起步较迟，但欧盟当局最终形成垄断认定和实施处罚的概率相当之高。且相较于美国"雷声大、雨点小"的反垄断行动，欧盟的表现更为决绝。从传统的汽车制造业、制药业到新兴的互联网行业、电信行业，全球几乎所有的"巨无霸"企业均在欧盟的密切监视之下，一旦被发现有垄断行为，其将面临十分严苛的经济处罚，许多科技巨头就曾在欧盟栽过跟头。2004年3月，美国微软因滥用在个人电脑操作系统市场上的优势地位而被欧盟委员会罚款4.97亿欧元。此后，其又因拒不纠正做法而被罚2.8亿欧元和8.99亿欧元。2009年，欧盟委员会认定芯片巨头英特尔在2002—2007年向采用其芯片的电脑和手机制造商提供回扣而向其开出10.6亿欧元巨额罚单。随后欧盟委员会正对美国高通进行反垄断调查，调查主要集中在专利搭售即利用专利授权排斥使用对手企业产品方面。如果证据确凿，欧盟对高通的罚单将会刷新历史纪录。

或许欧盟掀起的新一轮反垄断调查浪潮会引起科技巨擘和商业大佬的不悦和微词，但其对维护健康市场秩序、提升行业整体竞争力的推动作用却不容质疑。当对垄断行为的大力打击成为一种"新常态"，良性竞争、避免垄断成为企业的座右铭，资源合理配置、竞争公平自由的市场经济将不再遥不可及。

资料来源：张静. 公平之刃：欧盟再掀反垄断调查浪潮［J］. 电子知识产权，2015（2）.

【案例讨论】

查阅相关资料，讨论为什么欧美在反垄断法执行力度上存在较大差异。

四、中小企业政策

中小企业政策的主要取向，是要达到扶持中小企业发展的目的。市场机制自发运行的最终结果，是趋向集中，这不利于保持产业组织内部的竞争活力。而且，中小企业也是一国经济不可或缺的部分，在容纳就业、缴纳税收、配套协作方面具有非常重要的作用。但是相对大企业，中小企业具有一些天然劣势，如技术劣势、装备劣势、规模劣势和人财物投入劣势等，需要政府制定和实施一些保护政策和措施。

（一）德国的中小企业政策

德国中小企业在国民经济中占据极其重要的作用，提供了将近一半的国民生产总值，缴纳了超过一半的税收，容纳了60%以上的就业。因此，保持和提高中小企业的效率和竞争力，是德国制定经济社会政策的一个重要因素。德国的中小企业政策与措施，主要包括三个方面的内容。第一，制定《反对限制竞争法》，建立执法机构卡特尔局，为中小企业自由发展创造公平条件。第二，采取多种措施，提高中小企业生产效率，包括加强技术培训，推广厂房设备合理化，组织企业协作，促进科研和技术革新，加强咨询，促进信息交流。第三，提供财政支持，包括一般性财政援助、促进研究开发贷款、改善地区经济结构补贴、改善环境优惠贷款、职业教育资助贷款、促进咨询补贴、新建企业资助等7种。

（二）日本的中小企业政策

日本的中小企业政策以保护中小企业生产空间，帮助中小企业创造一个与大企业平等竞争的环境为目标。日本政府成立中小企业管理局，采取中小企业政策立法、资金援助、设备租赁等手段，帮助中小企业发展。具体包括：第一，在 20 世纪 50 年代后，制定一系列的中小企业政策，如《中小企业基本法》《中小企业指导法》等，促进中小企业加快实现现代化。第二，采取资金援助措施，帮助中小企业逐步实现设备现代化。第三，制定对中小企业的经营管理和技术等进行指导的计划。第四，根据法律，促进企业建立各种可以达到规模优势的组合，并设立以组合为会员的“中小企业团体中央会”，承担建立组合的指导工作。第四，对要求转业的中小企业，在转业计划获得批准后，从金融、信用保证、税率等方面给予支援，在政府订货方面帮助中小企业获得订货合同。

（三）韩国的中小企业政策

韩国政府在 20 世纪 80 年代逐步取消对大企业的优惠，转而扶持中小企业，主要的政策措施包括：

（1）政府每年确定并告示中小企业的系列化行业与品目，为有关企业提供特别信用保证和税收减免。

（2）从 1983 年 5 月起，实施挖掘和支持外销中小企业制度，对具有外销潜力的中小企业提供资金资助，同时在人才培训、商业情报、销售宣传等方面给予帮助。

（3）从 1984 年 4 月起，实行中小企业创业支援力度，利用创业支援基金、中小企业振兴基金以及国民投资基金提供援助，并对技术密集型中小企业免征法人与所得税。1986 年又制定《中小企业创立补助法》，扶持中小企业创建。

（4）为促使政府与国营机构优先购买中小企业产品，1989 年制定了《中小企业产品购买促进法》。

第三节 产业结构政策

作为一种常见并且发挥重要作用的产业政策，产业结构政策能推动一国产业结构快速、高效转换，使之不断合理化、高度化、高效化，形成一种超越单个产业增长力量之和的促进经济增长的结构合力，实现经济超常规增长。产业结构政策的这种特性，使其经常被后发国家使用，以实施对发达国家的赶超。

一、产业结构政策概述

（一）产业结构政策的内涵

产业结构政策是指按照产业结构优化的要求，遵照产业结构演化的客观规律，规定各产业在国民经济发展中的地位和作用，确定产业结构协调发展的比例关系，以及保证这种结构变化顺利进行的相关政策措施。简而言之，产业结构政策是指促进产业结构优化和经济增长的政策。产业结构政策包括对特定的产业、行业所采取的相关支持、保护、调整和限制等政策。由于产业结构在产业经济中所处的宏观地位及其在经济结构中的核心作用，因此对于产业发展和经济增长而言，干预产业结构成长变化的产业结构政策，发挥着比产业组织政策、产业规制政策更为重要的作用，因而产业结构政策在整个产业政策体系中处于核心地位。

（二）产业结构政策的特征

产业结构政策的特征，主要表现在四个方面。第一，政策时效上具有中长期性。产业结构政策是对中长期产业结构发展变化的安排和干预，需要前瞻国内外产业经济发展的动态、趋势，科学谋划产业结构变动的方向、内容，分析产业结构可能出现的问题，提出中长期有针对性的干预措施。第二，作用范围上具有全局性、宏观性。为促进产业结构优化和经济增长，产业结构政策一般针对国民经济的产业结构整体进行干预，而且往往是配合国民经济发展整体战略实施的，因而体现全局性、宏观性的要求。第三，政策效力上表现为一定的强制性与引导性相结合特征。产业结构政策虽然不直接干预企业的经营活动，但其对产业结构发展变化的安排、干预，会对企业形成较强的强制效应，企业一旦与之背离例如进入产业政策不鼓励发展的领域，就会对企业经营活动造成严重的影响，一定程度上决定企业的生死存亡。同时，产业结构政策通过规范产业活动空间，规定行为准则和调节机制（如利率、税率、财政贴息和减免等），会对企业的行为产生引导作用。第四，应用手段上以资本增量配置为主。产业结构的发展变化，主要是通过资本存量调整和资本增量调整两种手段，促进要素的合理配置来实现。前者主要是通过实施产业组织政策，以企业兼并、改组、集团经营等方式，来促进要素的重新配置组合；后者主要是通过实施产业结构政策和投资政策，安排增量资本的投入方向，来实现生产要素的合理配置。实施资本增量配置，是产业结构政策发挥作用的主要手段。

（三）产业结构政策的作用

1. 促进产业结构的优化

产业结构政策通过确定产业发展的重点领域和方向，安排产业发展的次序，布局最合理的发展地域空间，能够有序推动产业结构的调整，朝着合理化、高度化和高效化的目标演进。例如日本通过制定鼓励应用新技术的主导产业政策，使日本的产业迅速采用最先进的生产技术，在较短时间内就在数控机床、机器人、集成电路片等应用上达到了世界领先水平。

2. 实现经济发展战略目标

一国经济发展战略目标的实现，以产业的发展、产业体系的完善为前提，并需要配套以相应的产业结构政策。比如对后发国家而言，要实现对先行国家的赶超，需要制定扶持幼小的高端产业发展的政策，使之通过不断发育、累积、技术进步，发展成为具有国际竞争力的优势产业。各国产业发展的历史表明，英国赶超荷兰、美国和德国赶超英国，日本工业的迅速崛起，都是依靠这种保护国内幼小产业的政策。

3. 引导资源配置方向，优化资源配置

市场机制自发运行状态下，社会资源的配置会出现错配、乱配现象，产生一些无谓的损失。得益于资政专家的宽广视野、精准判断与准确洞见，以及职业化行政管理服务人员的专业素养，政府制定的产业结构政策，可以有效指引社会资源配置的方向，帮助企业进入符合国家发展战略、适应社会发展需要、具有发展潜力的领域，以此实现资源配置的优化。

国民经济中各类产业的地位和作用各不相同，如主导产业、支柱产业、衰退产业和幼稚产业，产业结构政策的内容也应不同。针对上述四类产业制定的结构政策，以及确定产业空间分布结构的产业布局政策，构成产业结构政策体系的主体。

二、主导产业政策

由于主导产业对于国民经济发展和产业结构升级具有巨大的拉动作用，各国都竞相采取相关主导产业政策，扶持主导产业的优先发展。主导产业政策，一般包括以下三个方面的内容。

1. 产业扶植和保护政策

这里主要指对某些国内市场潜力巨大、技术先进、产业关联度高的产业，在国际贸易协定许可的范围内，通过适当的财政、金融扶持政策和贸易保护政策，对其进行适当的扶植和保护。

2. 优先发展基础产业政策

主导产业的发展、强大，离不开完善的基础产业的支持。政府需要对影响主导产业发展的基础产业，加大扶持力度，提高其对主导产业的支持力度，避免由于基础产业发展的不足而制约主导产业的发展。

3. 技术引导政策

主导产业一般都是技术密集型产业，对技术的要求高、技术投资大，需要制定有利于主导产业成长的技术进步政策，如科研基础条件建设、人才队伍建设、技术成果转化、投融资机制建立、保障研发投入等方面的政策。

主导产业政策的具体实施措施、手段，包括：国家投资的重点倾斜；财政方面的贴息、减免税、特别折旧等；贸易保护方面的出口补贴、外汇控制；金融方面的低息贷款、政府担保、设立特别产业开发基金等；经济法规措施方面如特殊产业的振兴与保护法规等。

三、支柱产业政策

支柱产业侧重于产值和利润水平，是国家和地方财政最重要的收入来源。因此，制定支柱产业政策的主要方向，是保障其平稳持续发展。支柱产业政策一般包括两个方面的内容。

第一，支柱产业振兴计划。由于支柱产业往往都是成熟产业，发展速度趋于缓慢，后劲乏力，因此政府需要采取振兴的手段和措施，为之注入新的动力。例如，中国2009年颁布了包括电子信息产业、汽车产业、钢铁产业等在内的十大产业调整和振兴计划，以期通过对这些产业的扶植，对冲 2008 年全球性金融危机对中国经济增长带来的负面冲击，促进经济增长、产业结构调整和转变发展方式。

第二，支柱产业投融资政策。支柱产业大部分是资金密集型产业，保持一定的投资强度是维持产业发展所必需的。这需要搞活资本市场，建立健全投融资机制，通过间接金融和直接金融两种渠道，为支柱产业提供尽可能完善的投融资保障。

支柱产业的具体实施措施与手段，可以参见主导产业。

四、衰退产业政策

衰退产业处于产业生命周期的晚期，为了尽可能减少产业衰亡时造成的经济和社会损失，需要对其实施调整援助政策，目的是实现衰退产业的有序收缩、撤让，引导其存量要素向高增长率产业部门转移。衰退产业政策的内容主要包括对资本的调整援助政策、对劳动力的调整援助政策，具体的实施措施与手段如下。

第一，对资本的调整援助政策措施。主要包括：一是加速资本折旧。政府用法律手段规定衰退产业设备的报废量、报废时间表。采取折旧的特别税制，对因设备报废而产生的损失提供部分补偿等政策措施，加速设备折旧。二是促进转产。政府通过立法规定对某些衰退产业限产或停产的标准及原则，提供转产贷款或信用保证，减免税收或发放转产补贴，以促进资本转移，加速其产业转换过程。三是干预价格形成机制。如通过政府购买、价格补贴等手段来缓和衰退部门的价格变化。四是市场保护。对进口急速增加而妨碍国内生产、引起市场混乱和企业经营困难的，政府采取控制进口、优先购买国内产品的政策。五是发放生产补助。政府对促进技术进步、提供产业效率的创新性生产行为予以补助。六是技术与经营支持。政府通过协调专利和技术推广部门的工作，对衰退产业转产的目标领域提供及时的技术和经营上的指导、咨询与援助；采取各种优惠政策，鼓励用先进技术改造和武装衰退产业，使之焕发新的生机。

第二，对劳动力的调整援助政策措施。主要包括：一是提供就业的信息指导和职业介绍等；二是采取职业培训、技能培训等提高劳动者转岗适应能力的措施；三是对特定衰退产业的企业提供鼓励措施，如发放雇佣资助补贴费等；四是失业救济以及延长支付就业保险金等。

五、幼稚产业政策

幼稚产业具有收入弹性大、技术进步快、劳动生产率提高快、发展潜力大等特点，由于其现阶段竞争力弱，后发国家需要采取支持其发展的政策，以应对来自发达国家产业的竞争。幼稚产业政策的内容，主要包括：外贸政策、财政金融政策、技术政策、优化市场环境政策等。

第一，外贸政策。其主要指贸易保护政策，以此限制国外有关产品的进口，削弱进口产品在国内市场上的竞争力，为本国幼稚产业的生产与发展提供一个适宜的环境。贸易保护政策主要采取两种措施：一是关税壁垒。关税壁垒是后发国家采用的保护幼稚产业的常用手段，通常是设置对幼稚产业有利的关税结构。关税壁垒保护幼稚产业的效果比较明显，但由于违反 WTO 规则，所以在使用时应非常慎重。二是非关税壁垒。非关税壁垒是指除关税以外的，各种直接或间接的以限制国外产品进口为目的的政策法律措施。常见的非关税壁垒有进口配额制、进口许可证制等。应尽量在 WTO 框架下，充分使用 WTO 所允许的非关税壁垒，将 WTO 对发展中国家的有关优惠条款用足、用好。

第二，财政金融政策。财政扶持的措施有税收减免、财政补贴、特殊折旧方法、基础设施投资等；金融扶持的措施有组建专门的开发银行、优惠贷款利率、外汇管制、提供贷款担保等。

第三，技术政策。技术扶植的政策措施包括：组建政府与企业合作的技术开发体系，分担企业的技术开发风险；政府直接投资于技术开发领域，并推进开发成果的推广使用；支持企业的技术引进；等等。

第四，优化市场环境政策。幼稚产业的发展对于市场环境非常敏感，良好的市场竞争是幼稚产业顺利发展的基本保障。如果市场环境影响到公平竞争环境的建立，如政府的职能“越位”、地区壁垒和行政壁垒的存在，就应优化市场环境，完善市场体制，理顺市场体系，消除幼稚产业发展的市场障碍。

幼稚产业保护的一个案例是中国对直升机产业的扶持。目前，发达国家已经普遍使用直升机，但中国民用直升机使用的水平非常低，不仅大大落后于发达国家，比巴西、南非等发展中国家也颇有不如，直升机产业在中国尚属于幼稚产业。为此，中国采取一系列政策措施来扶植直升机产业的发展：增加对军用直升机研制的支持力度；支持建设必要的实验设施，组织对直升机薄弱环节的技术攻关，解决制约直升机产业发展的技术“瓶颈”；在保证直升机安全性的条件下，制定与我国直升机产业发展水平相适应的适航取证条例；将直升机纳入国家紧急救灾体系建设之中，用公共财政采购抢险救灾、公安执法、医疗救护等公共事业需要的国产直升机；制定相应的金融、财税、空域管制等优惠政策，鼓励通用航空企业的发展和国产直升机的销售，促进直升机产业链的形成和发展；等等。

六、产业布局政策

产业布局政策是为促进产业空间分布与组合优化而采取的一系列政策措施。政策实施的目标，是通过推动产业空间分布与组合的优化，实现经济发展、社会稳定、生态平衡和国家安全等。产业布局政策的内容，包括四个方面：

第一，区域产业扶持政策。其主要是指对区域主导产业实施扶持政策，以充分发挥区域的比较优势，促进地区产业结构合理化。

第二、区域产业调整政策。其主要是指对区域产业结构存在的不合理问题实施调整，如对衰退产业进行转移、对高能耗产业进行调整等，以此优化区域资源配置，推动区域产业结构高度化。

第三，区域产业保护政策。其主要是指为保护某些对区域未来发展具有重要意义的幼稚产业，帮助其排除竞争而实施的壁垒措施。当然，政府运用区域产业保护政策时，需要避免过度保护而导致的地方保护主义问题，特别注意不要导致区域产业结构的趋同化。

第四，区域产业组织调整政策。其主要是指对区域产业的竞争与规模状况进行调整，以防出现过度的垄断损害竞争现象。

产业布局政策实施的措施与手段可以归纳为三个方面。其一是直接限制手段。政府依据法律，运用行政权力对区域产业布局进行直接干预，如许可证制度。其二是投资手段。政府采取直接投资手段，推动产业布局政策目标的实现，包括基础设施投资、投资兴建国有企业等。其三是间接诱导手段。政府运用经济手段来实施产业布局政策，如税收手段、金融手段、政府采购等。

◇案例 9. 2

上海产业结构调整存在的问题及政策建议

供给侧结构性改革是中央经济工作会议所提出的适应和引领经济发展新常态的重大创新和必要举措。作为全国改革开放排头兵、创新发展先行者，上海有责任在推进供给侧结构性改革上走在全国前面。“十三五”时期是经济发展方式转变与经济结构调整的关键时期，系统分析当前上海产业结构调整的问题，探讨经济发展新常态下上海推进供给侧结构性改革结构调整的主要路径和具体措施，不仅具有重大的学术价值，而且具有重要的实际指导意义。

一、上海产业结构调整存在的问题

新常态下，上海产业结构调整存在着政府的主导作用仍然过大、三次产业发展不协调、生产性服务业与制造业融合程度较差、产业内部结构调整升级步伐相对缓慢等一系列问题。

（一）政府在上海产业结构调整中的主导作用过大

改革开放以来，上海历次产业结构调整都是在政府的主导下进行的。政府通过制定产业结构调整的目录、规划和重点，明确产业结构调整的方向，通过政策倾斜、资源配置等措施，强化对产业结构调整路径的控制。新常态下，在强化市场在资源配置中决定性作用的过程中，曾作为政府与市场作用交集点的产业政策，其覆盖领域、推进方式将出现重大调整，这要求上海产业政策要更加凸显市场的主导性和灵活性。在我国进一步深化市场化改革的大背景下，在技术创新、市场需求驱动下各类新技术、新业态、新模式和新产业快速发展，政府原来的产业规划方式已不能适应“四新”经济的发展需要，上海产业结构调整须强化市场驱动力，发挥市场在产业资源配置中的决定性作用。

（二）三次产业发展不协调

从三次产业结构变化来看，上海产业结构调整在取得巨大成绩的同时，也暴露出很多问题，如农产品需求与人口数量不对称、部分工业产能过剩、服务业水平整体偏低、新兴产业占比仍较少等。

1. 第一产业比重很低，农产品需求缺口较大。近年来，上海市第一产业占经济总量的比重直线下降，据 2015 年上海市社会发展统计公报显示，全市农作物总播种面积为 34. 16 万公顷，与 1990 年相比，大约减少了 29. 03 万公顷，其中粮食播种面积 16. 19 万公顷，减少 1. 8%。粮食产量 112. 08 万吨，比上年下降 0. 7%。与此同时，上海市的常住人口由1990年的1 334万人上升为2 415万人，过大的农产品需求缺口造成农产品价格直线上涨，居民生活压力增大。同时近年来居民对农产品安全问题的呼声越来越高，但业内监管仍存在很大不足。

2. 第二产业整体发展动力不足，产能过剩压力增加。直到2000年，上海市第二产业产值在经济总量中还占主导地位，随着经济进入新常态以及步入工业化后期，上海第二产业整体发展动力不足，产能过剩压力增加。原有高消耗、高污染传统工业如钢铁、煤炭、化工、建材等产业技术落后，规模以上企业亏损面逐年增加，高技术产业发展缓慢、创新不足，出口贸易产品附加值低，高附加值产业、绿色低碳产业、具有国际竞争力产业的比重偏低。

3. 第三产业发展失衡。改革开放以来，上海第三产业的增长速度远高于一、二产业。第三产业的发展与第二产业紧密相连，目前上海市二、三产业之间存在着较为严重的失衡，主要表现为大量资本从第二产业中的制造业等实体部门流出，转投第三产业中的房地产、金融等产业，导致虚拟经济过度发展，而劳动和全要素生产率对经济增长的贡献则快速下降，从而对上海经济发展带来不利影响。同时，第三产业内部结构之间也存在着失衡，各行业发展参差不齐，体制性因素成为阻碍第三产业发展的关键。此外，随着工业化和城市化进程的加快，生产性服务和消费性服务理应得到长足的发展，然而自2003年以来，个人服务业和公共服务业无论是产值比重还是吸纳就业数量都呈下降趋势，这与居民收入增加后对消费的需求增加不相符，因此上海第三产业同样存在着产业优化升级问题。

（三）生产性服务业与制造业融合程度较差

目前，制造业服务化已成为引领制造业产业升级、经济可持续发展的重要力量，服务业对制造业价值增值的作用越来越重要。据统计，在发达的制造业市场上，产品生产价值占总价值的比重仅为30%左右，产品服务价值占比高达70%左右。

从经济绩效的角度来看，服务创新的价值有时甚至高过技术创新。许多国家纷纷从国家战略高度推动制造业服务化，抢占国际竞争制高点。全球制造业正由“生产型制造”向“服务型制造”转变，制造和服务之间呈现明显融合和相互增强的态势。上海产业结构矛盾与其说是三次产业发展不协调问题，还不如说是以产业结构和行业结构变化为标志的名义高度化水平较高，而以附加价值、技术含量为主要特征的实际高度化水平较低。从产业链和价值链的角度，表现为多居于价值链的低端，在产业结构上则体现为加工制造业的过快扩张与生产性服务业的滞后。近年来，全球产业链重构和产业升级步伐加快，上海产业结构调整升级将面临更大的竞争压力，面对国际生产力布局的新调整，上海产业发展面临着“高端技不如人、低端又被转移出去”的挑战。服务业价值链增值环节与制造业价值链增值环节尚未形成融合型产业价值链，各自的利润空间和增长潜力尚未形成动态优势互补效应，产业融合的结构升级效应较弱。这不仅阻碍上海高端制造业生产率的提高，也会影响上海高技术、高附加值的服务外包发展。

（四）产业技术创新对外依赖程度高，关键技术缺乏

从国际经验来看，通过持续不断的技术创新，提高产业竞争能力和产业结构水平

是成功国家的基本经验。尽管上海企业设备更新很快，新产品也不断涌现，但总体来说，上海企业自主技术创新不足，技术来源主要依靠引进。据统计，中国企业大约只有3万家拥有自主知识产权关键技术，仅有40%的企业拥有自己的商标，只有1%的企业申请专利。多数企业处于无“创造”和无“知识”的状态。集成电路制造设备和高端医疗设备基本依赖进口，80%的石化装备和70%的数控机床、胶印设备依赖进口。与美国、德国等发达工业国家相比，制约上海产业技术创新的三大短板是：一是缺乏具有基础研究、共性技术研发、突破前沿技术的大型骨干企业；二是缺乏技术多样性、多元化技术路线的战略性创业企业；三是缺乏促进科技成果转化的共性技术供给机构。

（五）产业内部结构调整升级步伐相对缓慢，创新效应释放不明显

在服务业方面，服务业中的金融、教育培训、医疗卫生等高端服务业的发展较为缓慢，且国际化程度不高。同时，不少服务业的服务半径仅仅局限于上海，难以拓展至长三角地区和全国，具有国际服务功能的服务业更是屈指可数。尽管产业结构调整中的技术更新较快，但技术效率增长比较慢，未在创新转型中培育出新增长点。一方面，科技创新产业化的增长势头疲软。另一方面，技术创新效益的释放不明显，产业劳动生产率增长缓慢。

（六）生产成本上升削弱了上海企业竞争力

上海产业发展成本持续快速上涨，远高于周边地区。与北京一样，上海市以土地价格、劳动力价格、租金价格等为代表的生产要素成本大幅攀升，导致上海企业经营成本不断增加，明显提高了企业经营成本，降低了上海企业的竞争力。

（七）产业结构调整本身会对上海经济的持续平稳运行产生一定的冲击

在稳增长、调结构过程中，上海产业结构调整加大了上海经济平稳运行的风险。一方面，支柱产业发展的波动将直接影响上海经济运行的平稳性；另一方面，产业转移与产业导入不同步，导致各区县经济发展出现较大波动，进而也影响到区县政府引导产业结构调整的主动性。

二、上海实施供给侧结构性改革推进结构调整的重点举措及相关政策建议

在经济从旧常态向新常态转换的过程中，上海供给侧结构性改革不能用老办法（偏重产出端，忽视投入端）解决新问题，必须探索产业结构调整的新路径和新举措，特别是树立“问题导向”“需求导向”“市场导向”的思维方式，针对“去产能、去库存、去杠杆、降成本、补短板”问题，衔接好供给侧和需求侧，促进上海产业结构不断优化升级。

（一）在“去产能”方面，加大化解产能过剩的政策力度，倒逼企业加快技术更新

化解产能过剩的政策措施近年来已被证明是倒逼企业加快生产技术和设备更新的有效措施。目前，传统产业正在去产能过剩的过程中，部分新兴产业已出现成长性产能过剩，因此新常态下仍然要继续用化解产能的政策措施，迫使企业淘汰落后产能，更新技术设备。鼓励区县和产业园区通过多种方式淘汰落后、低效、过剩产能，积极促进新兴产业、科技创新领域的新投资。政府要选好着力点，关键是建立严格的环境和技术等准入标准，健全常态化的化解产能过剩工作机制。首先，建立部分产能严重过剩行业产能置换制度。在钢铁、电解铝、水泥、平板玻璃行业新（改、扩）建项目

中，实施产能等量或减量置换，将淘汰落后产能、化解产能过剩和促进结构优化升级有机结合起来。其次，要以“丝绸之路经济带”和“长江经济带”建设为契机，推进上海高端装备和优势产能“走出去”，在全球范围内整合配置创新资源，促进过剩产能化解，推动产业链向中高端迈进。

（二）在“去库存”方面，针对上海商业地产库存量居高不下的问题，严格控制商业地产开发规模

从上海商业地产市场来看，2015 年 12 月底可售余量继续抬升，达 1 030.60 万平方米，连续 15 个月小幅环比上扬，而较 2014 年同期来看，上扬幅度则达到 15%。由此可见，上海商业地产市场持续呈现供大于求的态势。从销售的去化周期来看，按照近 3 个月的平均去化速度，当前商业存销比高达 71 个月，仍处于高位。其中外环外区域库存仍偏高，在 2014 年 7~9 月和 2015 年 6 月以后区域存量有两次明显的抬升，也是上海商业房源市场库存量居高不下的主因。

2016 年 2 月 14 日，上海市政府印发《关于进一步优化本市土地和住房供应结构的实施意见》，其中“提高商办用地供应的有效性和精准度，鼓励开发企业持有商业物业持续运营，商业物业持有比例不低于 80%，办公物业不低于 40%，持有年限不低于 10 年”等措施，归根结底还是千方百计去库存，解决当前商办市场库存量偏大的问题。建议采取税收优惠等手段，鼓励上海房地产开发企业将库存工业、商业地产改造为科技企业孵化器、众创空间，将库存商品房改造为商务居住复合式地产、电商用房、都市型工业地产等。

2015 年 11 月 19 日，国务院发布《关于加快发展生活性服务业促进消费结构升级的指导意见》（国办发〔2015〕85 号），其中提到，积极发展包括客栈民宿、短租公寓、长租公寓等在内的满足群众消费需求的细分业态。面对上海非住宅用地的高库存问题，长租公寓、创客空间、线上短租平台的出现，为商业地产去库存提供了另一种路径。而这一切背后的逻辑，就是更好地盘活市场存量，利用、改造更多的闲置资源，满足多元化需求。

（三）在“去杠杆”方面，落实国家去杠杆工作部署，积极防范和稳妥处理各类金融风险

一是推动金融机构和金融产品去杠杆。全面摸清上海金融杠杆的情况，研究制定对策。推动金融机构通过增加自有资本等措施降低杠杆。提高融资项目自有资金或保证金比率，严控高杠杆、高风险融资项目。加强融资融券等业务风险控制，压降证券投资业务杠杆水平。二是加强金融风险监测预警。建立去杠杆风险监测和信息通报机制，制定和完善金融各行业应急预案，研究制定金融诈骗、非法集资等金融风险重点问题监测预警制度。落实金融监管责任，强化日常监管和风险排查。三是加强金融风险管控。强化银行机构风险管理，落实证券、期货风险管控措施。加强保险公司资产配置审慎性监管，落实保险机构风险防控主体责任。建立企业债券定期稽查制度，加强跟踪企业债券兑付情况。加强地方金融机构风险防范。严厉打击非法集资，完善处置非法集资工作机制。加强房地产信贷压力测试，稳妥应对房企信贷风险事件。四是加快处置不良贷款。在风险可控的前提下，按照市场化处置原则，妥善处置各类融资

信托产品、私募资产管理产品等出现的兑付问题。加快商业银行不良贷款核销和处置进度，打击惩戒失信及逃废债务行为。

（四）在“降成本”方面，实施降低生产要素成本和企业物流成本的一揽子政策措施

资本要素改革的方向之一是提高资本回报率，高成本是供给侧的最致命硬伤。以工业企业为例，2014年年底规模以上工业企业主营业务收入中，主营业务成本占比高达86%，各种税费占比9%，主营利润占比仅5%。持续收缩的需求叠加高企的成本、费用，令企业盈利雪上加霜。在需求整体不佳的大背景下，未来唯有依靠降低成本来改善企业盈利、提升资本回报。上海应从以下几个方面降低企业显性成本：一是继续推进市场化的资源品价格改革，降低企业原材料成本。二是严格落实国家全面清理规范涉企收费措施，降低制度性交易成本。三是实施养老保险体系改革，降低企业人力成本。保持收入水平增长幅度与劳动生产率提高相适应，建立与经济发展水平相适应的最低工资标准调整机制。加强公共就业服务，降低企业招工成本。优化社保险种结构，推进生育保险和基本医疗保险合并实施，降低社会保险费成本。降低住房公积金缴存比例，对缴存住房公积金确有困难的企业，可按规定申请降低缴存比例或者缓缴。四是落实国家降低制造业增值税税率政策，落实小微企业、高新技术企业、企业研发费用税前加计扣除等国家税收优惠政策，加快企业固定资产折旧，降低企业财税成本。五是通过利率市场化改革等措施，综合降息降低企业财务成本。扩大债券融资规模，提高直接融资比重。规范发展互联网金融，培育发展互联网金融新业态。用好各级财政投入设立的各类政策性产业基金，带动和引导社会资本投向基金所支持的相关产业。六是深化价格改革，降低生产要素成本。加快出台上海市关于推进价格机制改革的实施意见，完善主要由市场决定的价格机制，促进要素资源顺畅流动、资源配置效率提高、生产要素成本降低。加快电力市场化改革，推进大用户直购电工作。积极申请和推进售电侧改革试点，通过售电侧市场的充分竞争，降低用户用电成本，提升售电服务质量。推进油气价格改革，完善天然气价格形成机制和管道燃气定价机制。加强反价格垄断执法，开展药品、汽车及零配件、建筑材料等领域的反垄断调查。七是清理规范流通环节收费，降低企业物流成本。支持物流行业创新，推进物流标准化试点，加快物流基础设施建设，创新财政金融扶持物流业发展政策。八是积极推广上海自贸区14项海关监管创新制度，提高投资贸易便利化水平，降低通关成本。

（五）在“补短板”方面，着力补齐科技创新和制度创新短板

除了按照中央补齐软硬基础设施短板的部署，即围绕薄弱环节，加快水电气路、新一代信息基础设施、新能源汽车、城市地下管网、城际交通基础设施互联互通、生态保护和环境治理建设等之外，上海应着力补齐科技创新和制度创新的短板，通过补齐短板挖掘发展潜力、增强发展后劲。

1. 着力补齐上海科技创新短板。深入贯彻实施创新驱动发展战略，把创新作为引领发展的第一动力，把抓科技创新作为上海必须补齐的第一短板。针对企业创新投入不足这一短板，进一步完善创新投入引导机制，通过“创新券”等方式加大对企业的创新支持力度，强化产业引导基金对企业创新投入的撬动效应。针对科技资源投入产

出不匹配问题，进一步完善竞争性经费和稳定性经费相协调的投入机制，深化科技评价和奖励制度改革，加强分类评价和监督评估。针对企业创新能力相对薄弱问题，从政策和资金上更多向企业倾斜，支持企业建立技术研发机构，牵头实施产业目标明确的重大科技项目，引导社会资源投向科技成果的产业化，促进企业以能力提升带动效率提高。针对政府、大学、科研机构以及企业等创新主体之间存在的不协调问题，进一步创新和完善风险共担、互利互惠、优势互补的官产学研互动机制，提高多层次创新合作效率。

2. 补齐制度创新短板。供给侧结构性改革，需要向制度创新要动力，用足、用好制度创新这个动力源。上海既要抓好已出台改革方案的落地实施，又要根据党中央、国务院要求和新的形势，推出一批新的改革举措。

（1）围绕发挥市场决定性作用，进一步深化简政放权、投融资、价格等改革，降低制度性交易成本。继续取消和下放一批行政审批事项，全部取消非行政许可审批。深化投资审批制度改革，再下放一批投资审批权限，再减少一批审批环节。推行权力清单制度。深入推进商事制度改革，加快实现“三证合一、一照一码”。要继续深化投融资体制改革，围绕解决“谁来投”“怎么投”问题创新投融资机制，推进投资领域法制化建设。进一步加大价格改革力度，稳步分批放开竞争性商品和服务价格，加快完善价格监管制度，推进电力、天然气等能源价格改革，全面实行居民阶梯价格制度。上海自贸区建设是一项重大的国家战略，是制度创新的重要载体，要加快形成一整套与国际投资贸易通行规则充分衔接的制度框架，降低制度性交易成本。

（2）围绕增强微观主体活力，进一步深化国企国资、重点行业、非公经济等改革。要按照中央部署，突出问题导向，分类推进国企改革，把握好改革的节奏和力度，在取得实效上下功夫，切实防止国有资产流失。出台电力体制改革相关配套文件，研究提出石油、天然气等改革方案。支持非公有制经济健康发展，全面落实促进民营经济发展和民间投资的政策措施，完善产权保护制度特别是法人财产权保护制度，鼓励引导更多社会资本特别是民间资本参与重点领域建设。

（3）进一步深化科技体制改革。一是着力强化企业技术创新主体地位，构建以企业为主体、市场为导向、产学研相结合的技术创新体系。二是着力提高科研院所和高等学校服务经济社会发展的能力。充分发挥国家科研机构的骨干和引领作用，深化科研院所分类改革，建立健全现代科研院所制度，引导和鼓励民办科研机构发展，加快世界一流大学和高水平大学建设，提高高等学校科技创新能力。三是推动创新体系协调发展。以全球视野谋划和推动创新，提高原始创新、集成创新和引进消化吸收再创新能力，更加注重协同创新。四是深化科技管理体制改革，建立科技重大决策机制，建立健全科技项目决策、执行、评价相对分开、互相监督的运行机制。

资料来源：昌忠泽. 上海产业结构调整：成效、问题及政策建议［J］. 区域金融研究，2017（2）.

【案例讨论】

推动上海产业结构调整的政策建议，对于本地区的产业结构调整有何借鉴与启示？

第四节　产业发展政策

一、产业发展政策的内涵

产业发展政策是指围绕产业发展为实现一定的产业发展目标，而使用多种手段所制定的一系列具体政策的总称①。产业发展的目标具有多样性，如增长目标、效益目标、技术目标、生态目标、安全目标等。产业发展目标的多样性，使得政府对产业发展仅仅采取一两种政策措施往往难以达到目的，而是需要采取一系列配套的政策措施体系。这使得产业发展政策具有几个特点：第一，综合性，产业发展政策同时包含着产业结构政策、产业组织政策、产业素质政策的内容；第二，实施手段多样性，其不仅需要财政金融等经济手段，还需要法律规章等社会手段；第三，约束性，产业发展政策围绕着产业发展目标对各具体的行为主体提出了相应的要求和约束，各行为主体必须按照产业发展政策总体目标来确定自己的目标，并在发展政策的强制下实现各自的目标。

二、产业发展政策主要内容

（一）产业技术政策

产业技术政策是指政府对产业的技术进步、技术结构和技术开发，所制定的预测、决策、规划、协调、监督和服务等方面的政策措施。其具体主要包括：第一，技术发展规划。政府根据经济和社会发展对科学技术的要求，对未来时期技术进步做出总体分析，确定技术发展的目标和方向，列出重点发展的技术领域，并制定具体实施的步骤和时间安排。第二，技术开发政策，包括技术开发的鼓励、保护政策，如：鼓励新技术的发明与创造的政策；促进新技术传播与扩散的政策；协调基础研究、应用研究和发展研究的政策；促进高技术开发的政策；等等。第三，技术改造政策，包括制订技术改造总体计划、确定与审查重大技改项目、技改资金的筹集与管理等。第四，技术引进政策，包括：加强政府在技术引进方面的指导作用；以税收、外汇等优惠政策鼓励和支持多种方式的引进；用经济、法规和必要的行政干预等手段鼓励引进关键技术，做好引进技术的消化吸收工作。

（二）产业融合政策

产业融合政策是指推动产业融合、保障产业融合顺利实施的相关政策体系。第一，产业融合以技术创新为基础，应建立健全创新政策支持体系，引导企业加大创新投入的规模和提升效率。在创新投入方面，政府应进一步加大对基础研究的投入力度，重点支持科研型高校、共性基础研究特征显著的科研机构和产业联盟。在企业创新引导方面，政府以《中国制造 2025》建设国家制造业创新中心为基础，推动形成以大企业

① 邬义钧，邱钧. 产业经济学［M］. 北京：中国统计出版社，1997.

开放式创新平台为依托的多样化企业创新中心。在创新创业政策方面，政府应该将财政资金的支持集中在技术创新领域，加快扶持建立以大企业技术创新孵化平台为核心的技术创新与产业化支撑平台。第二，构建有利于产业融合的财税政策。主要是制定促进产业融合的优惠税收政策，合理安排支持产业融合的财政投入。第三，完善产业融合的监管政策。现阶段产业融合监管政策的不配套，在一定程度上迟滞了一些融合产品和服务的市场化进程，例如广电总局对电视盒子的封杀等。加速完善不配套的监管政策，并代之以更高更严的产品与服务的安全、质量、技术等标准的监管。

（三）产业环保政策

产业环保政策是指政府为了促进产业生态化发展，合理利用资源，防治工业污染所采取的由行政措施、法律措施和经济措施所构成的政策体系。其主要内容包括：制定改善环境、保护生态平衡的战略规划，明确治理和预防工业污染的战略目标和原则；制定环境质量指标和工业排放标准，严格执行排污收费制度；建立环境保护和监督的机构，明确有关管理制度和法规；采取有效手段保证自然资源的合理开发和利用；等等。

（四）产业安全政策

为实现产业安全、独立、稳定发展，需要制定产业技术升级政策、引资政策、贸易政策等产业安全保障体系。第一，产业技术升级政策，主要是为产业的技术升级提供良好的制度环境，激励高新技术的产业化和传统产业的技术升级，提升产业竞争力。制定推动国家科技创新体系建设的相关政策措施；强化国家对关键重大技术的选择与研发扶持，主要通过重大专项计划的形式实施，如中国的 863 计划；鼓励形成多元化科技投资体制，如给予研发税收信贷政策支持；鼓励用高新技术改造传统产业。第二，引资政策，主要是加强对外资引入的管控，避免其控制民族产业。严格实施准入审批制度，按照自己的步骤开放金融、保险、电信等重点与敏感服务行业，实施对民族产业的合法合规保护；加强对具有战略性、关键意义的基础设施产业、支柱产业和主导产业的外资进入的管控，避免其带来安全影响；加强对国有资产引资的监管，完善相关法律条款如《合资企业法》，有效控制外资带来的负面影响。第三，贸易政策，主要是实施有管理的自由贸易政策，实现低保护与温和的出口鼓励政策结合，使总体贸易制度中性化。实行灵活主动的进口保护，充分利用 WTO 规则的“弹性部分”，制定完备、严密的法律体系，形成国内产业发展的“柔性”保护体系；鼓励出口，努力采取实施外贸经营准入管理、特定商品出口配额管理、出口退税、金融支持、外贸信息提供、反倾销应诉等的政策措施；建立和完善产业安全预警机制，重点实施对重点、敏感产品的出口数量和价格的监测，分析和评估其对国内产业的影响，为适时采取必要措施提供资料和依据，实现保护产业安全工作的前置化。

（五）产业金融与财税政策

银行利率的变化、货币供给的变动，都影响产业的发展。宏观的产业金融政策，包括利率政策、信贷政策等。宏观的财政政策，应根据产业发展的实际情况，采取平衡预算或赤字预算或盈余预算政策；微观的财税政策包括税收政策、投资政策或政府购买政策、转移支付政策、财政贴息政策等。

三、产业发展政策的协同作用

产业发展政策的综合性和实施手段多样性，要求其在实施时要协同与配合。产业发展政策实施的协同与配合，可以减少同一产业发展因不同政策措施可能产生的矛盾，以及由此引起的产业发展秩序紊乱，同时有利于强化各项政策措施的作用力度，使产业政策系统力大于各分系统力之和，有效地推动产业经济的发展。

产业发展政策的协同作用，要求人们在认识各具体政策作用的基础上，按照政策互补的原则合理使用各种政策，使具体政策的目标都服从产业发展的总目标。产业技术升级政策的实施，要保证产业发展能顺利进行技术升级；产业融合政策的实施，要保证产业融合发展的顺利实施；产业生态政策的实施，要保证产业发展实现与生态环境的协调；产业安全政策的实施，要保证产业发展不受外来产业的冲击，实现安全与稳定；产业金融与财税政策的实施，要保证经济总量的平衡和产业的均衡发展。以此为基础，产业发展政策体系的实施将凝成一种合力，充分发挥对产业发展的推动作用。

思考题

1. 简述产业政策的内涵、主要含义和特征。
2. 试述有效竞争的索斯尼克标准。
3. 简述产业组织政策的作用。
4. 试述产业结构政策的内涵、特征与作用。

【推荐阅读】

1. 奥利弗·威廉姆森. 反托拉斯经济学［M］. 张群群，黄涛，译. 北京：经济科学出版社，1999.
2. 波斯纳. 法律的经济分析［M］. 蒋兆康，译. 北京：中国社会科学出版社，1999.

【参考资料】

1. 昌忠泽. 上海产业结构调整：成效、问题及政策建议［J］. 区域金融研究，2017（2）.
2. 干春晖. 产业经济学教程与案例［M］. 北京：机械工业出版社，2007.
3. 邬义钧，邱钧. 产业经济学［M］. 北京：中国统计出版社，1997.
4. 汪筱苏，刘海裕. 浅析欧盟竞争法［J］. 时代金融，2009（9）.
5. 杨东. 欧盟竞争法概况［N］. 反垄断法网.
6. 杨帅. 我国产业融合创新发展趋势及其政策支持体系［J］. 中州学刊，2016（4）.
7. 张静. 公平之刃：欧盟再掀反垄断调查浪潮［J］. 电子知识产权，2015（2）.

第十章　产业分析[①]

科学开展产业经济活动，准确分析产业、把准产业发展的脉络是前提。随着产业经济发展水平的提高，产业经济活动相关人员对于产业分析的重视程度与日俱增。产业分析日益成为企业经营者、政府职能部门官员、投资机构从业人员、银行信贷业务人员以及项目管理人员的重要工作内容，成为其进行决策的依据。本章在概述产业分析基本框架的基础上，着重介绍 SCP 分析、价值链分析、产业周期分析、产业环境与产业风险分析等内容。

第一节　产业分析概述

本节介绍产业分析的主体和对象、产业分析的作用与意义、产业分析的基本流程与框架，以此了解产业分析的基本轮廓。

一、产业分析的主体与对象

简而言之，产业分析是对产业有关未来发展趋势的评估。通过产业分析，我们可以获得产业未来的评估数据，判断产业发展的趋势，了解产业发展的规律。

（一）产业分析的主体

产业分析的主体是指那些需要产业分析报告的群体，包括企业经营者、政府职能部门官员、投资机构从业人员、银行信贷业务人员以及项目管理人员等。这些群体是产业分析活动的利益相关者，需要科学的产业分析结论以帮助其做出正确的决策。

企业正确掌握产业发展方向、认识产业发展趋势是科学制定其发展战略与经营决策的基础，所以企业经营者需要实施产业分析，大企业和跨国公司尤其需要。政府相关职能部门制定政策如宏观政策、产业政策，需要掌握产业经济发展的现状与趋势，因此离不开产业分析。投资机构从事投资业务时，其专业化投资能力依赖于对行业机会、长期趋势、发展动力和障碍的认知，因此他们需要借助产业分析报告。银行也需要有产业分析报告对其信贷决策提供支持。项目管理人员需要进行产业分析，以保证已经做出的投资决策能够按预期获得收益。因此，上述群体都需要产业分析报告。

① 王俊豪. 产业经济学［M］. 2 版. 北京：高等教育出版社，2012.

(二) 产业分析的对象

产业分析的对象就是产业的行为及其结果。产业行为由企业行为加总而成，可以用代表性企业的行为来表现。企业在市场中的基本行为是竞争行为和合作行为。产业行为的结果表现为行业指标，或者说行业指标是产业行为的外在表现。行业指标包括需求量、供给量、价格、成本、研发投入、利润率六大指标，以及投入、消耗、环境影响等指标。

二、产业分析的作用

(一) 预测产业发展趋势

通过收集有关数据，运用合理的方法，结合专业知识背景与经验，研究人员可以科学预测产业发展的未来趋势。把握产业发展趋势意味着对未来不确定性的控制，有助于企业把握投资方向、投资时机和投资数量，减少投资失误，提高投资成功率。例如，中国自 1999 年以后多次启动房地产市场，结合长期以来人们的房地产需求受到压制的现状，基本可以判断中国会呈现一波巨大的房地产业发展浪潮。如果企业把握了这一趋势，就可以提前对房地产业进行投资布局。事实上，中国房地产业发展的浪潮的确在 2002 年开始形成，到 2007 年进入高峰，很多嗅觉敏锐的企业在其中发掘到了无限商机。

(二) 分析产业发展障碍

产业发展不仅受内在规律的影响，还受多方因素的影响，这些因素对产业的发展形成了障碍。一旦这些障碍消除，产业发展将呈现快速上升趋势。产业分析可以对产业发展存在的障碍因素进行梳理，从而为政府推进制度改革与政策创新，消除发展障碍提供决策依据。

(三) 提供投资可行性论证支持

投资机构、银行需要产业分析报告，利用其对投资项目进行论证，从发现机会、考察机会、确认机会和评估投资风险方面论证项目的可行性。如果投资项目在技术、资金等方面都可行，但产业发展趋势却存在着不确定性，则意味着该项目可能会存在极大风险，此时产业分析报告在可行性论证中处于一票否决的地位。

(四) 提升项目控制能力

对项目管理人员来说，掌握科学的产业分析报告意味着对投资过程的控制，包括对产业链关系的控制，对重要原料、配件和能源的供给控制，从而有利于项目的成功。同时，项目管理人员还可以根据产业分析报告，调整项目进度、建立有效的防范机制、回避过大的环境风险。

三、产业分析的基本框架

产业分析是利用产业经济学相关理论和方法就某一产业进行系统分析的过程，是产业经济学理论应用于实践的重要拓展，也是产业经济学内容的延伸和实践性发展。

要对某一产业进行分析，建立分析框架和分析逻辑是必不可少的，这也是提高分析准确性的重要保证。

与主流经济学中的微观经济学、宏观经济学一样，产业经济学也以供求分析作为基本分析框架。之所以如此，有三个方面的原因：第一，产品的需求和供给是产业形成的基本前提，两者缺一不可；第二，供给和需求的改变决定了产业发展的趋势，反之，必然能从产品供求中找到产业波动的原因；第三，供求关系反映了产业链中的投入产出关系，是形成产业关联的基础。运用供求分析，根据产业分析目标、内容以及流程的基本要求，可以把产业分析基本框架按照“因素—市场—绩效—决策”四个层次表示为图 10-1。

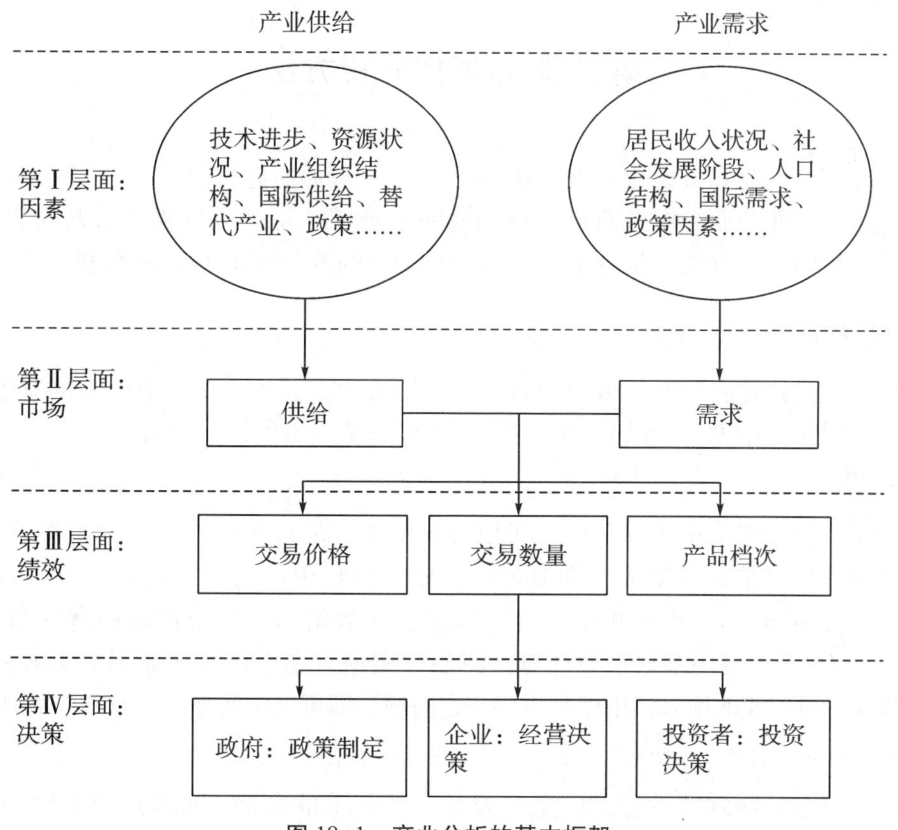

图 10-1 产业分析的基本框架

产业分析的第Ⅰ层面为影响产业供给与需求的因素。这一层面主要探析决定产业发展的原因。影响具体产业供给的因素主要有技术进步、资源状况、产业组织结构、国际供给、替代产业以及政策等，而需求的影响因素主要有居民收入状况、社会发展阶段、人口结构、国际需求与政策等。

第Ⅱ层面为供给与需求在市场上的相互作用。这一层面是指具体产业供给方与需求方在市场上进行信息交流、讨价还价后形成交易价格和交易数量，同时根据需求方消费需要以及生产方的生产成本确定产品的功能、款式、档次等。

第Ⅲ层面为产业绩效。这一层面是指通过供求双方在市场上的较量，产业分析主体对于较量结果所体现的交易价格、交易数量、产品档次等进行综合评价。这一环节作为中间变量对于后续决策具有重要意义。

第Ⅳ层面为分析结论及以此为基础的决策。尽管不同产业分析主体在分析目标上存在差异，但其都力求通过产业分析提高决策的科学性。在这一层面，产业分析主体将按照第Ⅲ层面所得出的结论进行后续决策。

需要指出的是，产业分析者观察到产业发展现状往往已经是一种结果，而引致这一结果的原因和机理往往隐藏于结果的背后。因此，产业分析在很多时候是从结果出发进行的一种“追溯式”分析，目标是由表及里探寻背后的原因，找出产业发展的成功经验或者问题所在，以利于提高后续决策的科学性。

第二节　SCP 分析方法

随着经济全球化和市场化程度的提高，产业组织形态越来越显示出其影响产业发展的重要性，因而产业组织分析已经越来越不可或缺，是产业分析的重要内容。进行产业组织分析的主要方法，是基于“结构→行为→绩效”形成的 SCP 分析方法。

一、市场结构

市场结构是描述企业所处市场环境的综合性概念，其核心是企业面临的竞争强度。市场结构可以从集中度、产品差异、进入与退出壁垒等维度进行分析。

（一）集中度

集中度分为绝对集中度（CR_n）和相对集中度。绝对集中度在指标上可以选择产量、销售额、增加值、员工人数和资产额，相应的集中度为生产集中度（对应产量、销售额、增加值指标）、雇佣集中度（对应员工人数指标）和资产集中度（对应资产额指标）。相对集中度用基尼系数计算。我们按照绝对集中度将产业划分为 6 种类型，计算出所要分析产业的绝对集中度数值后与之对照，即可确定所分析产业属于哪种类型。

（二）产品差异

产品差异包括物理特性差异、主观差异、服务质量差异、顾客知识差异、销售区域差异、销售活动差异等，是判断产品同质性程度的重要依据。产品差异主要用交叉价格弹性来衡量，交叉价格弹性系数越大，产品差异性越小，对应企业的竞争行为相互影响越大。

（三）进入与退出壁垒

计算壁垒的指标有：①经济规模和市场总规模的比例；②必要资本量；③广告密度；④销售成本率；⑤交易准入制度。在这五项指标中，最重要的是经济规模和市场总规模的比例的大小。衡量经济规模的方法有两种：一是费用比较法，也称规模-费用拟合方法，即在该行业中找出成本不再下降的产量规模作为经济规模；二是适者生存法，竞争优胜的规模即是经济规模。

二、市场行为

市场行为包括价格、广告、兼并、创新与研发、市场营销等行为，可以分为价格行为与非价格行为两大类。SCP 分析方法中的市场行为分析，主要是分析企业的上述行为是否是企业基于所处市场环境而采取的合理行为，能否帮助企业实现预期的特定经营目标，是否有利于企业的长期发展，是否合法合规。

三、市场绩效

简而言之，市场绩效是指市场能够实现的对社会福利增进的贡献。结合第二章所述，市场绩效分析主要分析如下几项指标。

（一）资源配置效率

资源配置效率是指通过市场选择、资源调配所带来的社会福利程度。如果价格过高，产品不能销售出去，则带来资源闲置；如果过量生产，使市场价格低于成本，也会出现社会福利损失；在企业能够生存（收回成本）的前提下，产品价格越低，社会福利越大；价格等于企业的边际成本时，社会可以得到最大的福利。分析资源配置效率的指标有价格与边际成本差、超额利润率、勒纳指数和托宾的 q 值。

（二）技术进步

技术进步包括产品创新、技术扩散、技术转移、生产过程创新等活动，衡量产业技术进步的指标有很多，如全要素生产率、全员劳动生产率、人均专利数量、人均创新投入、技术引进项目数量，等等。

（三）规模结构效率

市场中常常存在着非经济规模状态，贝恩称市场中有 10%～30%的非经济规模企业，同时市场中也存在着一些企业生产能力过剩。据统计，20 世纪 50～60 年代，美国制造业的生产能力有 10%～20%过剩。上述问题的存在，表明产业的规模结构效率没有达到理想状态。规模结构效率是指由规模经济决定的一系列规模效率因素，对其进行分析时一般用经济规模实现程度、产业规模能力利用程度两个指标。

（四）X 非效率

X 非效率实质上是指企业由两权分离、高工资和低效率、信息传输效率低下等问题导致的低效率、高成本现象。分析 X 非效率的指标有 X 非效率的程度（X 非效率的程度=超额成本/最低成本）。

除了上述指标外，资源利用、环境污染以及员工福利等方面的指标，也因强调产业的社会责任而越来越多地被用来作为市场绩效的评价指标。

第三节 价值链分析方法

价值链分析方法是指运用价值链基本理论来进行产业分析的方法。价值链分析一般包括价值体系分析和价值重心分析。

一、价值体系分析

1985 年哈佛大学商学院的迈克尔·波特教授提出了“价值链”概念，认为每一个企业都是在设计、生产、销售其产品的过程中进行的种种活动的集合体①。所有这些活动可以用一个价值链来表示，在价值链上形成的价值分配结构形成了价值体系。

价值链是基于产业纵向连接关系的一组价值生产环节，是从原料到最终产品的产业链条关系，每个生产阶段不仅完成着实体产品的生产，也完成着价值的生产，逐级放大价值，形成了以实体生产链条为基础的价值递增链环。价值体系则是价值链上的价值结构。例如，矿泉水的价值体系是以“矿泉→包装瓶矿泉水→运输后矿泉水→销售点矿泉水”上每个价值链环节为基础构成，如表 10-1 所示。

表 10-1 矿泉水的价值体系

	矿泉	包装瓶矿泉水	运输后矿泉水	销售点矿泉水
产品价值	0.05	0.55	1.0	2.0
价值结构	0.05	0.5	0.45	1.0

表 10-1 显示，矿泉水的全部价值为 2.0，由每个链环的价值贡献加总构成，即 0.05+0.5+0.45+1.0=2.0。每个链节上的价值贡献都由本阶段产品总价值减去上游产品总价值得出，销售点价值贡献=2.0-1.0=1.0，运输的价值贡献=1.0-0.55=0.45，包装生产的价值贡献=0.55-0.05=0.5，矿泉的价值贡献=0.05-0=0.05。从价值分布看，销售价值贡献最大，自然资源矿泉价值贡献最小。

如果矿泉是稀缺的，而最终产品价格不能增加，这时会出现价值结构的变化，灌装厂可能必须向矿泉支付更多的费用。假设装瓶后的矿泉水价值仍然为 0.55，但它向上游支付的价格即购买矿泉的成本提高到 0.2，它能够创造的价值只能是 0.55-0.2=0.35，而不是 0.5。如果运输行业竞争激烈，运输价格压得很低，如降到 0.3，产品价格不变，则灌装厂获得的利润会增加到（2.0-1.0-0.3-0.2）= 0.5。也就是说，如果上游加强了垄断，下游加强了竞争，这时中间企业可以将由上游垄断造成的损失传递到下游，或者由下游所有链条上的企业共同分摊。

价值体系是实现产品价值的方式，它决定了产品价值的组成、价值的贡献和价值的高低，因此价值体系体现了产品价值的构成，也体现了产品价值贡献的结构与比例。

① 波特. 竞争优势［M］. 陈小悦，译. 北京：华夏出版社，2005.

表 10-1 中，最终产品价值为 2.0，每个链节所贡献的价值比例并不相同，但最终产品价值却是由这些比例不等的链环价值加总而成。价值体系分析就是对各个链环的价值贡献及其产生的原因进行剖析，对全部价值进行判断，对价值链上的价值转移进行分析。

（一）价值体系的结构分析

价值体系的结构分析是按价值链每个链环附加值占全部价值的比重来分析价值结构，表 10-2 是对表 10-1 进一步进行价值结构分析的结果。

表 10-2 矿泉水的价值结构分析

	矿泉	包装瓶矿泉水	运输后矿泉水	销售点矿泉水
产品价值	0.05	0.55	1.0	2.0
价值结构	0.05	0.5	0.45	1.0
价值结构比例（价值贡献/最终产品价值）/%	2.5	25	22.5	50
增加值率（价值贡献/本阶段产品价值）/%	—	90	45	50

从价值结构比例分析，贡献最大的是销售，其次是矿泉水包装生产，再次是运输，最后是矿泉。从增加值率分析，矿泉水包装生产获得的增加值最大，其次是销售和运输。

（二）价值创造分析

如果产品经过调整，为客户带来了新的价值，则最终产品价值提高。但这种提高不会均匀地分配给价值链条的每个链环，而只能给那些产生贡献的链环。例如对上例中矿泉水的包装和产品定位加以改进，重新定位的新产品价值提高到 3.0。对新产品销售需要投入人力，销售参与新创价值的分配；运输的对象以重量计算基本没有发生变化，则其附加值不应有改变；矿泉水本身没有变化；贡献最大的是包装瓶矿泉水的生产环节，它和销售环节共同分享新创价值 1.0，究竟如何分配取决于双方的投入和贡献。例如经过谈判双方认定新创价值中各占 50%，则新的价值体系结构如表10-3所示。

表 10-3 价值创造分析

	矿泉	包装瓶矿泉水	运输后矿泉水	销售点矿泉水
价值结构	0.05	0.5+0.5=1.0	0.45	1.0+0.5=1.5
产品价值	0.05	1.05	1.5	3.0
价值结构比例/%	2	33.3	15	50

表 10-3 表明，从价值结构分析看，销售的价值贡献没有变化，运输和矿泉的价值贡献有所下降，包装生产价值贡献上升。这意味着，当产业链上有创新活动时，其就有可能通过产业链传递到最终产品，并增加最终产品价值，而有助于产业链条上进行创新的链环都有可能因创新获得利润增加，而那些没有创新贡献的链环则不会增加收益。不过，创新一般会影响到市场需求，一般会扩大市场需求，这时产业链上的其他环节都可以获得外溢效应，从而不管所处的链环是否有创新贡献，仍然需要分析由创新的外溢效应带来的本链环价值和利润的增加。

（三）价值体系内的价值转移分析

有时候价值体系的改变不是由创新带来的，而是由产业链上的竞争状态决定，也就是说产品价值并没有改变，但可能由于产业链上的垄断势力分布变化而导致价值结构的改变。这具体分三种情况。

（1）最终产品价值不变，产业链条上垄断势力提高。这时会降低没有改变垄断势力的链环的利润，增加垄断势力提高的链环的利润。由于不存在产品价格变化，因此不存在外部性，其他链环只是在价格谈判时受到垄断势力提升的链环压制，而将利益转移给了垄断势力提高的链环。

（2）产业链条上竞争加剧，形成价格竞争，并通过产业链传递到最终产品，使其价格下降。这时那些没有改变市场势力的链环会搭便车，形成利润扩大效应。那些降低了市场势力的链环，要根据价格需求弹性确定整体利润是否增加。

（3）最终需求提高，产业链的整体垄断势力加强，但分布在不同环节上的价值比例因为市场势力的不均匀而有所改变。

二、价值重心分析

价值重心是指在价值体系中附加值比重最大的链环。一般而言，价值重心表示了两个含义：一是它是最终产品价值的最大贡献者；二是它很大程度上决定了产品特征，并决定了产业链下游的生产方式。例如，当产品确定以后，其包装、运输、销售以及品牌运营都会做出相应的调整。从这个意义上说，价值重心是最终产品价值的核心，它影响着产业链的整体活动。

对工业品而言，一些专家总结出一般的价值体系，以表达价值重心分布的两种极端情况。比如，20 世纪 90 年代我国台湾地区宏碁集团董事长施振荣提出著名的微笑曲线，用一个开口向上的抛物线来描述产业价值链的价值结构，如图 10-2 所示。

微笑曲线描述了产业链条附加值变化规律，按研发、设备、材料、零件、加工制造次序附加值依次下降，然后又按销售、传播、网络、品牌次序附加值再依次上升。这样就形成了各链环与附加值之间的“U”形关系，即微笑曲线。微笑曲线揭示了一个现象：在曲线的左侧（价值链上游），随着技术研发的投入，产品附加值逐渐下降；在抛物线右侧（价值链下游），随着品牌运作的加强、销售渠道的建立，产品附加值逐渐上升。

微笑曲线表明，一般产业存在两个价值重心：一是研发和装备价值重心，另一个是销售网络和品牌经营价值重心。一般而言，各国均应努力将自己的产业发展战略确定在微笑曲线的两侧，以使自己处于高附加值的产业链环上。

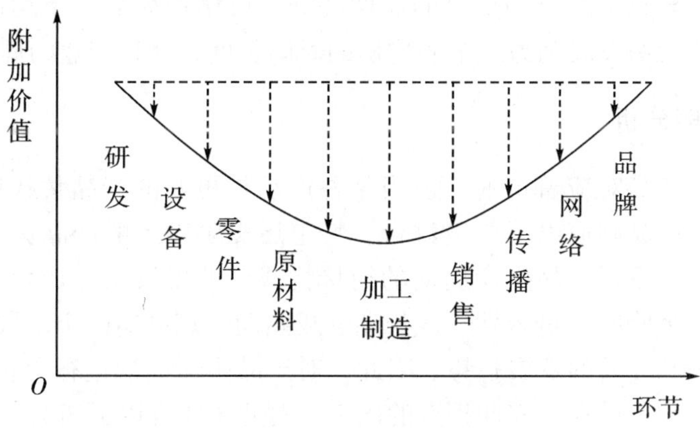

图 10-2 微笑曲线

第四节 产业周期分析方法

产业存在明显的生命周期特征，在每一个阶段，产业在技术特征、风险强度、规模扩张、市场营销、盈利能力等诸多方面有着显著差异，这些差异对政策制定、投资决策、经营策略等都会产生巨大影响，因此进行产业周期分析具有重要意义。本节主要介绍产业周期分析方法两个方面的内容：一是产业波动的周期测定，二是产品生命周期分析。

一、产业波动的周期测定

产业总是从一个生命周期过渡到另一个生命周期，往复循环，不断向前发展。产业周期最重要的指标是周期长度，即周期顶点之间的时间长度，或者是两个高峰之间的时间长度或者是两个低谷之间的时间长度。

第一种周期是季节周期，它的时间长度是固定的，在四季分明的地区，可以分为四个阶段。在现代社会中，除了自然季节周期，还有社会性季节周期，如节假日对销售影响很大。

第二种周期是宏观周期，此时产业没有独立周期，而是受宏观经济周期变化的影响。由于宏观经济周期产生的原因不同，其对各个产业的影响必然不同，因而不同产业的波动周期发生的时间和波幅会有所差别，这就需要对各个产业进行单独分析。例如，宏观调控时使用提高利率的手段，可能对房地产业的影响是直接的，然后才对钢铁、建筑等产业产生间接影响，因而宏观调控周期引发的各相关产业波动周期的时间不相同，先后有序。

第三种周期是市场均衡周期，这是产业周期中最重要的周期。市场均衡是通过产品供求变动和价格调节完成的，实现均衡需要一定的时间，这就引发了产业的周期波动。市场均衡是动态的，总有些因素影响原来的均衡使之失衡，再从失衡走向均衡，如此循环往复，就导致了产业一个个的周期波动。市场均衡从一个均衡发展到另一个均衡或者从一个非均衡发展到另一个非均衡的时间长度，就是产业的周期长度。

二、产品生命周期分析

在特定阶段，产品对应着产业，但当某种产品被更好的产品替代以后，产业还将继续发展，原来的产品则退出了历史舞台。特定历史阶段下的产品销售量变化可视作为产品生命周期，一系列产品生命周期的衔接构成产业发展演化历程。掌握产业处于产品生命周期的哪个阶段（进入期、成长期、成熟期、衰退期四个阶段），可以判断目前产业所处的阶段和今后的发展趋势。因此，对产品生命周期进行分析具有重要意义。产品生命周期分析的关键在于周期拐点的确定，对此主要有以下三类方法。

（一）经验判别法

经验判别法就是以经验或一个典型的值作为参考，来对产品生命周期阶段进行区分，大致有三种方法。

1. 销售增长率法

销售增长率法即用产品销售增长率的大小来判断产品生命周期的各个阶段。一般而言，我们可以参考下列经验数据：在进入期、成熟期产品销售增长率在0~10%，大于10%为成长期，小于0则为衰退期。

2. 类比预测法

类比预测法即把对比产品与相类似的产品生命周期的发展变化规律进行比较分析，以判断对比产品的生命周期阶段。在掌握的数据资料有限的情况下，类比预测法具有一定的参考价值。

3. 普及率法

普及率法主要用于耐用消费品生命周期阶段的分析与预测。人们对耐用消费品的需求数量有限，可以通过社会普及率来测算产品生命周期所处的阶段。下列经验数据可供判断时参考：当家庭普及率在5%以内时，可视为进入期，5%~50%为成长前期，50%~80%为成长后期，80%~90%为成熟期，90%以上则已基本满足市场需求，产品逐渐转入衰退期，如无新产品代替，市场需求将稳定在某一水平。

（二）数学模型法

数学模型法是指通过建立数学模型来拟合或推断产品生命周期各个阶段的方法。数学模型法主要有龚伯兹曲线法和模糊数学法。

1. 龚伯兹曲线法

龚伯兹（Compertz）曲线法是一种纯粹的数学方法，其思路是用S形的龚伯兹曲线来近似拟合产品生命周期的典型状态曲线，从而对产品生命周期进行识别。产品生命周期阶段通常以效率的显著变化作为各阶段的分水岭。龚伯兹曲线的数学模型为

$$\lg y_t = \lg k + (\lg a) \cdot b^t$$

我们根据S形曲线的变化特征并利用上式对参数 a、b 的估计值，可以实现产品生命周期阶段的理论估计：

① $\lg a>0$，$b>1$，为产品生命周期的进入期阶段；

② $\lg a<0$，$0<b<1$，为产品生命周期的成长期阶段；

③ $\lg a<0$，$b>1$，为产品生命周期的成熟期阶段；

④ $\lg a>0$，$0<b<1$，为产品生命周期的衰退期阶段。

2. 模糊数学法

模糊数学法是以产品销售量、市场占有率和利润率为识别指标，使用模糊方法对产品生命周期进行识别，具体步骤如下：

①首先建立隶属函数，其是模糊数学中描述某一个元素属于某一个集合的特征函数，可以反映各个指标的不同状态，将这些不同状态综合，形成用特定函数所表达的不同产品生命周期的模糊集合。

②求出这些不同阶段的隶属度，即某一个元素属于某一个集合的程度，用以描述元素的阶段特征。

③根据最大隶属度原则（模糊数学中一种识别元素属于集合的原则，某一个元素对于不同的集合有不同的隶属度，哪个隶属度大就判定该元素属于哪个集合），对生命周期阶段进行判断，哪个隶属度大就属于哪个阶段，从而完成对产品生命周期的识别。

（三）联合预测法

联合预测法就是以简单算术平均或加权平均方式，将两种或两种以上的可行预测方法或预测模型所得出的预测结果进一步综合起来，将其作为最终结果。联合预测法的精确度中等，但比精确度最低的那种要好。只有当预测者对采用其他方法的预测结果难以准确地评价时，其才会采用联合预测法。

第五节 产业环境与产业风险分析方法

一、产业环境分析

产业环境分析即对产业所处的外部环境进行分析，分为宏观环境和具体环境。

（一）宏观环境

宏观环境又称为一般环境，是行业内所有企业都必须面对的环境，对一个产业的形成、发展具有重要影响。宏观环境分析的工具称为 PEST 分析法，即通过政治（politics）、经济（economic）、社会（society）和技术（technology）角度，从总体上把握宏观环境，并评价这些因素对产业发展的影响。

1. 政治法律环境

政治环境主要包括政治制度与体制、政局、政府的态度等，法律环境主要包括政府制定的对企业经营具有约束力的法律、法规，如反不正当竞争法、税法、环境保护法、外贸法规等。政治法律环境深刻影响着企业的生产经营活动，政治法律环境一旦发生变化，企业的经营战略必须做出相应调整。

2. 经济环境

经济环境是指一个国家的经济制度、经济结构、产业布局、资源状况、经济发展水平以及未来的经济走势，其中的关键要素包括经济增长趋势、利率水平、通货膨胀程度及趋势、失业率、居民可支配收入水平、汇率水平、能源供给、市场机制的完善程度、市场需求状况等。经济环境决定和影响企业的发展战略制定。经济全球化背景下，国与国之间的经济相互依赖，所以我们分析经济环境时还应关注其他国家的经济状况，如利率、通货膨胀率、就业率、进出口总额等。

3. 社会文化环境

社会文化环境是指产业所处社会的民族特征、文化传统、价值观念、宗教信仰、教育水平以及风俗习惯等因素。构成社会环境的关键要素，包括人口规模、年龄结构、种族结构、收入分布、消费结构和水平、人口流动性等，其中人口规模直接影响着一个国家和地区的市场容量，年龄结构决定着消费品的种类及推广方式。每一个社会都有其核心价值观，这些价值观和文化传统经过历史的沉淀，通过家庭繁衍和社会教育而传播延续，具有稳定性，影响着该社会的市场需求特征和消费行为特征。

4. 技术自然环境

技术环境不仅包括发明，还包括与企业市场有关的新技术、新工艺、新材料的出现以及应用背景。在过去的半个多世纪里，最迅速的变化就是发生在技术领域的变化，像微软、华为、阿里巴巴等高技术公司的崛起改变了人类的生活方式。自然环境是指企业业务涉及地区市场的地理、气候、资源、生态等环境。不同地区的企业由于所处自然环境的不同，企业战略也应有所不同。例如，热带地区和寒带地区的产品营销战略就应该有所差别。

（二）具体环境

在产业运行过程中，影响行业最直接的因素是竞争强度，因此我们将所有引起竞争的因素概括为具体的产业环境。其关键方面，是参与竞争的某个或某些企业行为，主要包括两个方面：一是该产业中竞争的性质和其具有的潜在利润；二是该产业内部企业之间在经营上的差异以及这些差异与它们的战略地位间的关系。分析前者的常用工具是波特的“五力模型”。波特提出的“五力模型”，认为一个行业中存在着五种基本的竞争力量，即潜在竞争对手、现有企业之间的竞争、替代品的威胁、供应商的讨价还价与买方的讨价还价。如果在这五种竞争力量的基础上加入“其他利益相关者”，则构建了“六力模型”。

二、产业风险分析

（一）产业风险的含义及成因

所谓产业风险，是指产业受到替代、环境、制度和政策的影响而出现产业整体衰退并造成损失的现象。产业风险所造成产业整体衰退的结果，是非自愿、非市场力量自发力量决定的。由于产业整体衰退，因而大量专用设备闲置或者亏损销售，形成沉淀成本，有可能引发债务危机。产业衰退还会导致大量失业，引发经济增长性危机和政府的财政危机，带来一系列的社会问题。

产业风险的类型，包括技术风险、贸易壁垒风险、环境风险、制度和政策风险。第一，技术风险。在新产品不断地更新换代下，一些产品会整体为其他产业所取代。例如，DOS系统被Windows系统所取代。一般而言技术风险是可以预期的，对产业的整体影响是逐渐显现的，但是其具有不可逆转性，一旦形成便无可挽回。第二，贸易壁垒风险。在国际贸易活动中，一些国家的比较优势受到其他国家的比较优势的影响而无法凸显出来，或者受到贸易壁垒因素的影响，使本来可以顺利发展的产业受到限制。第三，环境风险。很多产业受到原料、能源供给以及土地、环境等的限制，无法继续生产而出现产业整体衰退，如原料严重短缺、能源供给紧张，导致企业无法正常开工。生产环境受到严重破坏，可能引起产业的整体衰退。自然环境的破坏，也会给产业带来不可预期的影响。第四，制度和政策风险。受到制度或者政策性限制时，产业会迅速衰退。如中国经常出台针对低效率企业的“关停并转”政策，就会显著影响到产业的发展。

（二）产业风险预测

产业风险的出现多有预兆，如果能够对相关信息加以综合考虑，是可以预见到产业风险的。例如，广东省成功避开了2002—2005年的电力供给产业风险，得益于其在20世纪90年代，接受了国家发展改革委员会关于21世纪初会出现能源短缺的预测意见，及时与西部省区签订了长期电力采购合同，与山西煤炭企业签订了长期煤炭采购合同（供应本地发电厂），使得在2002—2005年国内大量缺电的情况下，广东没有大规模停电。

除了上述列举的SCP分析方法、价值链分析方法、产业周期分析方法和产业环境分析法和产业风险分析方法外，其他产业分析方法还有数据包络（DEA）分析、技术趋势分析、实验经济学分析等。

第六节　产业分析报告写作规范与范本

产业分析报告是产业分析活动的书面成果，涵盖了某一产业系统分析的分析范围、数据来源、分析方法、分析逻辑和分析结论。这些内容通过产业分析报告的各个组成部分体现出来。高质量的产业分析报告是其各个组成要素的合理组合。

一、产业分析报告的基本构成要素

一般而言，产业分析报告应包括以下基本的组成要素：

（一）报告标题

标题是对产业分析客体、分析目标、分析视角、分析层次等信息的综合体现。产业分析报告标题需要按照“信息明确、重点突出、语言简练”的基本原则加以提炼，使读者通过标题就能够大致明确该报告所分析的产业、重点、目标内容和要求等基本信息。

（二）产业定义与外延

尽管产业经济学对于产业有严格的定义，但是在具体的产业分析中，产业边界往往是模糊的。尤其是产业融合和科技创新使得一些新兴产业的内涵难以界定，如果我们不在产业分析前加以明晰，将对分析数据的采集产生影响，对分析逻辑、结论的准确性等造成扭曲。在清楚界定被分析产业的定义后，应明确产业的外延，即其包括哪些产品或服务。总的原则，应做到产业边界清晰，产品或服务明确，不给分析带来混淆。

（三）产业现状描述

产业现状描述分为一般性产业总体状况的描述和产业的关键性状况描述。前者旨在为对产业发展的长期趋势分析奠定基础，以利于从趋势上发现产业未来的走向；后者的目的在于对影响产业的关键性因素进行把握，以便发现和确认产业的转折点。总之，产业现状描述是产业分析的逻辑起点和基础，只有对现状进行透彻的分析，才能对产业发展的规律、制约因素和主要矛盾有清晰的把握。

（四）产业分析的核心内容

产业分析不可能面面俱到，而是需要抓住某一个或几个方面做深入分析，这些就是产业分析的核心内容。核心内容分析是否到位，直接影响整个产业分析报告的质量。因此，我们应重点分析核心内容，做到数据充分、逻辑清晰、方法得当、分析透彻、上下连贯，既强调分析的严谨性，又要注意分析的理论深度。

（五）分析结论

产业分析报告的落脚点在于清晰明了、通俗易懂且具有实践可操作性的分析结论，这也是整份产业分析报告的价值所在。我们应基于准确的数据、严谨的分析逻辑、科学的分析方法，得出科学的分析结论。

二、产业分析报告写作范本与评析

（一）写作范本

抓住成长的投资主线，增持 3 只龙头①

我们坚定地看好轿车产业的长期成长性。纵观世界汽车工业的发展历程，旺盛的国内需求将为我国汽车工业的发展奠定坚实的基础。我们判断未来伴随着厂商生产规模的不断扩大，产能过剩与降价是发展的必然产物，未来产业规模将会走向集中，业内优势企业的发展前景看好。我们认为，国产车在技术上已经和国内同类产品相差不大，而且在价格上具备较强的比较优势，优势企业已经具备了规模出口的能力，在海外市场不断扩大的条件下，产业受国内经济的周期性影响将会被弱化，估值水平有进一步提升的空间，长期看好。总体看来，我们维持汽车产业整体“增持”的投资评级。

① 刘辉. 汽车产业：抓住成长的投资主线，增持 3 只龙头［EB/OL］.［2016-08-10］. http://business.sohu.com/20070410/n249328798.shtml.

1. 轿车行业

(1) 轿车行业需求潜力巨大。

①成长的动力。

进入 2007 年以来，汽车行业转好，累计销售 127 万辆，同比增速达到了 25.04%，而其中来自轿车行业的贡献居多。2007 年 1~2 月份累计销售轿车 71.22 万辆，同比增长达到了 33.21%。根据日本、美国等发达国家轿车市场的发展规律，当人均国内生产总值达到 1 000 美元时，轿车开始进入家庭。以轿车进入家庭为标志，轿车市场也必然进入快速成长期。2003 年我国人均国内生产总值首次超过 1 000 美元，而根据有关部门预测，至 2015 年，我国人均国内生产总值将会达到 3 000 美元。我们判断，轿车行业将会迎来相对较长的成长期。

②国内旺盛的需求潜力成就轿车行业未来的发展。

当今世界汽车产业已形成足够大的规模，生产能力、技术水平都可以满足各种需求，真正主宰汽车产业发展方向和速度的关键就是市场，形成生产能力、产品开发、技术水平等一切都围着市场转的局面。尽管人们普遍认为汽车产业，特别是发达国家的汽车产业国际化程度很高，但是在主要的汽车生产国，在生产上处于领先地位的还是东道国当地的厂商，说明汽车厂商之间的竞争优势或基础主要还是在其国内市场。在我国，随着国家宏观经济的持续向好，轿车的消费品属性将得到充分体现，随着人均国内生产总值的增长，轿车行业将步入较长的成长期，而这将为我国汽车产业的发展提供坚实的国内需求基础。

(2) 规模走向集中——中国汽车产业的必经之路。

①走向垄断竞争是行业发展的归宿。

全球汽车生产基本呈“5+3”格局，即通用系、福特系、戴姆勒-克莱斯勒系、大众系、雷诺系 5 大汽车集团，外加本田、宝马、标志-雪铁龙三个独立制造商。根据国际汽车制造商协会（OICA）统计，仅 6 大汽车集团的产量就已经占到世界总产量的 60%左右。这些大的汽车制造商，不但在产量上控制着全球汽车市场，而且在技术上也引领着汽车行业的发展。寡头垄断的形成是汽车产业成熟的标志，是企业间激烈竞争和一系列兼并的结果。汽车产业是规模经济效应最显著的行业之一，产量越大，越有利可图。汽车产业的发展趋势必然是由分散走向集中，最后形成寡头垄断格局。这是各汽车生产厂家追求规模经济效应的必然结果。

②厂商对利润的追求与产业政策将引导我国轿车行业走向集中。

就我国目前的情况而言，寡头垄断的格局远未形成，规模经济的作用远未体现。目前，市场占有率最大的上海通用和上海大众的市场份额未到 10%，市场集中度还比较低。结合汽车产业“十一五”规划，我们判断，一方面，国家将在政策上整合国内轿车产业，促进产业的集中，以培育优势企业的国际竞争力。另一方面，国内厂商出于对利润的追求，必然会加快规模扩张的步伐，实现整合发展，前景看好。

(3) 由汽车制造大国向出口大国转变。

①汽车降价与产能过剩是发展的必经之路。

在需求明确的前提下，汽车产业的规模经济特性导致厂商扩张的冲动，而激烈的竞争又带来了厂商的降价行为。降价与产能不断扩张是汽车产业发展的常态，我们认为这是行业发展的必经之路，对此无须过分担心。

②双重压力将推动中国汽车走向世界。

纵观日本、韩国的汽车产业的发展之路，我们判断，规模的扩张将带来显著的规模经济效应，导致成本降低、价格下降，双重压力将推动中国汽车走出国门，进军海外市场。未来，我国将会由汽车制造大国向出口大国转变。此外，海外市场的开拓必将改变世界汽车产业的竞争格局，我国轿车行业的发展前景看好。2006 年，我国汽车出口金额为 35.21 亿美元，同比增长 85.69%，而 2007 年 1~2 月的数据显示，出口金额仍维持高位，同比增长 40.38%，出口形势良好。

总而言之，我们判断未来几年轿车行业的年均增速将会达到 20%。我们认为，在销量的快速增长带动行业景气度提升的条件下，高成长应被赋予高估值，对于轿车行业的优势企业，其估值有进一步提升的空间。

2. 重卡行业：分享行业复苏性增长的果实

（1）重卡行业发展前景较好。

重卡行业市场集中度高，内资企业主导市场。在广义的重卡市场中，一汽、东风、中国重汽三足鼎立。经测算，重卡市场上 CR_3为 62%，CR_5为 89%，集中度很高且内资品牌占据市场的绝大部分份额。重卡的生产资料属性以及中国相对较低的消费能力决定了自主厂商将长期占据市场。2007 年 1~2 月，中国重汽市场份额达到了 23.59%，超越一汽、东风，成为市场冠军。

（2）未来几年重卡行业将持续快速增长。

①结构性调整推动行业增长。

底盘和半挂车是行业增长的决定性力量。自 2006 年以来，底盘和半挂车的销量维持着较高的增长速度，其中半挂车同比增速达到了 143.80%。目前半挂车占比 42.39%，底盘占比为 41.45%，重卡行业的结构性演变正在进行，而这种来自行业内部的结构性调整导致了行业的增长。

②增长驱动力之一——物流运输行业发展产生的增量需求。

运输市场不断整合，将会促进重型卡车整车和半挂牵引车销量的增长。2006 年 4 月 11 日，国际 4 大快递巨头之一的荷兰 TNT 集团以 1.35 亿美元收购国内最大的公路物流运输企业华宇物流集团，整个收购工作于 2006 年年底完成。随着国际物流巨头涌入中国市场，中国物流行业将出现全面整合的局面，对于中小物流企业来说生存空间将越来越小，物流运价也将趋于稳定。这将会极大地提高重型卡车的销量，尤其是对半挂牵引车的需求将会逐步增长。

③增长驱动力之二——专用车发展势头强劲，将会促进重卡底盘销量的增长。

专用车发展势头强劲，将会促进重卡底盘销量的增长。近几年，重卡底盘销量占全部销量的比重越来越大，2006 年 1~8 月份更是达到了 53.37%。数据反映出专用车的发展势头迅猛，产销量增长迅速。2006 年是“十一五”规划的开局之年，伴随着国家各重点项目的全面开工和各地区发展步伐的不断加快、城市建设要求的不断提高，在未来几年，专用车的发展必将成为重卡市场的亮点，继而推动重卡底盘销量的增长。

宏观调控并不会显著降低固定资产投资增速，进而对重卡市场的销售产生较大影响。目前我国采取的宏观调控是一种结构性的调控，是针对能耗高、环境污染较严重等粗放型增长的项目的调控，而并非是对所有行业的调控，目的是保证国民经济的平稳可持续发展。同时，国家“十一五”规划也保证了一些国家重大投资项目的实施。因此，我们认为，宏观调控并不会显著降低固定资产投资增速，进而对重卡市场的销售产生较大的影响。

此外，结合我国正在经历的重工业化进程，作为国产重大装备制造业的一种，重卡行业有可能会进一步受到国家政策的扶持。而来自行业本身的种种利好，如 2008 年欧 III 标准的实施，可能会促进 2007 年重卡市场的提前集中消费，并影响市场对未来燃油税推出后重卡行业因燃油经济性而受益的预期，重卡行业未来具有良好的发展前景。

综上我们认为，在重卡行业增长预期明朗的条件下，资本市场可以先于实业投资，分享成长。此外，对于周期性行业的上升阶段，增长快速、估值水平理应提升。目前投资业内龙头公司可以分享行业复苏性增长的果实，是较好的投资时机。

3. 客车行业：国内稳定增长+海外出口=价值重估

（1）龙头企业保持市场份额领先。

寡头垄断格局基本形成。目前宇通和金龙为大中型客车市场的双寡头，竞争优势十分明显。虽然现阶段很多小的客车制造企业受地方保护的影响而仍能维持经营，但是我们判断，新的客车生产资质准入条件的出台将加快淘汰落后的小厂商，龙头企业的市场份额还有进一步提升的空间。同时，对大中型客车生产企业来说，随着需求的快速增加，价格压力并不十分显著，且在需求稳定增长的前提下，龙头企业具有定价权，盈利能力将继续保持稳定。

（2）国内需求将平稳增长。

①公路客车增量需求将保持平稳增长。

来自交通部的统计数据表明，全国公路里程增长率除 2001 年 21.05%的高增长外，其他年份均保持着 3%左右的平稳增长。而来自全国高速公路增长情况的统计数据表明，2005 年，高速公路增长率虽然趋缓，但是仍处在 19.67%的高位上。公路特别是高速公路建设的增长，对大中型客车未来的增长需求有一定的拉动作用。

②旅游客车稳定增长。

旅游客车市场有比较稳定的增长前景。根据旅游业“十一五”规划草案，预计未来 10 年国内旅游和入境游将以 7%～8%的速度发展，而旅游业的发展将进一步推动客运的增长，预计旅游客车市场也将会受益，保持平缓的增长态势。

③公交客车和农村客运市场是新的曙光所在。

在公交客车方面，在建设部相关政策的推动下，“公交优先”的理念已深入人心，全国范围内掀起了更新公交客车的高潮。同时，政府将加大对城市公交的扶持力度，包括对公交企业的资金支持、财政补贴，加大公交设施建设和公交行业科技投入力度等。在此背景下，城市公交将成为带动大中型客车增长的新生力量。在“优先发展城市公交”政策的引导下，许多城市将结束以中巴车作为公交客车的历史，为公交客车的更新腾出更大的市场空间。

此外，农村客运市场是客车行业新的曙光所在。随着新农村建设的继续推进，“村村通客车”是将来要实现的目标，而我国广大农村虽然目前消费能力较低，但是未来对大中型客车的需求仍具有较大的成长空间。据交通部预测，未来农村客运市场将会有 30 万辆的市场需求。

综合以上分析后，我们认为，政策引导的力量对于行业销量的增长具有较强的推动作用，将进一步促进我国客车行业规模的扩大。

（3）海外市场扩张，国产客车走向世界。

①中国客车企业产量规模居世界首位。

据国际汽车制造商协会的统计显示，2004 年世界大中型客车总产量 24.1 万辆，产量在 5 000 辆以上的国家仅有 9 个。中国以 7.8 万辆的产量占世界总产量的 33%，而出口数量仅占国产客车总销量的 5%，相对于国外企业，具备了规模生产及大批量出口的能力，客车出口具有很大的成长空间。

②客车企业制造技术不断提升，已经接近国际水平。

随着国内客车市场规模的不断扩大，我国客车生产技术也日趋成熟。一方面，设计能力既是客车制造水平高低的集中反映，又是实践的积累，而客车市场规模的扩大促进了国产客车技术的快速成熟。另一方面，技术引进企业和合资企业对客车行业的技术进步做出了巨大的贡献。到目前为止，客车行业中的合资企业和技术引进企业已达 20 多家，在中国基本上集中了世界上所有客车制造的先进技术，产品质量已经基本达到国际水平。此外，我国客车企业已经熟练掌握了全球采购技巧，自主开发能力已经越来越强。在海外市场，中国客车正逐渐改变质量差、档次低的形象，开始得到各国用户的认同。

③产品在价格上具有国际比较优势。

客车属于技术密集和劳动密集相结合的产品，属于订单式生产，与轿车行业的大批量生产相比，具有产量低、品种多的特点，因此自动化水平都不是很高，大部分工作都要靠人力完成。在我国，劳动力价格相对国外较低，这是一些发达国家不能比的。因此我国客车生产成本较低，在国际市场上具有较强的竞争力。有关资料显示，与国外相同配置、性能接近的大型客车相比，构成成本比重在 30%以上的国外人力成本大大高于国内，而自制部分大多为手工作业，机器化替代程度较低。国外客车售价一般是国内产品的 2~3 倍。国产客车的综合性价比优势相当明显，为打开国际市场出口提供了可能。

④出口推动下销量快速增长。

2006 年以来，客车行业销量快速增长。2006 年，客车行业销量同比增长 20.89%，其中出口数量同比增长超过 100%，而来自中国客流网最新的统计数据显示，2007 年 1~2 月，客车行业维持了较快的增长速度，累积销量同比增长达到 41.04%。在国内需求平稳增长的前提下，我们判断，海外出口的扩张是推动行业保持快速增长的主要动因。

我们认为，国内的客车企业如宇通、金龙等在生产规模上已经成长为世界级的企业，加之海外出口规模的不断扩大，在目前的形势下需要重新审视行业龙头企业的成长价值。在国内需求保持平稳增长的条件下，海外出口的扩张打开了产品需求空间，将导致行业销量的快速增长。此外，由于海外市场的开拓可以弱化国内经济周期性波动的影响，我们认为作为行业内的龙头企业，其估值水平有一定的提升空间。

4. 产销平稳增长

2007 年 1~4 月，全国汽车产销量继续保持较快增长，产销率为 97.47%，汽车产销量分别为 300.96 万辆、293.36 万辆，同比增长 21.36%和 21.46%。虽然全国汽车产销量继续保持增长，但是增速同比分别下降 11.72、12.02 个百分点，其中基数扩大是导致增速放缓的主要原因。从产销率看，虽然除了各类客车的产销率超过 100%外，其他各类车型均未能实现满产满销，但是整体上汽车行业的产销还是呈现出平稳运行的态势。

我国汽车保有量到 2007 年 4 月底达到 5 180 万辆的规模，并且未来几年还会持续快速扩大。目前国内汽车更新率已经达到 20%~30%，未来有望继续得到提高，若能达到 30%~40%的水平，虽然仍远低于发达国家 70%的更新率水平，但是每年 350 万~400 万辆的更新规模，已完全能够确保我国汽车业的发展步入良性化的轨道。

从 2007 年 1~4 月汽车业的产销情况来看，2007 年全国汽车产销总量突破 800 万辆基本成定局，甚至有可能达到 900 万辆。再从盈利前景分析，受汇率、成本等多种因素的影响，加之赊销、拖欠等因素，虽然利润率会出现下降，但是受对外投资、参股金融（证券）业等的影响，企业的盈利绝对额仍将保持增长。

5. 成本压力将进一步得到缓解

能源动力以及钢铁、有色金属等原材料成本压力将会进一步得到缓解。相关统计数据显示，自 2006 年以来，燃料动力价格整体呈现稳步下降的态势，而国内汽车用主要钢材的价格基本呈现高位震荡的走势。目前，汽车用钢材的国内自给率在 40%左右，伴随着以宝钢为代表的国产汽车板材生产能力的陆续形成，预计 2007 年国内自给率可望提高到 60%左右的水平，因此国内汽车用钢材的价格在 2007 年应该不会出现大幅上扬。

6. 面临调控风险

国家进一步强化宏观调控，为抑制通货膨胀而采取相应的措施。这对于汽车产业的影响要比汇率的波动影响更为明显和敏感。因为汽车及汽车零部件产业作为一个资金密集型产业，在自有资金不足的情况下，生产、建设所需资金大部分通过银行贷款解决。统计数据显示，汽车行业的负债率呈现小幅攀升之势，达 54%左右。虽然相关上市公司能从资本市场进行直接筹资，但是大量的生产经营性资金还是需要通过从银行贷款来解决，因为目前企业的流动负债已经占了全部负债的 90%以上。未来，若央行连续加息，势必会对相关汽车制造及经销企业乃至消费者产生不利影响：一方面加重企业的财务负担，影响其盈利水平；另一方面增加消费者的利息负担，抑制其购车欲望。

7. 投资策略

由于 2007 年第一季度汽车业的表现喜忧参半，因此全年很可能呈现前高后低的运行格局。但依据我们的产业评级标准，同时考虑到目前市场流动性过剩的实际情况和其他各种影响因素，仍然维持对汽车整车产业“增持”的投资评级。同时考虑到目前汽车零部件产业上市公司的非典型特征，以及其在发展中受到整车企业压迫的实际情况，维持对汽车零部件产业“中性”的投资评级不变。

（二）评析

这一报告分析了汽车产业收入和利润在2007年第一季度的变动情况，并预测了2007年下半年的发展趋势。该报告主要针对三种类型的汽车，从规模经济性、产业集中度和税收三个方面进行了供给分析，在结合需求分析的基础上，对前一时期的运行情况进行了回顾，再对成本因素、产业风险进行分析，得出收入和利润增长的判断，给出投资策略。

报告给出的结论是相对乐观的，主要理由如下：第一，需求旺盛。报告从经济发展时期和人均收入以及各国汽车需求角度，判断三种汽车的需求会增长并得出了增长率的估计值。第二，国际竞争力不断加强，进口替代和出口导向特征十分明显。第三，成本压力减轻，主要是钢材自给率提升。报告同时还从金融角度分析了产业风险，通过负债率和产业内不同产业的资金结构分析，得出加息后会产生来自利息的经营压力。

报告使用的核心概念包括：产业集中度、规模经济性、寡头市场、出口导向、订单式生产、劳动密集型、汇率、负债率、自有资金。

报告主要使用的分析方法包括：供求平衡增长分析、供给效率分析、成本分析、市场集中度分析、负债率分析以及利润率分析等。

思考题

1. 简述产业分析的作用。

2. 产业分析的基本框架是什么。

3. 运用价值链分析方法，结合我国计算机产业在全球生产网络中的地位，分析该产业如何升级。

4. 请结合我国能源产业数据进行产业分析，指出未来可能的技术变化与产业危机。

【参考文献】

1. 刘辉. 汽车产业：抓住成长的投资主线，增持3只龙头［EB/OL］.［2016-08-10］. http://business.sohu.com/20070410/n24 9328798.shtml.

2. 迈克尔·波特. 竞争优势［M］. 陈小悦，译. 北京：华夏出版社，2005.

3. 王俊豪. 产业经济学［M］. 2版. 北京：高等教育出版社，2012.